ELOGIOS PAR

«La gran historia estadounidense de Sullenberger es tan convincente que está destinada a ser lectura obligatoria para todos los jóvenes o para cualquier persona que necesite confirmación de que el valor, la dignidad y la capacidad extraordinarios todavía se pueden encontrar en este país... Una biografía memorable».

—*Washington Times*

«El relato de Sullenberger del descenso con éxito de su avión averiado sobre el río Hudson es muy entretenido... Su tono es delicado, simple y en primera persona... Sullenberger aparece como un hombre honorable y valiente». —*Cleveland Plain Dealer*

«No es ninguna sorpresa que el libro de Sullenberger —un relato apasionante y realmente conmovedor del acuatizaje— logre retratar a todos los involucrados como individuos más heroicos que él... El relato del vuelo 1549 realizado por Sullenberger es una oda, al estilo de Capra, a la capacidad y la decencia estadounidenses... El libro incluye detalles que le añaden una dimensión nueva y convincente a la historia». —*New York Daily News*

«Como lo demuestra el subtítulo, [Sully] está decidido a utilizar su nueva fama para promover su propio código: hacer las cosas bien y correctamente, como las hizo el día en que utilizó "toda una vida de conocimientos para encontrar una forma de prever el accidente", su narración escrita de la hazaña de sacar a esos 150 pasajeros fuera de peligro». —*San Francisco Chronicle*

«Los libros de héroes improbables que han ocupado las primeras páginas son siempre suspicaces. Pero a medida que Sullenberger pasa de ser un niño de cinco años que quiere dirigir aviones, a ser un piloto de aviones de combate, a un hombre de cincuenta y siete años de pelo canoso al mando de un Airbus A320 sobrevolando Manhattan, está claro que tiene una historia para contar... Sullenberger habla con franqueza del costo que ha tenido la atención pública en su matrimonio, así como de las dificultades que él y su familia han soportado a lo largo de su carrera en la aviación comercial. Las contribuciones de Zaslow no deberían pasarse por alto; al igual que con *La última lección*, de Randy Pausch, Zaslow ayuda de forma invisible a Sullenberger a trascender ese preciso momento y despertar el interés de los lectores... El resultado es tanto dramático como inspirador».

—*Publishers Weekly* (reseña estelar)

«Sullenberger ha surgido como un individuo agradable, modesto y sincero, actitudes que mantiene en su relato sencillo y sin complicaciones de su niñez en Texas, su pasión precoz por la aviación, sus años en la Academia de la Fuerza Aérea, su carrera militar en tiempos de paz, y sus experiencias como piloto comercial, en que los procedimientos de seguridad se convirtieron en una especialidad... Valioso para cualquier persona interesada en cómo una existencia vivida con integridad prepara a un hombre para el máximo desafío».

—*Kirkus Reviews*

«Una de las facetas notables que surgió acerca de Sullenberger fue su actividad profesional previa para mejorar el desempeño de las tripulaciones de vuelo en situaciones de emergencia, que se hace eco del famoso comentario de Winston Churchill en *The*

Gathering Storm (1948) al tratar de salvar a Gran Bretaña en 1940: "que toda mi vida pasada no ha sido más que una preparación para este momento y esta prueba." [...] Esta mezcla de autobiografía y drama imparte enseñanza acerca del pilotaje profesional, por lo que cautiva a los lectores con su trama exultante del desastre evitado».

—*Booklist*

«Entrelazadas con una variedad de experiencias, hay muchas historias de lecciones que aprendió por el camino y su deseo de actuar cuando tuvo la oportunidad... Disfruté la asociación que hace entre la familia y la aviación, y lo mucho que una familia puede sufrir cuando un padre y marido está ausente a menudo. Sin embargo, Sully relaciona muchos incidentes familiares y conmovedores con sus hijas y su esposa, Lorrie, y lo valioso que ha sido dedicarles tiempo a ellas... No dejen de leer este libro: la historia de Sully es maravillosa. Y su sencillez es digna de mención».

—*Times Record News* (Wichita Falls, Texas)

«Este es exactamente el tipo de libro que usted esperaría que escribiera el ahora legendario Sully Sullenberger. En sus memorias, el piloto del vuelo 1549 de US Airways que acuatizó de una manera tan memorable en el río Hudson en enero [de 2009], es sincero, controlado y exigente. Sullenberger no es propenso a los vuelos de la imaginación: de hecho, es el piloto que usted elegiría para el trabajo si usted tuviera voz y voto. Su libro refleja las mismas cualidades».

—*BookPage*

ACERCA DE LOS AUTORES

El Capitán Chesley B. Sullenberger III es piloto de aerolíneas y experto en seguridad. Se ha desempeñado como instructor, presidente de seguridad e investigador de accidentes de la Asociación de Pilotos de Aerolíneas. Fue nombrado cadete sobresaliente en destreza aeronáutica en su clase de graduandos en la Academia de la Fuerza Aérea de Estados Unidos y tiene dos maestrías. Nacido en Denison, Texas, vive en Danville, California, con su esposa y su familia.

Jeffrey Zaslow era columnista del *Wall Street Journal* y, con Randy Pausch, coautor del *best seller* internacional *La última lección*, traducido a cuarenta y seis idiomas. También es autor del *best seller* del *New York Times* *Las chicas de Ames: La historia de once mujeres y cuarenta años de amistad*. Zaslow vive en los suburbios de Detroit, con su esposa, Sherry, e hijas: Jordan, Alex y Eden.

SULLY

Hazaña en el Hudson

CHESLEY B.
«SULLY» SULLENBERGER III

CON JEFFREY ZASLOW

HarperCollins *Español*

WITHDRAWN

© 2016 por Chesley B. Sullenberger III
Publicado por HarperCollins Español® en Nashville, Tennessee,
Estados Unidos de América.
HarperCollins Español es una marca registrada de HarperCollins Christian
Publishing.

Título en inglés: *Sully*
© 2016 por Chesley B. Sullenberger III
Publicado anteriormente bajo el título *Highest Duty* © 2009
Publicado por William Morrow, un sello de HarperCollins Publishers.

Todos los derechos reservados. Ninguna porción de este libro podrá ser
reproducida, almacenada en algún sistema de recuperación, o transmitida
en cualquier forma o por cualquier medio —mecánicos, fotocopias,
grabación u otro— excepto por citas breves en revistas impresas, sin la
autorización previa por escrito de la editorial.

Mapa por Nick Springer, Springer Cartographics LLC

Editora en Jefe: *Graciela Lelli*
Traducción: *Santiago Ochoa*
Adaptación del diseño al español: *Grupo Nivel Uno, Inc.*

ISBN: 978-0-71808-050-1

Impreso en Estados Unidos de América

16 17 18 19 20 DCI 10 9 8 7 6 5 4 3 2 1

Sully *está dedicado*
a mi esposa, Lorrie, así como a mis hijas, Kate y Kelly.
Ustedes son las tres personas más importantes en mi vida
y las amo más de lo que puedo expresar con palabras.

Este libro también está dedicado a
los pasajeros y tripulantes del vuelo 1549
y a sus familias.

Estaremos unidos para siempre
en nuestros corazones y en nuestras mentes
debido a los eventos del 15 de enero de 2009.

CONTENIDO

1

UN VUELO QUE NUNCA OLVIDARÍAS

EL VUELO SOLO duró unos minutos, pero muchos de los detalles se me han quedado grabados de una manera vívida.

El viento venía del norte, no del sur, lo cual era poco corriente en esa época del año. Las ruedas del avión hicieron un sonido nítido y retumbante mientras se desplazaban por la pista de aterrizaje en una zona rural de Texas. Recuerdo el olor del aceite caliente del motor que llegaba a la cabina mientras me preparaba para despegar. También flotaba en el aire el olor de la hierba recién cortada.

Recuerdo claramente lo que sentí —una fuerte sensación de alerta— mientras me desplazaba hasta el final de la pista, repasaba mi lista de control y me preparaba para iniciar el vuelo. También recuerdo el momento en que el avión se elevó en el aire y cómo, solo tres minutos después, tendría la urgencia de regresar a la pista concentrado con intensidad en lo que hacía.

Todos esos recuerdos aún permanecen conmigo.

Un piloto puede despegar y aterrizar miles de veces en su vida, y gran parte de ello parece una bruma fugaz. Pero casi siempre, hay un vuelo en particular que desafía al piloto, le enseña o lo cambia, y la percepción sensorial de esa experiencia permanece para siempre en su mente.

He efectuado algunos vuelos inolvidables de los que tengo memoria, evocando gran cantidad de emociones y razones para reflexionar. Uno de ellos me llevó al río Hudson en Nueva York, un día frío de enero de 2009. Pero antes de este, quizá el más vívido es el que voy a describir: mi primer vuelo solo, un sábado por la tarde en una pista de hierba en Sherman, Texas. Aconteció el 3 de junio de 1967 y yo tenía dieciséis años.

Me aferro a este recuerdo, y a un puñado más, cuando reflexiono y pienso en todas las fuerzas que me moldearon como niño, como hombre y como piloto. Muchas lecciones, experiencias personales y personas, tanto en el aire como en tierra, han moldeado mi vida. A ellos estoy sumamente agradecido. Es como si esos momentos de mi existencia hubieran sido depositados en un banco hasta que yo los necesitara. Recurrí a esas experiencias de manera casi subconsciente mientras me esforzaba para acuatizar el vuelo 1549 en el río Hudson de una manera segura.

CUANDO TENÍA cuatro años, por un tiempo, quería ser policía y luego bombero. Sin embargo, a los cinco años supe exactamente lo que quería hacer con mi vida: volar.

Nunca vacilé una sola vez cuando esa posibilidad me vino a la cabeza. O, quizás, con más precisión, vino por encima de mi cabeza, en forma de aviones de combate que surcaban el cielo por encima de la casa de mi infancia, en las afueras de Denison, Texas.

Vivíamos a orillas de un lago en un lugar apartado, nueve millas al norte de la Base Perrin de la Fuerza Aérea. Debido a que era una zona tan rural, los aviones volaban muy bajo, a unos novecientos metros, por lo que siempre podía oírlos cuando se aproximaban. Mi padre me daba sus binoculares y me encantaba mirar a lo lejos, hacia el horizonte, preguntándome qué habría allá. Eso alimentó mi pasión por los viajes. Y en el caso de los aviones de combate, eran todavía más emocionantes porque se acercaban mucho y a una gran velocidad.

Eso fue en la década de 1950, y esos aparatos eran mucho más ruidosos que los aviones de combate de hoy día. Aun así, nunca conocí a nadie en el norte de Texas a quien le importara el ruido. Acabábamos de ganar la Segunda Guerra Mundial, por eso la Fuerza Aérea era motivo de gran orgullo. No fue sino hasta unas décadas después, cuando los residentes cercanos a las bases aéreas empezaron a hablar del ruido, que los pilotos sintieron la necesidad de responder a las quejas. Llevaban en sus autos una pegatina que decía: «El ruido de los aviones: el sonido de la libertad».

Cada aspecto de los aviones me resultaba fascinante: los diferentes sonidos que hacían, su diseño, las leyes físicas que les permitían volar vertiginosamente y, sobre todo, los hombres que los controlaban con una maestría evidente.

Monté mi primera maqueta de avión cuando tenía seis años. Era una réplica del *Espíritu de St. Louis*, el avión de Charles Lindbergh. Había leído mucho sobre «Lindy el afortunado» y aprendí que su vuelo a través del Atlántico no había sido realmente un asunto de suerte. Él planeó. Se preparó. Y perseveró. Eso fue lo que lo hizo heroico para mí.

En 1962, cuando tenía once años, leía todos los libros y revistas de aviación que podía encontrar. Fue también el año en que hice mi primer viaje en avión. Mi madre, una maestra de primer grado, me invitó a acompañarla a una convención estatal de la Asociación de Padres y Maestros [PTA, por sus siglas en inglés] en Austin; era también su primer viaje en avión.

El Aeropuerto Dallas Love Field estaba a 120 kilómetros al sur de nuestra casa y, cuando llegamos allí, parecía un lugar mágico, repleto de gente espectacular. Pilotos, azafatas, pasajeros bien vestidos con algún lugar adonde ir.

En la terminal, me detuve frente a la estatua recién erigida de un Texas Ranger [agente policial especial de la región]. La placa decía: «Un motín, un *ranger*», y narraba la historia apócrifa de un incidente en una pequeña ciudad en la década de 1890. Un sheriff de la localidad había llamado a una compañía de *rangers* para detener la violencia y, como solo apareció uno, los habitantes del pueblo se sintieron desconcertados. Habían pedido ayuda y se preguntaron si se la estaban negando. «¿Cuántos motines hay?», preguntó supuestamente el agente. «Si solo hay uno, todo lo que necesitan es un *ranger*. Me encargaré de eso».

También vi a otro héroe ese día en el aeropuerto. Las primeras misiones espaciales del Proyecto Mercury me habían cautivado, así que me emocioné cuando vi a un hombre bajito y delgado caminar por la terminal. Llevaba traje, corbata, sombrero, y su rostro me era completamente familiar. Reconocí que era el teniente coronel John «Shorty» Powers, el personaje de la televisión que era el locutor desde el centro de control. Sin embargo, no me atreví a acercarme a él. Alguien que podía entablar conversaciones con todos esos astronautas no querría que un chico de once años le molestara.

Era un día nublado, un poco lluvioso, y salimos a la pista para subir la escalera a nuestro vuelo de Braniff Airways, en un avión Convair 440. Mi madre llevaba guantes blancos y sombrero. Yo vestía chaqueta y pantalones. Era así como viajaba la gente en esa época: con su mejor ropa de domingo.

Nuestros asientos estaban al lado derecho de la aeronave. A mi madre le hubiera encantado mirar por la ventana, pero ella me conocía. «Toma el asiento junto a la ventana», me dijo, y antes de que el avión se moviera una pulgada, yo tenía la cara presionada contra el vidrio, absorbiéndolo todo.

Tenía los ojos completamente abiertos cuando el avión aceleró por la pista y comenzó a elevarse. Mi primer pensamiento fue que todo el paisaje parecía una maqueta de trenes. Y después pensé que quería vivir en el aire.

Pasaron unos cuantos años más ante de volar de nuevo. Cuando tenía dieciséis años, le pregunté a mi padre si podía comenzar clases de aviación. Él había sido cirujano dental en la Marina durante la Segunda Guerra Mundial. Sentía un gran respeto por los aviadores y vio mi pasión con mucha claridad. A través de un amigo suyo, consiguió el nombre de un piloto de fumigación de cultivos llamado L. T. Cook, que tenía una pista de aterrizaje en su propiedad, no lejos de mi casa.

Antes de la Segunda Guerra Mundial, el señor Cook había sido instructor en el Programa de Capacitación para Pilotos Civiles del gobierno federal. En aquel entonces, los aislacionistas no querían que Estados Unidos se involucrara en la guerra de Europa. Sin embargo, el presidente Roosevelt sabía que era probable que Estados Unidos participara en el conflicto y que se necesitarían miles de pilotos calificados. A partir de 1939, aviadores veteranos como el señor Cook se encargaron de instruir a civiles para estar listos en caso de que se declarara la guerra. El programa fue polémico en esa época, pero tal como resultaron las cosas, todos esos pilotos preparados ayudaron a los aliados a ganar la guerra. El señor Cook y los instructores de pilotos como él fueron los héroes anónimos a nivel estatal.

Cuando lo conocí, era un hombre de cincuenta y tantos, sensato y muy profesional. Fumigaba cultivos la mayor parte del tiempo, pero si veía a alguien que pareciera tener la inteligencia y el temperamento para volar, lo recibía en calidad de estudiante. Supongo que le gustó mi aspecto y mi talante. Yo era un chico alto, tranquilo, serio, y también respetuoso, porque mis padres me habían enseñado a ser respetuoso con las personas mayores. Yo era el clásico introvertido y él no era un hombre dado a la conversación. Notó que yo tenía serias intenciones de aprender a volar y que mi entusiasmo era evidente a pesar de mi carácter reservado. Dijo que me cobraría seis dólares por cada hora de vuelo. Esa tarifa incluía el combustible. Me pidió otros tres dólares por hora por su trabajo como instructor. Mis padres pagaban la tarifa del avión y, luego de volar treinta minutos, yo solo le debía 1,50 dólares por su tarifa de instructor; le pagaba con el dinero que ganaba trabajando como conserje de una iglesia.

Tengo libros de registro que datan de varias décadas y que cubren miles de vuelos. Y el primero de ellos comienza con una anotación que hice el 3 de abril de 1967, cuando el señor Cook voló treinta minutos conmigo. Lo hicimos en una Aeronca 7DC, una avioneta de dos plazas. Tenía hélices, era muy básica y había sido fabricada en la década de 1940. Ni siquiera tenía radio. Puse mis manos sobre los controles en la primera oportunidad que tuve y no las aparté de allí.

Me senté adelante, el señor Cook se acomodó detrás con sus controles, e hizo lo que muchos pilotos llaman «seguimiento». Eso significa que mantendría las manos cerca de su palanca, de modo que pudiera asumir el mando de inmediato si yo tenía problemas con la mía. Observaba mis movimientos y me gritaba instrucciones por el ruido del motor. Tal como hacían tantos pilotos en los primeros años, utilizaba un megáfono de cartón para dirigir su voz a mi oído derecho. Hablaba solo cuando era necesario y rara vez me felicitó. Sin embargo, en las semanas que siguieron, sentí que él pensaba que yo estaba aprendiendo y que tenía los instintos apropiados. Yo estudiaba también todas las noches en casa, pues cursaba clases por correspondencia que me prepararon para el examen escrito para obtener la licencia de piloto privado. El señor Cook percibió mi dedicación.

A veces yo iba a su casa para la siguiente clase, pero él no estaba. Entonces conducía en dirección al pueblo porque sabía exactamente dónde encontrarlo: en la tienda Dairy Queen. Terminaba su café, dejaba una propina en la mesa y regresábamos a la pista.

Me dio dieciséis lecciones en los dos meses siguientes, cada una con un promedio de treinta minutos en el aire. Para el 3 de junio, mi tiempo total de vuelo sumaba siete horas y veinticinco minutos. Ese día me llevó a volar y, después de diez minutos en el aire, me dio un golpecito en el hombro.

«Muy bien», me dijo. «Prepárate para aterrizar y llévala al hangar». Hice lo que me dijo y, cuando llegamos, saltó de la avioneta. «Bien», señaló. «Vuela y aterriza tres veces sin mí».

No me deseó suerte; no era su costumbre. No estoy diciendo que fuera malhumorado o insensible. Era una persona reservada y práctica. Obviamente, él había decidido que estaba listo para emprender el vuelo. Confiaba en que no me estrellaría con su avioneta y que todo saldría bien.

Hoy en día un joven no podría volar solo con tanta rapidez. Los aviones son más complejos. Existen todo tipo de requisitos y asuntos de seguros que deben resolverse antes de que alguien pueda volar solo. El sistema de control del tráfico aéreo es más complicado. Y los instructores resultan ser más protectores, se preocupan más, y son más cautelosos.

Pero ese día en el campo del norte de Texas, yo no tenía que lidiar con el control del tráfico aéreo ni con regulaciones complicadas. Éramos solo la avioneta y yo, además del señor Cook, que me observaba desde abajo.

Como el viento venía del norte, yo tenía que ir al extremo opuesto de la pista para poder despegar en esa dirección. No era la dirección habitual, pero me orienté y me preparé para el despegue.

La pista era más baja en el extremo sur y tenía una pendiente ascendente hacia el norte. Y a pesar de que el señor Cook acababa de cortar la hierba de la pista, no era tan suave como una pavimentada ni como una alfombra verde artificial.

Solo, y en el extremo de la pista de aterrizaje por primera vez en mi vida, comprobé el encendido y la presión del aceite. Me aseguré de que el motor, el timón, el elevador y los alerones estuvieran funcionando correctamente. Repasé todo lo que había en mi lista. Y mientras sujetaba con firmeza la palanca de control, respiré, solté los frenos y empecé a despegar. El señor Cook me había dicho que despegaría más rápido de lo que estaba acostumbrado. ¿Por qué? Porque la avioneta estaría más liviana, pues él no iría a bordo.

Cuando ese tipo de aeroplano se dirige por una pista y está listo para volar, simplemente despega. Pero cuando un nuevo piloto está listo para volar solo, alguien tiene que decírselo. Ese alguien fue el lacónico señor Cook, asintiendo a un lado mientras yo me elevaba en el aire y él se veía más y más pequeño en la pista debajo de mí. Yo le estaba agradecido.

Sentí una libertad estimulante al subir a 240 metros sobre la tierra y volar en círculo por el campo de aviación. También sentí una cierta sensación de maestría. Después de escuchar, ver, hacer preguntas y estudiar duro, yo había logrado algo. Estaba allí, solo y en el aire.

No creo que estuviera sonriendo por mi buena fortuna. Estaba demasiado ocupado en concentrarme para sonreír. Y también sabía que el señor Cook me miraba desde debajo de su gorra de béisbol, con la cabeza hacia arriba. Quería lucirme delante de él y hacer todo correctamente. No quería que tuviera una larga lista de cosas por las cuales criticarme cuando aterrizara.

Fue como si pudiera oír su voz mientras volaba. *Utiliza el timón para mantener los mandos coordinados.* Él no estaba en la avioneta, pero sus palabras aún estaban conmigo.

Yo estaba demasiado ocupado para contemplar el paisaje. Sobrevolé un pequeño estanque y vi el pueblo de Sherman a mi izquierda. Pero mi objetivo no era disfrutar de la vista, sino volar lo bastante bien para que el señor Cook me dejara hacerlo de nuevo.

Él me había ordenado realizar la maniobra habitual rectangular alrededor de la pista de aterrizaje, lo cual tomaba casi tres minutos de vuelo, para que yo pudiera practicar cosas como tocar la pista, elevarme de nuevo en el aire y luego regresar para hacerlo de nuevo. Tenía que hacerlo tres veces antes de iniciar el aterrizaje final.

Mi primer vuelo solitario duró apenas nueve minutos aproximadamente, pero yo sabía que era un primer paso crucial. Había hecho mi tarea: en 1903, Orville Wright había recorrido una distancia de treinta y seis metros en su primer vuelo y se había elevado seis metros en el aire durante solo doce segundos.

El señor Cook me recibió cuando todo había terminado y, mientras apagaba el motor, me dijo que había hecho lo que me había pedido. Yo no era ningún «as», pero sabía que había pasado la prueba. Él me dijo que estaría fumigando cultivos en su otra avioneta gran parte del verano y que podía practicar por mi cuenta en su Aeronca. Acordamos que iría cada ciertos días para perfeccionar mis habilidades y volar solo por seis dólares la hora.

Ahora, a mis cincuenta y ocho años, tengo 19.700 horas de vuelo en mi haber. Sin embargo, puedo trazar mi experiencia profesional hasta esa tarde. Fue un punto de inflexión. Yo había volado menos de ocho horas en total, pero el señor Cook hizo que me sintiera seguro. Me había permitido descubrir que podía volar y aterrizar un avión de manera segura. Ese primer vuelo solo fue una confirmación de que ese sería mi sustento y también mi vida.

No lo pensé mucho en ese momento, pero ahora me doy cuenta de que mi incursión en el mundo del pilotaje fue muy tradicional. Era así como las personas habían aprendido a volar desde el principio: un piloto mayor y curtido le enseña los fundamentos a un joven en una pista de hierba bajo un cielo despejado.

Reflexiono y aprecio mucho haber sido tan afortunado. Fue un comienzo maravilloso.

NADIE MÁS en mi escuela secundaria estaba interesado en ser piloto, así que me hallé solo en mi búsqueda. Tenía amigos, pero muchos chicos me veían como un muchacho tímido, estudioso y serio, que siempre iba a la pista de aterrizaje y leía manuales de vuelo. Yo no era muy sociable. Me sentía más cómodo en la cabina de un avión.

De alguna manera, crecí rápido en esa pista de aterrizaje y aprendí cosas que me ayudaron a ver las posibilidades que había en la vida, así como los grandes riesgos.

Un día, mientras iba al hangar del señor Cook, vi una avioneta Piper Tri-Pacer pintada de blanco con una franja roja; estaba cerca del extremo norte de la pista. El señor Cook me contó la historia. Un amigo suyo se disponía a aterrizar en la Tri-Pacer, se acercó al aeródromo y tuvo que pasar por encima de la carretera U.S. 82. Era ya demasiado tarde cuando vio que había líneas eléctricas de seis metros de altura a lo largo de la carretera. Subió la nariz de la avioneta para esquivar los cables, pero eso le hizo disminuir la velocidad y perder altura. Su avioneta cayó en picado y él murió de inmediato.

Nadie retiró el avión destrozado y por eso seguía allí, al final de la pista de aterrizaje. Caminé unos cuatrocientos metros y vi el interior de la cabina salpicado de sangre. En aquellos días, los aeroplanos solo tenían cinturones de cadera, no arneses de hombro; me imaginé que la cabeza del piloto se debió golpear violentamente contra el panel de instrumentos. Traté de visualizar cómo podría haber ocurrido todo: el esfuerzo del piloto para evitar los cables de alta tensión, la pérdida de velocidad, el impacto descomunal. Me obligué a mirar en la cabina y a estudiarla. Habría sido más fácil mirar hacia el otro lado, pero no lo hice.

Fue un momento didáctico para un joven de dieciséis años, me impresionó enormemente. Comprendí que volar un aeroplano implicaba no cometer errores. Tenías que mantener el control de todo. Tenías que tener cuidado con los cables de alta tensión, las aves, los árboles y la niebla, mientras monitoreabas todo en la cabina. Tenías que estar atento y alerta. Era igualmente importante anticipar lo que podría ocurrir. Un simple error podía significar la muerte.

Procesé todas esas imágenes, pero aquella escena triste no me congeló. Me comprometí a aprender todo lo posible para minimizar los riesgos.

Yo sabía que no quería ser un aviador osado —eso podría costarme la vida— pero me divertí a mi manera. Les decía a mis padres y a mi hermana menor que salieran de la casa a una hora determinada, y yo volaba sobre ellos agitando las alas del avión arriba y abajo para saludarlos. Vivíamos en una zona poco poblada y el reglamento me permitía volar a una altura de solo 150 metros por encima de mi casa. Mi familia solo podía verme la cara cuando los saludaba con el avión.

Para octubre de 1968, después de setenta horas en el aire, me sentí listo y preparado para examinarme y obtener el certificado como piloto privado, que constaba de un «vuelo de verificación» con un examinador de la Administración Federal de Aviación [FAA, de acuerdo con sus siglas en inglés]. Lo aprobé y eso me permitió volar con pasajeros.

Pensé que el honor de llevar al primer pasajero debía concedérselo a mi madre, por lo que mi diario de vuelo muestra que la llevé a dar una vuelta el 29 de octubre de 1968, un día después de obtener mi certificado. Pegué una estrellita junto a los datos registrados en el diario de vuelo: como reconocimiento de ese momento especial. Hoy día hubiera mandado una cara sonriente por correo electrónico.

Mi madre no estaba nerviosa; se sentía orgullosa. Mientras la ayudaba a sentarse en el asiento de atrás y le abrochaba el cinturón, le describí los sonidos que oiría, lo que vería y lo que podría sentir en el estómago. Supongo que la ventaja de ser tan serio es que la gente cree que soy diestro y responsable. Yo obedecía las reglas y mi madre confiaba en mí. Simplemente se sentó, poniendo su vida en mis manos, y sin deseos de darme órdenes. Me dejó pasearla en las alturas y me abrazó cuando aterrizamos.

La posibilidad de llevar pasajeros me abrió un mundo nuevo; así que después de darle un paseo a mi hermana, a mi padre y a mis abuelos, encontré el valor para invitar a otra persona. Su nombre era Carole, una chica linda, delgada, con pelo castaño y con gafas. Estudiábamos juntos en la Escuela Secundaria Denison, y también cantábamos en el coro de nuestra iglesia. Yo estaba enamorado de ella y quería pensar que ella también se había fijado en mí. Hay chicas que son lindas y lo saben, y se aprovechan de su belleza. Carole era atractiva y no se comportaba así. Aunque no era muy extrovertida, tenía una actitud franca y cordial que atraía a la gente.

Ninguna chica había expresado mucho interés en mis aventuras como piloto. Eso fue mucho antes de la película *Top Gun* y, en todo caso, yo no era Tom Cruise. Además, volar era algo abstracto. Nadie me veía hacerlo. No era como si fuera un delantero al que pasaran la pelota para marcar el gol y mi foto apareciera en todos los periódicos. Todo lo que yo hacía estaba fuera de la vista de todos y bien alto en el cielo. Si les decía a las chicas que piloteaba, nunca parecían muy impresionadas. A veces pensaba que mi conversación las aburría. O tal vez no podía encontrar las palabras adecuadas para describir lo majestuoso que era volar.

En cualquier caso, decidí ver si podía interesar a Carole. Era callada —semejante a mí en ese sentido— y, a menudo, resultaba difícil mantener conversaciones con ella. No tenía grandes expectativas cuando le pregunté si le gustaría volar conmigo. Y aunque quisiera hacerlo, imaginé que sus padres no la dejarían.

Pero les preguntó, y ellos le permitieron hacer un viaje de cuarenta y cinco minutos conmigo, sobrevolando los ríos Arkansas y Poteau hasta Fort Smith en Arkansas.

Requirió gran esfuerzo por mi parte conseguir la cita, pero me sentía muy emocionado al saber que iba a ocurrir. Mirando atrás, es increíble que sus padres la dejaran ir. En esencia, dejaron que un chico que no tenía ni dieciocho años, cruzara las fronteras estatales con su hija menor de edad en una frágil avioneta.

Y así lo hicimos. Era un día frío y despejado, con poco viento y buena visibilidad. Se podía ver varios kilómetros en cualquier dirección. Los aeroplanos son ruidosos, por lo que es difícil conversar. «Ese es el río Rojo allá abajo», decía gritando, y ella me respondía con otro grito: «¿Qué?», y yo lo repetía otra vez. Me sentía feliz de tenerla a bordo.

Volamos en un Cessna 150 que había alquilado por dos horas. Era un avión muy pequeño, con espacio solo para dos personas, sentadas lado a lado. La cabina apenas tenía un metro de ancho y mi pierna derecha rozaba la izquierda de ella. Era algo inevitable.

Imagínenme con diecisiete años, y esa linda chica a mi lado, su pierna tocando la mía dos horas y mi brazo rozando el suyo. Podía oler su perfume, o tal vez era su champú. De vez en cuando se inclinaba sobre mí para mirar por mi ventana y su pelo me acariciaba el brazo. Describir que pilotear pudiera ser una experiencia sensual fue algo nuevo para mí.

¿Tuve dificultad para concentrarme en el vuelo? No. Supongo que este es apenas otro ejemplo en el que un piloto tiene que aprender a disociar las cosas. Yo estaba plenamente consciente de la presencia de Carole, pero también tenía responsabilidad y estaba concentrado en mi labor de piloto. Quería cortejarla, pero mi responsabilidad más importante era mantenerla a salvo.

Nuestra relación no pasó a mayores, pero ese vuelo —sentado tan cerca de ella, gritándole los puntos de referencia del sector rural de Texas, invitándola a almorzar al aeropuerto de Fort Smith— es simplemente un recuerdo dulce y entrañable.

Un piloto puede haber despegado y aterrizado miles de veces en su carrera y la mayor parte de estas sin ninguna complicación. Sin embargo, hay vuelos que nunca olvidará.

La última vez que estuve en la pista de aterrizaje de L. T. Cook fue a finales de la década de 1970. Había perdido contacto con él a principios de los años ochenta; más tarde supe que tenía cáncer, y que le habían extirpado varios tumores en el cuello y la mandíbula. Algunas personas conjeturaron que su enfermedad era consecuencia de todos los fumigantes químicos que había rociado durante su vida. Falleció en 2001.

Después de mi acuatizaje de emergencia del vuelo 1549 de US Airways en el río Hudson, recibí miles de correos electrónicos y cartas de personas expresando gratitud por lo que mis tripulantes y yo hicimos para salvar a las 155 personas a bordo. Me emocionó descubrir entre un montón de cartas, una nota de la viuda del señor Cook, de quien no tenía noticias desde hacía varios años. Sus palabras me levantaron el ánimo. «L. T. no se habría sorprendido», escribió ella, «pero sin duda estaría contento y orgulloso».

En muchos sentidos, todos mis mentores, héroes y seres queridos —que me enseñaron, animaron y vieron posibilidades en mí— estaban conmigo en la cabina del vuelo 1549. Habíamos perdido ambos motores. Era una situación desesperada, pero las lecciones que algunas personas me habían enseñado fueron muy útiles. Las lecciones del señor Cook también me sirvieron de guía en esos cinco minutos de vuelo. Era un profesional consumado de la palanca y el timón y, ese día, en el cielo de Nueva York, fue sin duda un día de palanca y timón.

He pensado mucho desde entonces en todas las personas especiales que han sido importantes en mi vida, en los cientos de libros de aviación que he estudiado, en las tragedias que he presenciado una y otra vez como piloto militar, en las aventuras y contratiempos durante mi carrera en el sector de las aerolíneas comerciales, en el encanto de pilotear y en los recuerdos lejanos.

Me he dado cuenta de que mi viaje al río Hudson no comenzó en el Aeropuerto LaGuardia. Comenzó varias décadas antes, en la casa de mi infancia, en la pista de hierba del señor Cook, en los cielos del norte de Texas, en el hogar de California que ahora comparto con mi esposa, Lorrie, y con nuestras dos hijas, y en todos los aviones que he piloteado hacia el horizonte.

El vuelo 1549 no fue solo un viaje de cinco minutos. Mi vida entera me condujo sin peligro a ese río.

2

LA VIDA DE UN PILOTO

Tuve la fortuna suficiente de descubrir mi pasión por la aviación cuando era muy joven y de poder disfrutarla día tras día. Tuve suerte porque todo iba en la dirección que yo quería; por ejemplo, mi visión era lo suficientemente buena para poder ejercer de piloto. Y fui afortunado tras retirarme de la Fuerza Aérea, pues encontré empleo como piloto en una aerolínea cuando no abundaban las vacantes.

Todavía me siento afortunado, después de todos estos años, de poder continuar con mi pasión. El sector de las aerolíneas tiene sus problemas, y muchos asuntos pueden ser preocupantes y agotadores, pero todavía me satisface y encuentro propósito al volar.

Sientes cierta libertad literal cuando controlas los mandos de un avión, y te deslizas en el aire por encima de la superficie terrestre sin estar sujeto a la gravedad. Es como si estuvieras por encima de las leyes básicas de la vida. Incluso a pocos miles de metros ya se adquiere una perspectiva diferente. Esos problemas que se perciben grandes abajo parecen más pequeños desde esa altura, y lo son más aun cuando subes a diez mil metros.

Me encanta que volar sea un desafío intelectual y que requiera hacer cálculos mentales a lo largo de todo el vuelo. Si cambias el ángulo de la nariz del avión con respecto al horizonte así sea un solo grado mientras vas a siete millas náuticas por minuto —la velocidad promedio de un vuelo comercial—, bastará para aumentar o disminuir tu ritmo de ascenso o de descenso doscientos metros por minuto. Me gusta llevar un registro de todos los cálculos, mantenerme al tanto de las condiciones meteorológicas, trabajar con un equipo —azafatas, controladores de tráfico aéreo, primeros oficiales, personal de mantenimiento— a la vez que sé muy bien lo que el avión es capaz de hacer. Incluso cuando los mandos son manipulados a través de la automatización, los pilotos tienen que respaldar los sistemas informáticos con sus propios cálculos mentales. Me gusta ese desafío.

También me agrada hablar de mi pasión por la aviación. Me decepciona que a muchos niños de hoy no les parezca que volar sea algo fascinante. He visto un sinnúmero de niños pasar al lado de la cabina sin prestar mucha atención, porque están demasiado concentrados en sus videojuegos o en sus iPods.

Cuando hay niños que sienten la curiosidad de mirar el interior de «mi oficina» en la cabeza del avión, su entusiasmo es contagioso. Es muy gratificante ver tal emoción por algo que es tan importante para mí. Si el primer oficial y yo no estamos ocupados durante el embarque, nos gusta invitar a los niños que muestran interés a sentarse en nuestros asientos en la cabina, a que nos hagan preguntas y a dejar que sus padres les tomen fotos con la gorra de capitán.

Ser piloto produce un resultado tangible que es benéfico para la sociedad. Es un placer pilotear un avión con 183 personas y llevarlas adonde necesitan o quieren ir. Mi labor consiste en reunir a personas con sus familiares y amigos, en llevarlas a unas vacaciones largamente esperadas, a los funerales de sus seres queridos o a sus entrevistas de trabajo. Al final del día, después de hacer tres o cuatro viajes, he llevado con seguridad a cuatrocientas o quinientas personas a sus destinos, y me siento como si hubiera hecho algo importante. Todos ellos tienen sus propias historias, motivaciones y necesidades, y poder ayudarles me produce una sensación gratificante.

Eso es lo que me estimula para trabajar y es lo que anhelo hacer.

No le di un beso de despedida a mi esposa.

Eran las cinco y media de la mañana, un lunes, y saldría para cuatros días de viaje. Según mi horario, tendría que pilotear siete vuelos de US Airways y el último trayecto estaba programado para el jueves 15 de enero: el vuelo 1549, de Nueva York a Charlotte.

No le di un beso a Lorrie porque, a lo largo de los años, he visto que tiene el sueño liviano y, aunque me gustaría besarla discretamente antes de cada viaje y susurrarle: «Te amo», hacerlo a las cinco y media de la mañana la despertaría. Yo me iría y Lorrie se quedaría en la cama con los ojos abiertos, pensando en todo lo que ella y nuestras dos hijas tendrían que hacer en los días siguientes sin mí y sin mi ayuda.

A pesar de mi pasión por volar, esos viajes constantes que definen la vida de un piloto han sido muy difíciles para nosotros. Paso casi dieciocho días al mes fuera de casa, por lo que me he perdido más de la mitad de la vida de mis hijas.

Mis ausencias no significan que prefiera más volar que estar con mi esposa y mis hijas. De hecho, Lorrie y yo hemos hablado en los últimos años de la posibilidad de tener un trabajo distinto que me permita estar cerca de casa. A pesar de los límites en la manera en que un hombre puede reinventarse a sí mismo, he confiado en encontrar otra forma de sustentar a mi familia, tal como podía hacerlo como capitán de una aerolínea. Pero he querido que sea algo en lo que pueda utilizar mi experiencia profesional como piloto. Por ahora, mi dedicación a la profesión sigue siendo firme. Y Lorrie me conoce. Ella sabe lo que significa para mí volar. Hemos encontrado nuestras maneras de lidiar con ello.

Ese lunes, al igual que muchos otros, salí de casa. Lorrie y nuestras hijas —Kate, de dieciséis años, y Kelly, de catorce— dormían profundamente cuando saqué el auto del garaje de nuestra casa en Danville, California, y me dirigí al Aeropuerto Internacional de San Francisco.

Mientras el sol salía, yo había recorrido cincuenta y cinco kilómetros y cruzaba el puente San Mateo en la bahía de San Francisco. Tenía que llegar a tiempo para abordar un vuelo a Charlotte a las 7:30 de la mañana, en calidad de pasajero.

Todas las tripulaciones de vuelo tienen una base de operaciones y la mía se encuentra en Charlotte, Carolina del Norte. Estaba en San Francisco desde principios de la década de 1980, cuando trabajaba en Pacific Southwest Airlines. En 1988, PSA se fusionó con USAir y pasé a ser piloto de esta aerolínea. En 1995, USAir cerró su base en San Francisco, y transladaron mi base a Pittsburgh y luego a Charlotte. Lorrie y yo queríamos seguir viviendo en California y, al igual que otras personas que tenían su base de operaciones lejos de casa, tomé la decisión de viajar regularmente por todo el país en mi nuevo trabajo. Elegimos ese estilo de vida y agradezco que la aerolínea nos lo haya permitido. Aun así, la coordinación que esto conlleva es agotadora.

No tengo que pagar por mis vuelos para ir a trabajar, pero tengo que esperar que haya un puesto vacante. Si no hay ningún asiento disponible, por lo general puedo viajar en la silla plegable de la cabina de mando. Ese es mi as bajo la manga. Sin embargo, por lo general prefiero hacerlo en la cabina de pasajeros, alejado de los pilotos para que puedan hacer su trabajo. Así, puedo leer un libro, o cerrar los ojos y tratar de dormir.

Como visto de uniforme, los pasajeros a veces me hacen preguntas sobre el vuelo, la turbulencia o cómo hacer para que sus maletas atiborradas quepan en el compartimiento superior. Pero con igual frecuencia, nadie nota mi presencia.

Eso fue lo que sucedió en el vuelo de ese día a Charlotte. Me senté en mi silla del medio, viajando anónimamente en clase económica, sin tener la menor idea de que todo cambiaría para mí ese fin de semana. Fueron los últimos días de mi antigua y conocida vida como piloto.

Soy un hombre de rutinas, por eso mi vida tiene una exactitud que a veces hace que Lorrie frunza el ceño. Dice que soy muy reservado y estricto, y aunque ella cree que es parte de lo que me hace un buen piloto, también hace que sea difícil convivir en ciertas ocasiones. Lorrie conoce esposas de otros pilotos que los describen de la misma manera. Al igual que yo, regresan a casa después de estar varios días fuera y tratan de retomar el mando, fastidiando a sus seres queridos, organizando de nuevo los platos en el lavavajillas, o tratando de imponer formas más eficientes de apilar todo. Supongo que la cultura de la aviación —toda nuestra formación— nos condiciona a ser tan organizados. O, como sospecha Lorrie, tal vez haya un cierto tipo de personalidad que siente atracción por esta profesión.

En cualquier caso, supongo que soy culpable del delito. Sin embargo, tratar todo con tanta exactitud me resulta útil en muchas maneras.

Había empacado para ese viaje de cuatro días tal como siempre lo hago. No me gusta llevar más de lo necesario. Tenía mi uniforme de capitán —chaqueta y pantalones—, y en el equipaje de mano llevaba tres camisas limpias, tres pares de ropa interior, tres pares de medias, mis artículos de afeitar, unas zapatillas deportivas, un paraguas, un iPod, mi computadora portátil para leer el correo electrónico y cuatro libros. También había empacado mi ejemplar de *SkyGuide* de American Express, que contiene el horario completo de vuelos de todas las aerolíneas norteamericanas. Tenía una hoja de viaje de US Airways con el itinerario completo para los cuatro días en el bolsillo de una camisa. También llevaba un abrigo de invierno, guantes y un gorro de lana, pues iría a Pittsburgh y a Nueva York, donde haría frío y posiblemente nevara.

Me gusta escuchar música en el iPod cuando paso la noche en otra ciudad. Y, si es posible, salgo a pasear fuera del hotel mientras oigo música. Últimamente, disfruto la música de Natalie Merchant, Green Day, The Killers y Evanescence. También escucho una y otra vez la obra de Fritz Kreisler, el legendario violinista austríaco que compuso y grabó *Liebesleid* (El dolor del amor) y *Liebesfreud* (La alegría del amor); es una banda sonora inspiradora que te motiva a pasear o correr a lo largo de la ciudad y a perderte en tus propios pensamientos.

Recientemente he dedicado también mucho tiempo a pensar en mi futuro. Tengo cincuenta y ocho años, y estoy obligado, como piloto, a jubilarme cuando cumpla los sesenta y cinco años. ¿Qué haré entonces? El sector de las aerolíneas se ha debilitado desde el 11 de septiembre de 2001, y he perdido el cuarenta por ciento de mi salario debido a los recortes. Mientras tanto, la pensión de US Airways con la que esperaba jubilarme fue cancelada en 2004, y el plan de reemplazo respaldado por el gobierno es bastante flojo. Por consiguiente, he perdido más de dos tercios de mi pensión. Mi historia es común en el sector de las aerolíneas.

He comprado algunas propiedades a lo largo de los años para tratar de ganar un dinero adicional, pero los ingresos de estas propiedades han sido inconsistentes. Poseo una propiedad en el norte de California, donde se ubicaba una franquicia de cambios de aceite, Jiffy Lube. Sin embargo, la empresa no renovó su contrato de arrendamiento y no he podido encontrar un nuevo inquilino. Así que cuando abordé ese vuelo a Charlotte, repasé mentalmente algunos de esos detalles.

Hace un año aproximadamente, abrí mi propio negocio, una empresa de consultas llamada Safety Reliability Methods, Inc. Me pareció una opción apropiada a medida que mi carrera como piloto se acercaba a su fin. Mucho antes de acuatizar en el río Hudson, me había apasionado la seguridad aérea, algo que se remontaba a mi época como piloto de combate en la Fuerza Aérea. Por eso, para ese viaje de cuatro días, llevé tres libros relacionados con temas que tengo interés de tratar como consultor.

He estado construyendo lentamente mi empresa, diseñada para ayudar a quienes tienen otras ocupaciones a beneficiarse del tono táctico y estratégico de la industria de las aerolíneas con respecto a la seguridad. Los pilotos tenemos extensas listas de control que repasamos en la cabina. Mi empresa promueve iniciativas —como las que se aplican en la medicina— que imitan las listas de control de los pilotos. Por ejemplo, la Organización Mundial de la Salud sugiere actualmente el uso de listas de control en los procedimientos quirúrgicos, que requieren del personal de los hospitales la verificación de las alergias que puedan tener los pacientes, y hacer una cuenta de los instrumentos, agujas y esponjas para cerciorarse de no dejar nada en el interior de los pacientes.

Creo que la aviación comercial es excepcionalmente segura. Dado el número de pasajeros que llevamos cada día a sus destinos sin altercados, y el riesgo relativamente bajo asociado con volar, nuestros antecedentes son encomiables hasta la fecha. Pero las compañías aéreas deben continuar siendo diligentes, especialmente de cara a todos los recortes económicos que sufre el sector, o nuestro buen historial podría comprometerse.

Uno de los libros que había llevado para ese viaje era *Just Culture,* de Sidney Dekker, que había sacado de la biblioteca. Dekker escribe sobre la fina línea que existe entre la responsabilidad y el aprendizaje cuando las personas comunican problemas de seguridad. Desde hace tiempo tengo la convicción de que podemos hacer que una empresa, gobierno o comunidad, sean más seguros cuando alientan a la gente a reportar sus propios errores y deficiencias en materia de seguridad. Así que ese libro reafirmó lo que ya había aprendido sobre el tema en mi estudio personal y durante mis años como piloto.

Sentado en el asiento del medio rumbo a Charlotte, leí y tomé notas para mi empresa de consultas. No recuerdo haber intercambiado demasiadas palabras con los pasajeros que tenía a ambos lados.

Cuando voy en la cabina de pasajeros, ya sea que esté leyendo, tratando de conciliar el sueño o preocupándome por el cierre de Jiffy Lube, me mantengo consciente por lo general del estado del vuelo y de lo que están haciendo los pilotos. Puedo sentir los movimientos del avión. La mayoría de los pasajeros están inmersos en sus propios libros o tecleando en sus computadoras portátiles y no se dan cuenta de esos aspectos sutiles. Y aunque no lo hago a propósito, puedo saber si el avión está subiendo o bajando, o el momento en que los pilotos están cambiando la configuración de los *flaps* (alerones) o la propulsión del motor. Para los pilotos, esa percepción es un gaje del oficio.

El avión en el que yo viajaba partió de San Francisco a las 7:30 de la mañana, hora del Pacífico, y llegó a Charlotte a las 3:15 de la tarde, hora del Este. Comí algo en el aeropuerto de Charlotte y me dirigí a la puerta de embarque para mi primer vuelo que pilotearía durante ese viaje de cuatro días. Regresaría a San Francisco piloteando un Airbus A321, con casi 180 pasajeros a bordo.

Cuando llegué a la puerta de embarque, les sonreí a algunos pasajeros y saludé a las tres auxiliares de vuelo: Sheila Dail, Donna Dent y Doreen Welsh. Ya había volado con Sheila y Donna. Supongo que también había compartido viajes con Doreen hace unos años, cuando nuestra base se encontraba en Pittsburgh. Debido a que US Airways lleva varios años sin contratar azafatas, la tripulación es veterana. Doreen, que tiene cincuenta y ocho años, se incorporó a la compañía en 1970, cuando se llamaba Allegheny Airlines. Ha acumulado treinta y ocho años de experiencia. Tanto Sheila, de cincuenta y siete años, como Donna, de cincuenta y uno, han trabajado más de veintiséis años en la aerolínea.

También estreché la mano de Jeff Skiles, el primer oficial que volaría conmigo. No nos conocíamos, por lo que nos presentamos. Junto con Sheila, Donna y Doreen, formaríamos un equipo durante los próximos cuatro días.

En todos estos años como piloto, a menudo trabajo con primeros oficiales o azafatas que no conozco. A pesar de una reducción de plantilla considerable, US Airways aún tiene cerca de 5.000 pilotos y 6.600 auxiliares de vuelo. Es imposible conocerlos a todos.

En nuestra aerolínea es normativo que la tripulación se reúna brevemente antes del viaje. Es fundamental para hacer que todos se sientan rápidamente como un equipo y puedan trabajar casi tan bien juntos en el primer vuelo como lo harían naturalmente después de compartir varios. Así que antes de que los pasajeros abordaran, Jeff, Sheila, Donna, Doreen y yo nos reunimos un par de minutos en el pasillo de la cabina vacía de primera clase, y dije unas palabras.

Como soy el capitán, me toca establecer el tono de la relación. Me gusta ser accesible. Les pedí a las azafatas que fueran mis ojos y oídos durante los próximos días, y que me informaran de cualquier cosa importante que no pudiera ver desde la cabina de mando. Les pregunté si necesitaban cualquier cosa que facilitara su trabajo —catering, limpieza o lo que fuera— y les dije que les ayudarías en lo que fuera posible. Quería que supieran que considero su trabajo importante. «No puedo hacer que recuperen sus pensiones de jubilación, pero sí puedo hacer algo para que la vida les sea más fácil. Cuando lleguemos a nuestro destino en el último vuelo del día, llamaré al hotel y me aseguraré de que envíen la furgoneta para no tener que esperar veinte minutos».

Jeff, de cuarenta y nueve años, fue muy amable desde el momento en que nos saludamos, y en los días siguientes lo pude conocer un poco. Al igual que yo, había obtenido su licencia de piloto privado a los dieciséis años. Sin embargo, él venía de una familia de aviadores; su madre y su padre también eran pilotos.

Había trabajado veintitrés años con US Airways, tenía veinte mil horas de vuelo y había ascendido a capitán. Sin embargo, estaba volando como primer oficial debido a los recortes en los vuelos y aviones, y a los efectos de las listas de antigüedad de los pilotos. Tengo veintinueve años de experiencia en mi haber y soy uno de los pilotos más veteranos de mi aerolínea.

Jeff había volado el Boeing 737 durante ocho años y acababa de completar el entrenamiento para volar el Airbus. Los siete vuelos conmigo en esos cuatro días serían su primer viaje en el Airbus sin un instructor. Como dijo él: «Es mi primer viaje sin ruedas de entrenamiento».

Trato de no encasillar a otros pilotos cuando trabajo con ellos por primera vez. Me figuro que los conoceré a ellos y sus rutinas de vuelo mejor cuando estemos en la cabina. No hay necesidad de apresurarse a juzgar. Sin embargo, mis primeras impresiones acerca de Jeff fueron positivas.

Desde el primer momento, juntos en la cabina durante ese viaje a San Francisco, me pareció que era diligente y muy versado en todo lo relacionado con el Airbus. Si no me hubiera dicho que se trataba de su primer viaje tras su entrenamiento, yo no lo habría sabido.

Una vez que los pilotos entramos por la puerta de embarque, y hasta que estamos a tres mil metros de altura, los tripulantes en la cabina de mando no pueden hablar entre sí acerca de otra cosa que no sean los detalles del vuelo. Pero después de poner rumbo a San Francisco, Jeff y yo tuvimos la oportunidad de conocernos mejor. Me dijo que tenía tres hijos, de diecisiete, quince y doce años, y hablamos un poco de nuestras familias.

En algún lugar por encima de las Montañas Rocosas cubiertas de nieve, pensé en la emoción que siento a menudo cuando estoy en el aire, simplemente al absorber la majestuosidad del paisaje, de las estrellas y los planetas a mi alrededor, y apreciar todo eso. Parece como si estuviéramos flotando a través de un invisible océano de aire salpicado de estrellas.

Hay un poema que me encanta, «Sea Fever» de John Masefield, que dice: «Todo lo que se necesita es un barco grande, y una estrella con la que guiarlo». Pienso a menudo en esta frase cuando veo el planeta Venus en la esquina suroeste del cielo mientras me dirijo a la costa oeste en ciertas épocas del año. Sé que no tendré problemas si alguna vez no puedo acceder al sistema de posicionamiento global o utilizar la brújula en la cabina. Simplemente mantendré a Venus en la esquina izquierda del parabrisas y alcanzaré California.

Le dije a Jeff que me habría gustado poder traer a mis hijas a la cabina de mando para que pudieran ver el paisaje que todo piloto aprecia. Eso habría sido posible en las épocas antiguas de la aviación. Pero obviamente, las restricciones de acceso a la cabina de control aumentaron después del 11 de septiembre. Mis hijas nunca verán el cielo a través de mis ojos.

También hablamos de nuestros otros trabajos. Al igual que muchos pilotos, Jeff también tiene la necesidad de complementar sus ingresos. Vive en Madison, Wisconsin, y tiene una empresa de construcción de casas.

Jeff dijo que me había buscado en Google antes del viaje para conseguir mi dirección de correo electrónico, pues quería compartir conmigo información sobre los horarios. Por supuesto, no había mucha información sobre mí en la Internet antes del acuatizaje en el Hudson. Así que lo primero que vio fue la página web de mi empresa de consulta.

«Leí todo acerca de tu compañía», dijo, y luego se limitó a sonreír. «¡Yo creía ser un farolero, pero tú te llevas el premio!».

Me intrigó que me hubiera buscado en Google —no recuerdo haber volado nunca con nadie que lo hubiera hecho— y también me hizo gracia que fuera tan directo. «Me considero un experto en exageraciones», me dijo, «y cuando leí la página daba la impresión que tu empresa era muy grande. Pero luego leí con más detenimiento y me di cuenta de que tú eras el único empleado. Tú eres la empresa. ¡Bien hecho! Admiro a la gente que puede tomar una bellota y convertirla en un roble con un poco de excremento».

Sé que mi empresa no es una de las Fortune 500, pero refutaría algo la descripción de Jeff. Realmente me apasionan los temas de seguridad y lo que el sector aeronáutico puede enseñarle al mundo. Me siento orgulloso de mi trabajo y se lo dije a Jeff. Aun así, me divertí mucho con su forma tan franca de decir las cosas. Nos reímos bastante sobre mi incipiente empresa de consultas mientras íbamos rumbo a San Francisco.

Jeff se encargó de los mandos durante buena parte del viaje, impresionándome por la facilidad con la que manejaba todo. Éramos conscientes, por supuesto, de que teníamos que obedecer ciertas restricciones, pues él tenía menos de cien horas en el Airbus. No podía aterrizar o despegar en pistas con nieve o hielo. Y ciertos aeropuertos —debido a la altura del terreno, a un despegue complicado o a procedimientos de aterrizaje— estaban fuera de su alcance. San Francisco era uno de esos aeropuertos, por lo que yo tendría que aterrizar el avión.

Cuando finalmente aterrizamos en la pista a las 8:35 de la noche, me encontraba en el mismo lugar donde había comenzado a las siete y media de la mañana de ese mismo día. La buena noticia era que no había vuelos retrasados; aún era muy temprano. Tenía tiempo de ir por mi auto al estacionamiento del aeropuerto y conducir cincuenta minutos dirección noreste hacia Danville para pasar la noche con Lorrie y con las niñas.

Esa escala tenía un buen incentivo. En lugar de estar, como de costumbre, ausente durante todo el viaje de cuatro días, pude ir a casa.

LLEGUÉ ESE lunes a las diez menos cuarto de la noche, las niñas se estaban yendo a dormir. No pude pasar mucho tiempo con ellas esa noche. Pero al día siguiente las llevé a la escuela.

Kelly, que estaba en octavo grado, comenzaba las clases a las ocho. Le di un beso de despedida y le dije que nos veríamos el fin de semana.

Luego tenía que llevar a Kate. En realidad, ella me llevó a mí. Tenía el permiso para conducir, y siempre buscaba la oportunidad de conducir, aunque no quería que nadie le diera instrucciones. Se puso al volante y yo me senté en el asiento del pasajero como si fuera el copiloto y el «instructor de vuelo», que es un piloto que actúa como instructor y acompaña en la cabina a otro aviador para evaluar sus habilidades.

Estar con Kate al volante de nuestro todoterreno fue como estar con Jeff en el Airbus. Yo la estaba observando, admirando y tomando notas.

Creo que Kate conduce bien, pero es un poco confiada. Asimismo, no creo que sea consciente de que todas las reglas de la carretera se apliquen a ella, por lo que he tratado de inculcarle que las normas de tránsito evitan la anarquía. En el sector de las aerolíneas, diríamos que ella es «selectiva en materia de cumplimiento». Con todo, en general conduce bien. Me siento bastante tranquilo con sus habilidades para conducir y así se lo dije esa mañana. Cuando se detuvo delante de su escuela, le di un beso y le prometí que nos veríamos el fin de semana. Luego regresé a casa, preparé una taza de té para Lorrie y tuvimos una conversación formal. Estábamos en serios aprietos financieros, pues el propietario de la franquicia Jiffy Lube había decidido no renovar su contrato de arrendamiento hacía seis meses, y nuestra propiedad comercial —el terreno y el edificio— aún estaba desocupada. ¿Por cuánto tiempo podríamos seguir pagando la hipoteca de esa propiedad si no recibíamos dinero de su alquiler? «No por mucho más», le dije a Lorrie, y discutimos la posibilidad de vender nuestra casa para resolver nuestros problemas económicos. Estuvimos de acuerdo en que ese sería el peor de los escenarios, e hicimos otros planes de contingencia para hacer frente a la situación antes de vender la casa. Aun así, era un dilema delicado y sin resolver que tendríamos que abordar el fin de semana tras mi regreso. Yo tenía que ir al aeropuerto de San Francisco.

Antes de irme, preparé dos sándwiches, uno de pavo y otro de mantequilla de maní y jalea, y los empaqué en una bolsa junto con una banana. Eso se ha convertido también en uno de mis ritos. Hasta hace ocho años más o menos, las líneas aéreas proporcionaban las comidas de los pilotos y azafatas en los vuelos largos. Los recortes económicos han puesto fin a esa práctica.

Ese día, y gracias a que la mañana ya estaba avanzada, tuve la oportunidad de darle un beso de despedida a Lorrie. Una hora después estaba de nuevo en el aeropuerto, preparándome para pilotear el Airbus A319 hacia Pittsburgh. Cuando Jeff y yo levantamos el vuelo y nos pusimos pusimos en rumbo, me comí los sándwiches y la banana.

Hay muchos aspectos de volar que me conmueven. Lo encuentro una experiencia muy satisfactoria, especialmente cuando miro por la ventana de la cabina. Estoy muy agradecido por todas las aventuras que se pueden tener a nueve mil metros de altura. Pero tengo que ser honesto: comer un sándwich de mantequilla de maní y jalea mientras huelo la carne gourmet servida con vino en primera clase, me recuerda innegablemente que mi trabajo tiene aspectos menos glamorosos.

Después de aterrizar en Pittsburgh ese martes por la noche, subí a una furgoneta con Jeff y las azafatas, y nos dirigimos al hotel La Quinta Inn & Suites, que estaba cerca del aeropuerto. Teníamos que embarcar de nuevo exactamente diez horas después. Eso equivalía casi a lo que llamamos el «mínimo de descanso». El descanso mínimo normativo para una tripulación entre dos vuelos es de nueve horas y quince minutos. Parece suficiente, pero en realidad resulta bastante apretado. El tiempo empieza a correr en el instante en que el avión se detiene en la puerta de embarque y continúa hasta que el avión es remolcado a la pista para iniciar el despegue a la mañana siguiente. Entre tanto, tenemos que bajar de la nave y dirigirnos al hotel, regresar al aeropuerto al menos una hora antes del vuelo matinal, y a veces hasta con una hora y media de antelación. Si a eso se le suma el tiempo para asearse y comer algo, nuestro tiempo real de sueño suele reducirse a unas seis horas y media.

Nuestro vuelo al Aeropuerto LaGuardia en Nueva York salió a las 7:05 de la mañana. Me hice cargo de los mandos porque estaba nevando. Llegamos a las 8:34, abordaron muchos pasajeros, y teníamos programado regresar a Pittsburgh a las 9:15 esa mañana. Debido al tiempo y al tráfico, nos retrasamos cuarenta y cinco minutos en LaGuardia.

Aún tengo mi itinerario de viaje de esa semana y, como siempre, había garabateado anotaciones en cada vuelo. Llevo un registro de todos los tiempos actuales de vuelo para asegurarme de que me compensen correctamente. A los pilotos nos pagan por hora de vuelo, por eso «volar» se marca desde el momento en que sales de la puerta de embarque de una ciudad hasta el momento en que llegas a la puerta de la siguiente.

Los retrasos son frustrantes para todo el mundo —y por supuesto, también para los pilotos— pero la realidad es que solo empiezan a pagarnos cuando el avión se ha retirado de la puerta de embarque. Nos pagan por el tiempo que permanecemos en la pista, pero no si estamos esperando en la puerta.

De todos modos, llegamos a Pittsburgh antes del mediodía, y debido a que teníamos una espera de veintidós horas hasta la siguiente etapa de nuestro viaje, pudimos pasar la noche del miércoles más lejos del aeropuerto, en el Hilton que estaba en el centro de la ciudad. Esa tarde fui a dar un paseo por Pittsburgh, en la nieve y escuchando mi iPod. Jeff y yo habíamos pensado en cenar juntos, pero él tenía que hacer algo, así que esa noche estuve solo al igual que las azafatas.

Debido a que la mayoría de los tripulantes de US Airways son mayores ahora —desde hace varios años no se contrata personal más joven— nos sentimos más cansados y no socializamos como antes. Aquellas épocas frenéticas de «Café, té o yo» terminaron hace mucho tiempo, y en su mayoría fueron anteriores a mi trayectoria profesional en las aerolíneas. Actualmente, casi entre un tercio y la mitad de las azafatas y los pilotos son lo que en el sector llamamos los «tiradores de puertas»: dan un portazo a las puertas de sus habitaciones de hotel y aprietan el botón de las cerraduras. No socializan y se recluyen durante toda la escala.

Por supuesto, nadie te da un portazo en la nariz. Nos damos las buenas noches con amabilidad y luego nos retiramos. Sé que viajar constantemente se vuelve pesado, y mis colegas están cansados o no quieren salir del hotel ni desperdiciar dinero. Tampoco me gustan las fiestas. Pero hace mucho tiempo decidí que si iba a pasar dieciséis o dieciocho días al mes fuera de casa —el sesenta por ciento de mi tiempo lejos de mi familia—, no iba a perder la mitad de mi vida sentado en una habitación de hotel viendo la televisión. Así que trato de dar un paseo o de salir a correr. Voy a un nuevo restaurante incluso si estoy solo. Intento disfrutar un poco. Si los miembros de la tripulación de vuelo quieren ir conmigo, agradezco su compañía. Si no quieren, me siento cómodo yendo solo.

Ese miércoles por la noche llamé a casa y hablé con mis hijas. Les describí mi paseo por la nieve y les pregunté cómo les iba en la escuela. Son adolescentes y están inmersas en sus propias vidas, por lo que no les importa mucho saber cómo ha sido mi día. Constantemente busco maneras de conectarme con ellas para que nuestra relación sea fluida.

La mañana siguiente, el 15 de enero, estaba nevando, y Jeff y yo teníamos que pilotear el Airbus A321 de Pittsburgh a Charlotte.

Llegamos a Charlotte con treinta minutos de retraso debido a los equipos de deshielo en Pittsburgh. Allí cambiamos de Airbus, del A321 al A320, el mismo que terminó en el Hudson. El vuelo procedente de Charlotte aterrizó en LaGuardia poco después de las 2 de la tarde. Había estado nevando en Nueva York, pero dejó de hacerlo en el instante en que llegamos.

En LaGuardia, los agentes de la puerta de embarque iniciaron el abordaje de los nuevos pasajeros. Me dieron el itinerario de vuelo para el próximo tramo —el vuelo 1549 de Nueva York a Charlotte— y busqué deprisa algo para comer. Compré un sándwich de atún por poco más de ocho dólares, que esperaba poder comer cuando estuviéramos a altitud de crucero durante el vuelo a Charlotte.

Los pasajeros habían comenzado a embarcar y no tuve la oportunidad de hablar con ninguno. Algunos comentaron más tarde que yo les parecía de edad más avanzada por mi pelo canoso, y les tranquilizaba ver que era un piloto veterano. Me limité a saludar con un gesto y sonreír a algunos mientras me metía en la cabina con mi sándwich.

Revisé la carga de combustible y las condiciones meteorológicas, y luego examiné el itinerario de vuelo mientras se realizaba el mantenimiento del avión. Como primer oficial, el trabajo de Jeff consistía en bajar a la pista e inspeccionar el exterior del avión. Nada nos pareció fuera de lo común.

El avión estaba lleno, 150 pasajeros además de la tripulación: Jeff, Sheila, Donna, Doreen y yo. Poco antes de dejar la puerta de embarque, Jeff y yo comentamos que había sido un vuelo agradable juntos. Este sería el último trayecto de nuestro viaje. Yo tenía la intención de despegar de Charlotte a las 5:50 de la tarde, volar a San Francisco como pasajero, y Jeff regresaría a Wisconsin en las primeras horas de la noche.

Nos separamos de la puerta de embarque a las 3:03 de la tarde, hora estándar del Este, y nos unimos a la fila de aviones esperando nuestro turno para despegar.

Jeff y yo escuchamos la conversación constante en la frecuencia de la torre de control de tráfico aéreo de LaGuardia. Oímos y vimos cómo despegaban y aterrizaban los aviones en las dos pistas que se entrecruzan en uno de los aeropuertos más transitados del país. Tal como sucede todos los días, era un ballet cuidadosamente coreografiado, en el que todo el mundo conocía su tarea extremadamente bien.

A las 3:20:36 de la tarde, el controlador de la torre nos dijo: «Cactus quince cuarenta y nueve, LaGuardia, pista cuatro sitúese y espere, tránsito aterrizará tres uno». El controlador de la torre nos estaba dando instrucciones para ir a la pista activa, mantenernos en posición y esperar la autorización para el despegue. También nos estaba advirtiendo que veríamos tráfico de aterrizaje en el cruce de la pista 31. («Cactus» es la señal de llamada de radio para los vuelos de US Airways. La aerolínea escogió este término después de la fusión con la antigua America West Airlines. A pesar de que esta llamada se adoptó para preservar el legado de America West, algunos pilotos y controladores hubieran preferido mantener nuestra antigua señal de llamada, «USAir», para evitar confusiones. Tener un nombre que no coincide con el que está pintado en el avión puede ser confuso, sobre todo en los aeropuertos extranjeros).

A las 3:20:40, mientras nos movíamos, Jeff respondió al controlador: «En posición y esperando en la pista cuatro Cactus quince cuarenta y nueve».

Permanecimos cuatro minutos y catorce segundos en la pista escuchando a controladores y pilotos intercambiar comentarios esotéricos y concisos como «American tres setenta y ocho autorizado para aterrizar tres uno, viento cero tres cero, uno cero, tránsito esperará en cuatro». Era el controlador de la torre autorizando al vuelo 378 de American a aterrizar en la pista 31, diciéndole que el viento venía del noreste a diez nudos, y advirtiéndole que Jeff y yo manteníamos nuestra posición en la pista 4.

A las 3:24:54, el controlador nos dijo a Jeff y a mí: «Cactus quince cuarenta y nueve pista cuatro, autorizado para despegar». A las 3:24:56 respondí al controlador: «Cactus quince cuarenta y nueve autorizado para despegar».

Poco después de empezar a desplazarnos por la pista, dije: «Ochenta» y Jeff respondió: «Comprobado». Era la comprobación de la velocidad aérea. Nuestro lenguaje coincidía con lo estipulado por las reglas.

Luego dije: «V1», una indicación de que yo estaba siguiendo la velocidad del avión y que habíamos pasado el punto donde podíamos abortar nuestro despegue y detenernos en el tramo restante de la pista. Ahora estábamos obligados a continuar con el despegue. Unos segundos más tarde, dije: «Rotar». Era mi llamado a Jeff para decirle que habíamos alcanzado la velocidad a la que él debía de tirar del *sidestick* (o palanca lateral), para levantar el avión. Estábamos volando y era algo muy rutinario.

A las 3:25:44, el controlador nos dijo a Jeff y a mí: «Cactus quince cuarenta y nueve, contacto Nueva York salidas, buen día». Nos estaba diciendo que las futuras comunicaciones de nuestro vuelo estaban siendo asignadas al controlador aéreo del radar de control de aproximación de la terminal de Nueva York, ubicada en Long Island.

A las 3:25:48, respondí al controlador de LaGuardia: «Buen día».

Hasta ese momento, mis cuatro días de viaje habían sido completamente normales, y al igual que casi todos los otros despegues y aterrizajes que había hecho en mis cuarenta y dos años como piloto, esperaba que ese vuelo continuara desarrollándose con normalidad.

Habíamos recuperado incluso un poco del tiempo perdido por los retrasos que tuvimos esa mañana. Y yo estaba de buen humor. El vuelo Charlotte-San Francisco todavía iba sin retraso, y había un asiento disponible en el medio. Todo indicaba que llegaría de regreso a casa antes de que Lorrie y las niñas fueran a la cama.

3

LOS QUE ME PRECEDIERON

En lo que a emprendimientos humanos se refiere, la aviación es uno de los más recientes. Los hermanos Wright volaron por primera vez en 1903, hace solo 112 años. Tengo sesenta y cuatro años, y he volado cuarenta y dos de ellos. La aviación es tan joven que he sido parte de ella durante casi la mitad de su historia.

Gracias a los esfuerzos de muchas personas en los últimos 112 años —a su arduo trabajo, a su práctica, a los avances en la ingeniería—, la aviación ha pasado rápidamente de una infancia de peligros a ser tan trivial que no tolera el menor de los riesgos. Tal vez hayamos hecho que todo parezca muy sencillo, y la gente se ha olvidado de lo que está en juego.

No estoy diciendo que los pasajeros no deberían sentirse cómodos mientras vuelan. Solo que es fácil caer en la complacencia cuando a veces pasan uno o dos años sin que se produzcan accidentes aéreos con víctimas mortales en nuestro país. Cuando las cosas funcionan bien, el éxito puede ocultar ineficiencias y deficiencias. Y eso requiere una vigilancia constante.

Yo había estudiado de cerca otros accidentes aéreos mucho antes de encontrarme en la cabina del vuelo 1549. Hay mucho que aprender de las experiencias de aquellos pilotos que estuvieron involucrados en los accidentes más graves de las últimas décadas. He leído atentamente las transcripciones de las conversaciones grabadas en las cabinas, que contienen las últimas palabras de los pilotos que no sobrevivieron.

Estudié esos accidentes en parte porque, a principios de la década de 1990, me uní a un grupo de pilotos de US Airways para desarrollar un curso de seguridad aérea desde la perspectiva de CRM (gestión de recursos de la tripulación, por sus siglas en inglés). Antes del vuelo 1549, mi mayor orgullo desde una perspectiva de contribución profesional era mi trabajo en la CRM. Mis compañeros y yo ayudamos a cambiar la dinámica de grupo en los pilotos de nuestra aerolínea, mejorando la comunicación, el liderazgo y la toma de decisiones en la cabina. Como señaló Jeff Diercksmeier, primer oficial y amigo mío en el equipo de la CRM: «Fue una época en la que algunas personas que realmente creían en lo que estaban haciendo produjeron cambios».

Mi interés por la seguridad aérea se remonta al primer vuelo de mi adolescencia. Siempre he querido saber cómo algunos pilotos han enfrentado las situaciones desafiantes y tomado las decisiones acertadas. Eran hombres y mujeres dignos de emular.

Por eso procuré entender con detalle la totalidad de las historias que condicionaron cada una de las acciones de esos pilotos. Me pregunté: si yo hubiera estado ahí, ¿habría tenido tanto éxito?

Hace unos años me invitaron a hablar en una conferencia internacional en Francia, dedicada a asuntos de seguridad en diversos sectores. Dado el historial extremadamente seguro de la aviación comercial en términos comparativos, me pidieron que participara en dos paneles para discutir de qué manera podían aplicarse los esfuerzos en materia de seguridad de las aerolíneas a otras industrias. Hablé sobre la forma en que esos otros sectores reconocen que pueden beneficiarse al adoptar algunos de nuestros enfoques.

Alcanzar este nivel de seguridad requiere un gran compromiso en todos los niveles de una organización, así como una diligencia y vigilancia constantes para que haga realidad.

Los pilotos nos preocupamos por los problemas financieros que actualmente tienen las aerolíneas. La mayoría de los pasajeros escoge la compañía según el precio. Si la tarifa de una línea aérea es cinco dólares más baja que la de un competidor, se quedará con la reserva. El efecto final es que las aerolíneas tienen una fuerte presión para reducir sus costos y poder ofrecer tarifas competitivas. Eso ha abaratado la experiencia de volar; todos hemos visto los recortes en las comodidades que se ofrecen en clase económica. Sin embargo, los pasajeros no ven otros recortes que hacen las líneas aéreas. Por ejemplo, algunas de las aerolíneas regionales más pequeñas han reducido los requisitos mínimos para la contratación de pilotos, y a algunos les pagan 16.000 dólares al año. Los pilotos veteranos —aquellos que tienen la experiencia valiosa en situaciones de emergencias— no aceptan esos puestos de trabajo.

Cuando escribí este libro tenía 19.700 horas de vuelo. Antes, cuando tenía 2.000 o 4.000 horas de experiencia, sabía muchas cosas, pero no tenía el conocimiento profundo que tengo ahora. Desde entonces, he afinado mis habilidades y aprendido de muchas situaciones que me enseñaron y me pusieron a prueba. Estos días, las aerolíneas regionales contratan a algún piloto con 200 horas de experiencia de vuelo y lo nombran primer oficial. Esos nuevos pilotos pueden tener una formación excepcional y un alto grado de capacitación. Sin embargo, dominar la ciencia y el arte de volar un avión comercial es algo que requiere tiempo, hora tras hora.

Otro asunto: las aerolíneas solían tener hangares más grandes donde reparaban los aviones y tenían sus propios mecánicos que hacían el mantenimiento, examinando los componentes de los repuestos, los aparatos de radio, los frenos y los motores. Conocían las piezas y los sistemas específicos de cada avión de su flota. Ahora, muchas compañías aéreas subcontratan las labores de mantenimiento y el trabajo en los componentes. ¿Tienen esos mecánicos externos tanta experiencia y conocimiento de cada avión en particular? Si la parte de un avión se envía al extranjero para una revisión completa, ¿podemos confiar en que se ha hecho de forma aceptable?

Es justo decir que cuando se subcontratan trabajos y estos se realizan en un lugar remoto, la línea aérea tiene que esforzarse mucho más en controlar todo el proceso y en tener el mismo nivel de confianza en la pieza de repuesto o en la reparación.

Cada vez que la industria de las aerolíneas toma decisiones basadas únicamente en los costos tiene consecuencias, por lo que deben evaluarse con cuidado. Tenemos que pensar constantemente en las consecuencias no deseadas en materia de seguridad.

Un accidente de aviación es casi siempre el resultado final de una cadena causal de acontecimientos. Si uno de los eslabones fuera diferente, el resultado podría haber sido distinto. Casi ningún accidente es resultado de un solo problema. En la mayoría de los casos, una cosa ha llevado a otra, aparte de los riesgos excesivos y los malos resultados. En la aviación tenemos que seguir atentos a los eslabones de la cadena.

Los fabricantes de motores saben, por ejemplo, que una bandada de aves podría introducirse algún día en sus motores, causando graves daños. Para saber cómo afrontar ese problema, los fabricantes utilizan aves criadas en granjas para probar sus motores. Esas aves, sacrificadas de antemano en favor de una investigación que podría salvar vidas humanas, son disparadas a las cuchillas giratorias con cañones neumáticos. Esa prueba es crucial dada la creciente población de aves cercana a muchos aeropuertos.

Las aves tienen sin duda derecho a una parte considerable del cielo, pero si los seres humanos las seguimos encontrando allí en números cada vez mayores, tendremos que entender mejor los riesgos y las soluciones a las colisioness con esos animales. Después del vuelo 1549, es probable que los investigadores consideren la necesidad de mejorar los criterios de certificación de los motores.

Históricamente, los avances de la seguridad en la aviación a menudo se han logrado con sangre. A veces da la impresión de que esperamos hasta que el número de víctimas fatales sea lo bastante alto para crear una conciencia pública o la voluntad política para producir un cambio. Las peores tragedias aéreas han generado los cambios más importantes en materia de diseño, capacitación, regulaciones o prácticas de las aerolíneas.

Los desastres aéreos reciben una enorme cobertura por parte de los medios, por lo que la reacción del público en respuesta a esas tragedias ha ayudado a concentrar la atención del gobierno y del sector aéreo en materia de seguridad.

Las personas tienen expectativas extremadamente altas cuando viajan en avión, lo cual se entiende. Pero no siempre se ponen los riesgos en perspectiva. Hay que tener en cuenta que el año pasado murieron más de treinta y siete mil personas en accidentes automovilísticos en Estados Unidos. Esto equivale a setecientos muertos por semana y, sin embargo, nunca nos enteramos de la mayoría de esas muertes, pues afectan a una o dos personas a la vez. Imaginemos ahora que setecientas personas murieran cada semana en accidentes aéreos; el equivalente de un avión comercial que se estrellara casi diariamente. Los aeropuertos se cerrarían y no se permitiría que despegara ningún avión.

En la aviación, siempre debemos aspirar a no tener ningún accidente. Para acercarnos a esta meta, debemos tener la integridad para hacer siempre las cosas de manera correcta, aunque cueste más dinero. Tenemos que aprovechar todo el esfuerzo arduo de los últimos 112 años y no asumir que podemos descansar simplemente en los progresos realizados por las generaciones anteriores. Tenemos que renovar constantemente nuestras inversiones en las personas, los sistemas y las tecnologías para mantener el alto nivel de seguridad que todos merecemos. Esto no sucederá de manera automática. Tenemos que optar por hacerlo. Y esta misma receta se aplica a muchos otros sectores y oficios.

La aviación comercial es una entre varias profesiones en las que los conocimientos, las habilidades, la diligencia, el juicio y la experiencia son muy importantes. Con la vida de cientos de pasajeros a nuestro cuidado, los pilotos sabemos que los riesgos son altos. Fue por eso que, mucho antes del vuelo 1549, leí y aprendí acerca de las experiencias de otras personas. Eso es importante.

CUANDO ENTRÉ a la cabina del vuelo 1549, conté con los valientes esfuerzos de los pilotos que me precedieron.

Hubo dos pilotos desconocidos de pruebas que, el 20 de septiembre de 1944, arriesgaron sus vidas al acuatizar un B-24 Liberator en el río James de Virginia. Fue un acuatizaje voluntario, considerado como la primera prueba en un avión de gran tamaño. Mientras el avión acuatizaba varios cientos de metros, perdiendo casi por completo la nariz del bombardero, los ingenieros observaban desde un barco cercano, recopilando datos sobre el resultado. Los pilotos sobrevivieron.

Al día siguiente, el *Daily Press* de Newport News publicó este titular: B-24 HIZO UN «ACUATIZAJE FORZOSO» PARA EXPERIMENTAR CON ESTRUCTURAS: PRUEBA EN EL RÍO JAMES DISEÑADA PARA SALVAR VIDAS EN EL FUTURO.

Para ese día de 1944, los aliados ya habían amerizado decenas de bombarderos en la Segunda Guerra Mundial, sobre todo en el Canal de la Mancha. La mayoría se llenaron de agua y se hundieron rápidamente; cientos de sus tripulantes murieron ahogados. Hacían falta con urgencia mejores procedimientos de amarajes forzosos.

Tal como explicaba un artículo reciente del *Daily Press*, fueron necesarios trece años más, después de esa prueba en Virginia, para que se redactara un informe completo sobre la mejor manera de proceder con el acuatizaje de una aeronave que tuviera problemas. Ese informe sugirió que el tren de aterrizaje se retrajera en lugar de desplegarse. Describía por qué un avión debe disminuir la velocidad de vuelo tanto como fuera posible, y por qué los *alerones* deben bajarse antes del impacto. También sugería que la nariz del avión estuviera hacia arriba en la mayoría de los casos. Estas directrices de procedimiento permanecen vigentes hoy, y las tenía en mente durante el vuelo 1549.

Como estudiante de historia, me asombra leer acerca de las acciones emprendidas por esos pilotos en épocas anteriores. Ellos no tenían toda la información que tenemos hoy día y que nos ayuda a tomar decisiones. No tenían las ventajas de todas las décadas adicionales de ensayo y error en el diseño de aeronaves. Su acciones se basaban en la actitud física y mental de la que disponían.

Quizá el acuatizaje más famoso antes del vuelo 1549 ocurrió el 16 de octubre de 1956. Se trataba del vuelo 6 de Pan American Airways, que viajaba de Honolulu a San Francisco con veinticinco pasajeros. También había cuarenta y cuatro cajas de canarios vivos en el compartimento de carga.

En plena noche y en el océano Pacífico, el Boeing 377 Stratocruiser perdió dos motores y los otros dos restantes estaban sobrecargados, consumiendo grandes cantidades de combustible.

El capitán Richard Ogg, de cuarenta y dos años, sabía que estaba demasiado lejos para regresar a Hawái. San Francisco también se encontraba a gran distancia, así que optó por realizar un amarizaje. Voló en círculos durante varias horas, quemando combustible y esperando la luz del día, mientras un buque de la Guardia Costera de Estados Unidos se disponía a rescatar a los pasajeros y a la tripulación.

El capitán intentó amarizar poco antes de las 8 de la mañana. La cola se partió y la nariz se hizo añicos tras el impacto, pero todos los pasajeros y los tripulantes fueron rescatados con vida. El capitán Ogg inspeccionó dos veces el avión, asegurándose de que no hubiera nadie en su interior. La aeronave tardó veintiún minutos en hundirse en el océano Pacífico.

Las circunstancias del vuelo 6 fueron diferentes a mi experiencia en el vuelo 1549, sobre todo porque el capitán Ogg tuvo varias horas para diseñar su plan de acción, mientras que Jeff y yo no tuvimos siquiera unos pocos minutos. Además, él lo hizo en alta mar, no en un río. Pero yo admiraba desde hacía mucho tiempo al capitán Ogg por su habilidad para posarse de manera segura sobre un cuerpo de agua. Sabía que no todos los pilotos habrían podido tener el mismo éxito.

Después de que el incidente del vuelo 1549 ocupara la atención de los medios, el *San Francisco Chronicle* contactó a Peggy, viuda del capitán Ogg, y le preguntó acerca de las similitudes entre mi acuatizaje en el Hudson y el amaraje forzoso de su marido en el océano Pacífico en 1956. Ella se refirió al sentido del deber de su esposo, que había dicho a los periodistas en ese momento: «Teníamos un trabajo por hacer. Teníamos que hacerlo bien o de lo contrario...».

Cuando el capitán Ogg yacía en su lecho de muerte en 1991, su esposa estaba sentada junto a él y notó una mirada distraída en su rostro. Le preguntó en qué estaba pensando y él respondió: «Estaba pensando en esos pobres canarios que se ahogaron en la bodega del equipaje cuando tuve que hacer el amaraje forzoso».

EL PRIMER accidente de aviación realmente grave que investigué personalmente fue el vuelo 1771 de Pacific Southwest Airlines (PSA), que se estrelló en una zona montañosa y poblada de ranchos cerca de Cayucos, California, el 7 de diciembre de 1989. Viajaba de Los Ángeles con destino a San Francisco.

La causa específica del accidente era inquietante y perturbadora. Un ex agente de boletos de USAir llamado David Burke, que tenía treinta y cinco años, había sido grabado en una cinta de video de seguridad robando presuntamente sesenta y nueve dólares en recibos de cocteles vendidos en los vuelos. Fue despedido, por lo que trató sin éxito de recuperar su empleo. Entonces decidió comprar un boleto en el vuelo 1771, pues su supervisor viajaba como pasajero.

En esa época, antes de los ataques del 11 de septiembre, los que tenían identificación como trabajadores de un aeropuerto no estaban obligados a pasar por los controles de seguridad. Por lo tanto, Burke abordó el avión llevando un revólver, un Magnum de calibre 44. Poco después del embarque, le escribió una nota a su supervisor en una bolsa para vomitar: «Hola Ray: creo que es un poco irónico que hayamos terminado así. Te pedí un poco de indulgencia con mi familia, ¿recuerdas? Bien, no tuve ninguna y tú tampoco la recibirás».

El avión estaba a 6.700 metros de altura cuando la grabadora de voz en la cabina de mando registró el sonido de lo que parecían ser disparos en la cabina de pasajeros. A continuación, se oyó entrar a una azafata a la cabina del piloto. «Tenemos un problema», dijo ella. «¿Qué clase de problema?», respondió el capitán. Y entonces se escuchó a Burke decir: «¡Yo soy el problema!».

A continuación, se escucharon los sonidos de un forcejeo y unos disparos. Los investigadores concluyeron que Burke disparó al capitán y al primer oficial, y luego a sí mismo, tras lo cual el avión cayó en picado, probablemente debido a que el cuerpo del piloto se desplomó sobre los controles. El avión se estrelló cuando iba a más de mil kilómetros por hora y gran parte de este se desintegró tras el impacto. Ninguna de las cuarenta y tres personas a bordo sobrevivió.

Trabajé como investigador en el lugar del accidente en calidad de voluntario del comité de seguridad de la Asociación de Pilotos de Aerolíneas, integrando el grupo de trabajo acerca de los «factores de supervivencia», cuya labor consistía en tratar de determinar qué podría haber hecho la tripulación para evitar ese accidente. Por supuesto, y dadas las circunstancias, no podría haber hecho casi nada. El FBI (Agencia Federal de Investigaciones) asumió rápidamente el caso y declaró el sitio del accidente como una escena de crimen. En los días de búsqueda, se recuperó el arma de fuego con seis cartuchos gastados, al igual que la nota en la bolsa para vomitar, y la insignia de identificación que Burke había utilizado para evadir los controles de seguridad.

Cuando llegué al lugar del accidente, parecía un concierto de rock al aire libre en el que todo el mundo hubiera dejado basura en la ladera. Había muy pocos pedazos grandes del avión, salvo las piezas forjadas del tren de aterrizaje y núcleos del motor. Estar en el escenario de un asesinato en masa fue una sensación muy inquietante, sabiendo lo que había sucedido en el aire encima de nosotros. Se podía oler una mezcla de combustible de avión y muerte.

Yo había conocido a una de las azafatas del avión, por lo que fue horrible imaginar por lo que habían pasado la tripulación y los pasajeros. Cuando trabajas en ese tipo de investigaciones, centras tu atención en cómo prevenir tragedias similares en el futuro. Eso renueva tu dedicación para no permitir que se vuelva a repetir.

Después del vuelo 1771, algunos trabajadores de aerolíneas fueron sometidos a requisitos de seguridad similares a los establecidos para los pasajeros, se implementaron métodos más eficaces de verificación de empleo, y la ley federal exigió que los empleados entregaran sus documentos de identidad después de ser despedidos por las aerolíneas. Sin embargo, seguía siendo necesario afrontar los mayores problemas de seguridad. Mientras estaba en aquella colina en California, no podía haber imaginado la manera en que serían forzadas las cabinas de mando el 11 de septiembre de 2001.

Durante mi labor de ayuda con las investigaciones de accidentes también debía hablar con pasajeros que habían sobrevivido a estos.

El 1 de febrero de 1991 se produjo un choque en la pista del Aeropuerto Internacional de Los Ángeles entre el vuelo 1493 de

USAir y el vuelo 5569 de SkyWest Airlines. La colisión sucedió en parte porque el controlador del tráfico aéreo autorizó el aterrizaje del jet de USAir, un 737-3B7, mientras que el avión de pasajeros de SkyWest, un Fairchild Metro III, esperaba en posición para despegar en la misma pista. Las doce personas a bordo del avión de SkyWest murieron, así como veintitrés pasajeros del 737. Me asignaron la labor de entrevistar a algunos de los sesenta y siete sobrevivientes.

La Junta Nacional de Seguridad de Transporte (NTSB, por sus siglas en inglés) nos dio un largo cuestionario con preguntas como: ¿Qué anuncios recuerdan haber escuchado? ¿Se encendieron las luces de la salida de emergencia? ¿Qué salida usó para evacuar? ¿Ayudó a salir a alguien? ¿Le ayudaron a usted?

Todas esas preguntas tenían por objeto ayudar a que la industria de las aerolíneas aprendiera de esos acontecimientos y mejorara en el futuro.

Investigar accidentes no fue un trabajo especialmente agradable, pero agradecí la oportunidad de hacerlo. Cuando hablé con los sobrevivientes, escuché con atención, traté de entender y registré los detalles en caso de que alguna vez necesitara recurrir a ellos.

4

«MIDE DOS VECES Y CORTA UNA VEZ»

CRECÍ EN UN hogar donde cada uno tenía su propio martillo. Cuando medito en la ética laboral y en los valores que he tenido a lo largo de la vida, así como en los once millones de kilómetros que he recorrido como piloto, a veces pienso en el martillo que me dio mi padre cuando yo era niño.

Él se casó con mi madre en 1948, les compró un pedazo de tierra de cultivo a sus padres, y pidió prestados tres mil dólares para construir una casa, la cual era muy pequeña, tenía un solo dormitorio. Pero en los años siguientes, mi padre se dedicó a ampliarla una y otra vez. Hizo una serie de adiciones con la ayuda de tres ayudantes que no siempre estaban dispuestos a hacer el trabajo: mi madre, mi hermana y yo.

Mis padres nacieron en Denison, Texas, y mi madre solo vivió en dos casas en toda su vida; estaban a un kilómetro y medio la una de la otra. La primera fue la de su infancia, construida alrededor de 1918 por mi abuelo Russell Hanna, utilizando materiales que encontró en la propiedad. Extrajo un gran número de piedras enormes que partió con la ayuda de un trabajador asalariado y las utilizó para construir la casa y otros edificios de la granja. Mi madre se marchó a los veintiún años para irse a vivir al pequeño hogar que construyó con mi padre muy cerca de su casa. Viviría el resto de su vida allí, en Hanna Drive.

Ciertamente, mi abuelo materno podría haber llamado a ese camino de gravilla Primera Avenida, Calle Principal, o darle el nombre que fuera. Sin embargo, como era el camino que conducía a su propiedad, le puso su nombre. Fue allí donde crecí, en 11100 Hanna Drive, una casa en constante expansión junto al lago Texoma, a dieciocho kilómetros de Denison.

Mi abuelo paterno, que murió antes de que yo naciera, era dueño de una planta de cepillado —el último paso en el procesamiento de la madera— y mi abuela paterna se encargó del negocio tras su fallecimiento. La planta estaba en Denison y cuando visitaba ese lugar, durante mi infancia, jugaba alegremente en los enormes montículos de aserrín. El lugar era ensordecedor por el ruido de la gigantesca maquinaria y tenía el agradable olor de la madera. Había también un objeto muy gracioso en el escritorio de mi abuela, una mano hecha con una lámina metálica estampada. Mi abuela ponía los sobres y otros papeles de la oficina entre los dedos de aquella mano. Mi padre, que se había criado allí, era un aficionado de la madera, sabía trabajarla, y también le encantaba hacer manualidades. Cuando alcanzó la edad adulta, sabía arreglar todo lo que se rompía.

Eso ayuda a explicar por qué, cada pocos años durante mi niñez, mi padre anunciaba que había llegado el momento de ampliar la casa. Él y mi madre decidían que necesitaban un nuevo dormitorio o una sala más grande. «¡A trabajar!», decía mi padre y sacábamos las herramientas. Mi padre era de oficio dentista, pero había realizado cursos de dibujo en la escuela secundaria. Tenía una gran mesa de dibujo de madera contrachapada que él mismo había hecho, y pasaba horas dibujando planos con su regla T y un lápiz. Siempre leía las revistas *Mecánica Popular* y *Ciencia Popular*, y recortaba artículos sobre las últimas técnicas de construcción de casas.

El objetivo era que nosotros lo hiciéramos todo, aprendiéramos lo que no supiéramos y lo intentáramos. Mi padre aprendió por sí mismo todo lo relacionado con la carpintería, las instalaciones eléctricas e incluso a poner el techo, y después nos enseñó a nosotros. Cuando estábamos instalando las tuberías, mi padre y yo calentábamos los acoples de cobre, sosteníamos la soldadura y dejábamos que se derritiera la punta del alambre dulce. Cuando hacíamos trabajos eléctricos, sabíamos que teníamos que hacerlo bien: de lo contrario, nos arriesgábamos a electrocutarnos o a quemar la casa. Nada de eso era fácil, pero sí satisfactorio en muchos sentidos. Estábamos en un proceso de aprendizaje continuo.

A mi padre le gustaba usar los adagios de los artesanos, como «Mide dos veces y corta una vez». Me dijo este último por primera vez después de cortar un pedazo de madera para una pared del pasillo. Lo hice sin prestar suficiente atención y quedó demasiado corto.

«Anda por otro listón de dos por cuatro», me dijo mi padre, «y esta vez mide con más precisión. Luego repite el procedimiento y mídelo todo una vez más. Asegúrate de que mide igual, y luego corta el listón por encima de la marca, por si tienes que ajustar el corte. Siempre podrás recortar un listón, pero nunca podrás alargarlo».

Hice con mucho cuidado lo que me había dicho y la tabla encajó perfectamente en la pared. Mi padre me sonrió. «Mide dos veces», me dijo. «Y corta una vez. Recuérdalo».

Los cuatro martillos que había en casa, uno para cada uno de nosotros, estaban en constante uso. Por la mañana, y antes de que hiciera demasiado calor, mi padre nos enviaba al techo para asegurar con clavos las tejas de madera. Nunca pensó en llamar a un contratista o a obreros. Por un lado, no teníamos dinero para eso. Y además, tal como lo veía mi padre, se trataba de una magnífica actividad familiar.

Mi hermana Mary sonríe al recordar cuando nuestro padre nos llevaba a la cercana Sherman, donde había visto la casa de un desconocido. Le encantaba esa vivienda, y cuando estábamos en la escuela primaria, nos llevaba a toda la familia a sentarnos frente a la casa mientras él la dibujaba en un cuaderno y estudiaba las partes de la estructura que le gustaban. Un día dibujaba el techo; una semana después regresaba y dibujaba los escalones de la entrada. Quería que nuestra casa fuera como esa y lo logró luego de dibujar todos los detalles.

A mi hermana le gusta decir que ver a mi padre ampliar nuestra casa le enseñó que todo es posible. «Puedes aprender cualquier cosa que quieras», dice ella, «si te sientas y piensas con lógica, si estudias algo similar y sigues trabajando en ello. Puedes comenzar con una hoja de papel en blanco y terminar con una casa».

Esa idea de que «todo es posible» ha sido una especie de mantra en mi vida adulta, especialmente en mi matrimonio. Lorrie me recuerda de nuevo esas palabras, a la vez que el ejemplo de mi padre perdura en mi mente y me muestra el camino.

Eso no quiere decir que siempre haya abrazado la percepción que mi padre tenía de sus posibilidades. A mi hermana y a mí nos encantaba dormir un poco más los sábados, pero él nos despertaba a las 7 para empezar a trabajar temprano en la última ampliación que estuviera haciendo en la casa. Trabajábamos hasta la hora del almuerzo, y luego nos sugería que tomáramos una siesta, para recuperar la energía y seguir trabajando por la tarde.

No podíamos conciliar el sueño, pero fingíamos hacerlo para que no nos hiciera trabajar de inmediato. «Mantén los ojos cerrados», me susurraba Mary. «Así pensará que todavía estamos durmiendo».

Aunque a veces trabajábamos con lentitud, yo sentía que participaba de lleno en todo el proyecto de construcción. Quería hacer bien el trabajo y que todas las reformas de la casa estuvieran bien. Incluso en la escuela primaria y en la secundaria básica, me sentía con la responsabilidad de terminar bien las obras de mampostería, pues las veía todos los días. Además, no quería que mis amigos fueran a mi casa y vieran que yo vivía en un lugar construido por aficionados.

Nuestra casa era un motivo de orgullo, pero también me sentía con un poco avergonzado. A veces me deprimía, y quería vivir en una casa construida de manera profesional como las de todos los demás. Me dije que cuando creciera, viviría en una casa en la que todos los pisos estuvieran bien nivelados y todas las ensambladuras estuvieran ajustadas. Mi padre también mantenía baja la calefacción en el invierno para ahorrar dinero. Me prometí vivir en una casa donde nunca hiciera frío.

Y, sin embargo, a pesar de mis quejas casi nunca expresadas, yo sabía que trabajar en nuestra casa era una experiencia especial. Sentía una sensación de logro cada vez que hacíamos una ampliación. No se trataba de algo teórico ni intelectual, sino de una actividad tangible. Veíamos el progreso que habíamos hecho. Trabajábamos muchas horas, especialmente en verano, y cuando oscurecía podíamos ver la diferencia con respecto al comienzo del día. Eso me gustaba.

Siempre he querido ver resultados. Una tarea que nunca me importó hacer cuando era niño fue cortar el césped de nuestro terreno, de 0,2 hectáreas de extensión. Sabía lo que me faltaba por hacer cuando había realizado la mitad del trabajo. Y cuando terminaba, me daba cuenta de lo que había logrado. El césped estaba bien cuidado. Volar para una aerolínea te brinda una satisfacción similar: cuando llegamos a mitad de camino, aterrizamos, y ya hemos concluido nuestra tarea.

Mis abuelos, por ambas partes, nacieron entre 1885 y 1893. Todos ellos asistieron a la universidad, lo cual fue especialmente notable en mis abuelas, dados los tiempos en que vivieron. Mis abuelos criaron a mis padres con la creencia de que la educación era de suma importancia, pero que buena parte de esta también se podía adquirir fuera de la educación formal.

Mi padre nació en 1917 y llevó un diario durante su adolescencia, el cual me dejó leer. La Depresión se hizo vívida para mí luego de leer el diario. El dinero siempre fue un problema, y él tuvo varios empleos durante la escuela secundaria. Tenía que alternar sus deberes escolares con dos rutas asignadas repartiendo periódicos y con un trabajo como acomodador en una sala de cine.

A mi abuelo a veces no le alcanzaba el dinero al final del mes y le pedía dinero prestado a mi padre. En su diario, mi padre narraba cómo se las arreglaba para hacer frente a los tiempos difíciles. Cuando tenía un poco de dinero y podía comer en el restaurante local, pedía un plato de chili y lo llenaba con galletas saladas y kétchup para que la comida fuera más sustanciosa. Así no se quedaba con hambre.

Luego de leer el diario de mi padre, comprendí mejor su percepción de la vida. Me recordó que todo le ha resultado mucho más fácil a mi generación. Comprendí por qué mi padre mantenía la calefacción baja y nos hacía martillar todo el tiempo. Las personas que vivieron durante la Depresión nunca pudieron olvidar esa época.

Mi padre estudió odontología en Baylor College, en Dallas, se graduó en junio de 1941, y decidió enlistarse en la Marina seis meses antes del ataque a Pearl Harbor.

Siempre le habían gustado los aviones y esperaba convertirse en un aviador naval. Pasó incluso el riguroso examen físico. Pero en el último instante decidió que porque había estudiado ortodoncia tal vez podía servir mejor a su país como dentista. Fue una decisión profética. Los amigos con los que prestó el servicio militar y que más tarde fueron pilotos de la Marina, murieron en los feroces combates a principios de la guerra. Mi padre era consciente de que si hubiera sido aviador, habría sido derribado junto con ellos.

Fue asignado inicialmente como cirujano dental en San Diego, y luego en Hawái. Nunca participó en un combate, pero muchos de sus pacientes habían sufrido los horrores del combate. Entre 1941 y 1945, cientos de hombres que habían participado en batallas le contaron sus historias en su paso por Hawái.

Se tomó muy en serio su trabajo como dentista militar y aprendió cosas de los hombres que iban a su consulta dental, especialmente de los oficiales. Cuando yo era niño, él hablaba acerca de las grandes obligaciones que tenía un comandante para garantizar el bienestar de todos los hombres que servían bajo su mando. Me dejó muy claro lo difícil que le resultaba a un comandante si alguien era herido o moría por falta de prudencia o por un error de juicio.

En mi niñez, él me repetía que la labor de un comandante estaba llena de desafíos y que sus responsabilidades eran casi un deber sagrado. Recordé sus palabras durante mi carrera en el ejército y, posteriormente, cuando fui piloto en una aerolínea con cientos de pasajeros bajo mi cuidado.

Se jubiló con el rango de comandante y abrió una clínica dental en Denison después de la Segunda Guerra Mundial. Disfrutaba hablar con sus pacientes y escuchar lo que decían cuando no tenía las manos en sus bocas. Sin embargo, no era un hombre de negocios. Carecía de la ambición para dirigir un negocio grande con media docena de asociados, o dedicarle más de treinta y cinco o cuarenta horas por semana. El dinero no lo motivaba, y nunca ganó mucho ni lo administró particularmente bien. No tenía necesidad de una gran cantidad de cosas materiales y pensaba que nosotros tampoco. Pagar mis clases de aviación era un lujo, pero él pensaba que ese tiempo que dedicaba para aprender a volar con el señor Cook me servía para marca una meta y un camino para el futuro. Se sentía feliz de conseguir el dinero para mis clases.

A diferencia de muchos hombres de su generación, mi padre pensaba que su prioridad era estar con su familia y que el trabajo era secundario. No digo que no tuviera ambiciones —después de todo, construyó su propia casa—, pero se conformaba con ganar menos dinero para poder pasar más tiempo con nosotros.

Era casi como si no se dedicara a la odontología para ganarse la vida. Muchas monjas de la escuela católica eran pacientes suyas. Unas veces tenían dinero para pagarle y otras no. Tenía otros pacientes en la misma situación. No les cobraba a algunos. Y a otros les cobraba poco.

Mi padre también podía ser un poco caprichoso e impulsivo. O quizá, como sospeché más tarde, simplemente era la forma que tenía de animarse cuando estaba decaído o deprimido. Así que en ocasiones se despertaba y le decía a mi madre: «No tengo ganas de trabajar hoy. Vámonos a Dallas».

Mi madre tomaba el teléfono, cancelaba todas las citas con sus pacientes, y luego llamaba a nuestra escuela para decir que estaríamos ausentes. Mi padre creía que mi hermana y yo éramos inteligentes, y que podíamos recuperar los deberes escolares que no hubiéramos entregado. Y, además, creía que siempre podíamos aprender algo útil en Dallas.

Era emocionante. La familia completa recorríamos los 120 kilómetros de distancia escuchando las canciones del Top 40 en KLIF-AM en la radio del auto. Cuando llegábamos a Dallas, veíamos una película y cenábamos en un lugar barato.

Siempre nos alojábamos en el mismo motel de un solo piso junto a la carretera, con sus habitaciones típicas de los años cincuenta: el Motel Como. Nadábamos en la pequeña piscina situada en medio del estacionamiento. Y como de costumbre comíamos en el restaurante mexicano llamado El Chico. Cada comida, sin importar lo que pidieras, venía con frijoles y arroz. Yo, sin excepción, pedía enchiladas de queso, pues me encantaban los dados de cebolla que había en su interior.

El Chico tenía un comedor grande y abierto con el techo alto, y en la pared del lado oeste había un enorme mural maya —o tal vez inca— con un paisaje. El centro de atención era un hombre con el torso desnudo y un paño en la cintura. Él llenaba una jarra de agua mientras yo comía enchiladas y lo observaba. Cada vez que comíamos allí, el hombre seguía llenando la jarra.

Íbamos a la misma sala de cine, el teatro Inwood, que tenía un magnífico aire acondicionado en una época en que eso era poco común en lugares públicos. Fue allí donde vi dos películas de James Bond, *Dr. No* en 1962, cuando tenía once años, y *Goldfinger* en 1964, a los trece.

Dallas era muy cosmopolita para nosotros. No era una ciudad muy grande, pero nos parecía grande, con sus autopistas, su tráfico y sus hombres de negocios. John F. Kennedy fue asesinado en 1963, y es probable que hayamos pasado por la plaza Dealey unos meses después del asesinato mientras íbamos a algún lugar. Pero no nos comportamos como turistas. No pasamos a propósito por la plaza.

Esas pequeñas escapadas espontáneas a Dallas me recordaban continuamente que mi padre hacía una distinción clara entre el trabajo y la familia. Para él, lo primero era la familia, por encima del trabajo y de la escuela. Fue así como vivió, mucho antes de que el «equilibrio entre la vida personal y el trabajo» se convirtiera en un eslogan popular.

También tengo muy buenos recuerdos de nuestras actividades familiares. Teníamos un pequeña barca y los fines de semana la llevábamos al lago Texoma, de 370 kilómetros cuadrados de extensión. Mi madre era una gran esquiadora y recorría la mitad del lago como si fuera el conejito de Energizer en esquís.

Asimismo, llevábamos la barca a una isla de arena que había en medio del lago. Acampábamos de noche, dormíamos en una tienda de campaña, nos despertábamos por la mañana, preparábamos el desayuno y luego dábamos un paseo por el lago. Mi padre me dejaba al timón y era el capitán en las horas de la tarde. Yo terminaba muy quemado por el sol, pero valía la pena.

En una ocasión, mi padre compró una revista que tenía esquemas para construir una embarcación sencilla. Sacó sus herramientas de carpintería y utilizamos ese diseño para hacer una barca de madera contrachapada, con una vara de bambú a modo de mástil y una sábana a manera de vela. Aprendí a navegar en esa barca. Siento que mi padre y yo hicimos casi todos los proyectos que yo pudiera haber deseado hacer. Compartimos un montón de horas maravillosas utilizando nuestras manos para construir cosas.

La gente me pregunta si mi padre es mi héroe. Nunca pensé en él de esa manera. Para mí, él fue solo un gran modelo a seguir en muchos frentes, desde su forma de apreciar la vida, hasta su conducta honorable. Siempre fue todo un caballero, un hombre que casi nunca levantó la voz. No recuerdo haberlo oído decir una palabra despectiva sobre ninguna persona.

Por supuesto, mirando atrás, algunos aspectos de su personalidad no eran fáciles de entender. Mis padres nunca querían que los viéramos pelear o discutir entre ellos. Iban a su habitación, cerraban la puerta, y luego salían visiblemente unidos. Hacían todo lo posible para evitar incluirnos en cualquier disputa. Así que nunca vi cómo una pareja resolvía sus diferencias. Al comienzo de mi vida adulta, tuve la impresión poco realista de que los matrimonios estaban libres de conflictos.

Algo más sobre mi padre. Ciertos días me decía que estaba «desanimado». No daba muchas explicaciones y extrañamente parecía estar bien. Pero ahora comprendo que sufrió de depresión, probablemente durante toda su vida. En aquellos días, cuando pensábamos en la palabra *depresión*, era en relación con la década de 1930. El hecho de que estar deprimido pudiera ser un problema médico no estaba en la mente de muchas personas. Por lo tanto, mi padre nunca recibió ayuda y simplemente trató de afrontar esa depresión por su propia cuenta.

Unas veces, eso resultaba en sacar los martillos y hacerle una nueva renovación a la casa. Otras veces resultaba en cargar el auto y dirigirnos a ese motel de carretera en Dallas. Y en otras ocasiones se quedaba solo en su habitación, donde lidiaba con unos demonios de los cuales nunca nos habló.

Mi MADRE era diez años menor que mi padre y, especialmente al principio, tuvieron un matrimonio muy tradicional. Ella dejó la universidad a los veintiún años para casarse con él, más tarde se arrepintió de no graduarse. Retomó sus estudios cuando yo era adolescente, se especializó en educación y luego obtuvo una maestría. Inicialmente enseñó en un jardín infantil, y con posterioridad pasó la mayor parte de su carrera como maestra de primer grado en la Escuela Primaria Sam Houston, en Denison.

Fue emocionante ser el hijo de mi madre en Denison. La gente tiende a respetar a sus maestras de primer grado, y mi madre era especialmente amable y cariñosa con los niños. Todo el mundo la amaba. No es una exageración decir que era una especie de celebridad en ese lugar.

También era una excelente pianista, me encantaba escucharla interpretar a Chopin. Cuando yo estaba en la escuela primaria, siempre le decía: «Por favor, sigue tocando más música de Chopin». No estoy seguro de que muchos niños de hoy, conectados a sus iPods y teléfonos celulares, les pidan más música de Chopin a sus madres. Ella contribuyó a inculcarme un aprecio por la música clásica. Y era mi intérprete favorita.

Siempre me gusta decir que mi madre me dio tres cosas importantes: el amor por la lectura, por el aprendizaje y por la música. Son tres regalos muy especiales.

También vi en mi madre un compromiso con servir. Era líder de un capítulo local del grupo femenino PEO (Organización Educativa de Filantropía, por sus siglas en inglés). Fundada en 1869 en Iowa, su misión era promover oportunidades educativas para las mujeres. En la época de mi madre, mucha gente no consideraba importante que las mujeres fueran a la universidad, y la plataforma de la PEO era un tanto controvertida en algunos círculos. Por lo tanto, mi madre era muy reservada acerca de esa «hermandad». Nunca me dijo lo que defendían, lo que hacían, lo que sucedía en las reuniones, o quiénes asistían a ellas. Esas mujeres no deseaban anunciar a todo el mundo lo que hacían. Al reflexionar en esto, las felicito por el trabajo que hicieron de alentar a las más jóvenes a alcanzar sus sueños, y me doy cuenta de que se trataba de una forma de feminismo que aún no podía expresarse con libertad.

Mi madre era también una defensora de los niños. Creía que los pequeños podían asumir más responsabilidades de las que se les otorgaban. Vio eso en sus alumnos de primer grado, pero tenía esta convicción mucho antes de ser maestra.

Desde que yo era muy pequeño, ella y mi padre insistían en la importancia de cuidar de mi hermana, que era solo veintiún meses menor que yo. Mi padre tenía la idea tradicional de que los hombres deben cuidar de las mujeres. Así que me ungió como una especie de «segundo padre». Mi madre, por su parte, pensaba simplemente que los niños pueden estar a la altura de las responsabilidades que les dan.

«Contamos contigo cuando no estamos aquí», decía mi madre. «Tú eres el encargado», añadía mi padre.

No siempre fui el hermano mayor perfecto. Cuando tenía cinco años y Mary tres, la llevé a jugar a un área con piedras en Hanna Drive. Algunas piedras eran más pequeñas que un guisante, por lo que pensé que sería divertido darle algunas para que se las comiera. Mi madre me dijo que un niño de cinco años no hace tales cosas. Tal vez era así, pero a esa edad, darle de comer gravilla a mi hermana pequeña no parecía necesariamente una mala idea.

Mi hermana dice que fui un buen hermano por lo general. Piensa que tener que cuidarla me ayudó a desarrollar el sentido de la responsabilidad que he mantenido a lo largo de la vida y en mi carrera como piloto. Cuando era adolescente, ella salió un par de veces con chicos que eran demasiado directos, o que no eran respetuosos. Me encargué de hablar con ellos y les dije cómo eran las cosas. Mi hermana siente que incluso cuando discutíamos, yo tenía una actitud protectora y comprometida a velar por su seguridad.

No éramos una familia sumamente expresiva cuando se trataba de mostrar afecto. Pero podíamos contar con el otro y teníamos un sentido indudable del deber. También confiábamos el uno en el otro. Mi madre conocía mis destrezas y me animaba a confiar en ellas. Es por eso que se sentía cómoda cuando volaba conmigo cuando yo era un adolescente. Estaba segura de que yo sabía que podía hacerlo.

Mi hermana tampoco tuvo miedo de volar conmigo. «Tal vez sea la invencibilidad de la juventud», me dice ahora, «y pensaba que no podía pasarme nada. Pero creo que la razón principal por la que no sentía miedo era porque tenía una fe innata en ti. Sabía que tú me protegerías».

Yo ERA un niño con un rumbo claro y seguro de mí mismo en la década de 1960. Soñaba con servir en el ejército y luego ser un piloto comercial. Al reflexionar en esto creo que era un muchacho muy serio y formal que se esforzaba por ver cuál era su lugar en el mundo.

En un ensayo que escribí cuando estaba en octavo grado, titulado «Mi forma de ser», escribí: «Tengo buenos hábitos y también malos. Ser amable es uno de mis fuertes. Mis padres me han enseñado los buenos modales que debo conocer. Creo que mis modales en la mesa son correctos.

»También tengo malos hábitos. No soy muy paciente a veces con otras personas. Quiero hacer todo bien y que los demás hagan lo mismo. Debo aceptar que no todos son perfectos.

»Conozco a muchas personas que tienen una personalidad mejor que la mía, pero por mi parte me esfuerzo en lo que puedo».

Mi maestro escribió al final del ensayo: «Vas bien». Así eran las cosas en aquella época. Los maestros y los padres no pasaban el tiempo acariciando a los niños o diciéndoles lo especiales que eran. En aquel entonces, decir: «Vas bien» se tomaba por un cumplido.

Me veo como una persona mayor en ese ensayo. Doy la impresión de ser una persona estricta, exigente conmigo misma y con los demás un perfeccionista, aunque creo que esto me ha hecho un mejor piloto.

En otro ensayo en honor a mi familia, escribí sobre mi hermana: «De quien me siento orgulloso, a pesar de su comportamiento en ciertas ocasiones». Dije que me sentía muy afortunado de ser hijo de mi madre: «Ella se preocupa por mí día y noche». Y de mi padre: «Él me guía, me enseña y me hace más sabio y capaz de aprender de mis errores».

A fin de cuentas, no importaba que ciertas partes del piso de nuestra casa estuvieran desniveladas o que mi padre no tuviera interés en ganar dinero. Yo me sentía sumamente afortunado de vivir en Hanna Drive, de saber dónde estaba cada clavo, y de ser criado y aprender de dos personas tan cabales.

5

EL REGALO DE LAS NIÑAS

He visto amaneceres y atardeceres impresionantes desde grandes alturas. He visto las estrellas y los planetas más brillantes desde la cabina en un asiento de primera fila. Pero hay cosas que no he visto, cosas que sucedieron en tierra mientras yo estaba en el aire ganándome la vida y disfrutando del escenario.

Por pasar tanto tiempo lejos de casa, me he perdido momentos muy importantes en las vidas de mis hijas. Muchos pilotos pueden recitar una letanía de momentos perdidos. Nuestros hijos no nos esperan antes de dar sus primeros pasos, decir sus primeras palabras o cuando aguardan la visita del ratoncito cuando se les cae un diente. Y no solo lamentamos perder estos momentos especiales de la infancia, también echamos de menos esos cambios sutiles en las vidas de nuestros hijos en la medida que crecen.

Poco antes de la Navidad del año pasado tuve unos días libres, por lo que Lorrie y yo aprovechamos para irnos de vacaciones con nuestras hijas Kate y Kelly, y fuimos a esquiar al lago Tahoe.

Fue muy agradable pasar esos días con ellas, pues no tenían que apresurarse para ir a la escuela y yo tampoco tenía que regresar al aeropuerto al poco rato. Fueron simplemente unas vacaciones perfectas y relajantes.

Tahoe siempre ha ocupado un lugar especial en nuestros corazones. Cuando tomamos la carretera interestatal 80 y cruzamos Donner Summit, sentimos como si hubiéramos llegado a casa. El olor de los pinos en el aire. El cielo claro y nítido. Es simplemente algo vigorizante.

Por costumbre nos alojamos en el Northstar, el complejo turístico donde Kate y Kelly aprendieron a esquiar cuando tenían tres años. Parece una aldea europea con sus calles empedradas, y las actividades para las familias son maravillosas. Tenemos muchos recuerdos maravillosos de nuestras visitas a ese lugar.

En aquel viaje en particular, la primera gran tormenta de nieve de la temporada había caído el día anterior y la nieve fresca cubría los árboles. El Northstar estaba decorado para las fiestas navideñas, y había pequeñas luces blancas centelleando en los árboles. Todo tenía la atmósfera mágica de un cuento de hadas. Las luces, la nieve, la aldea europea.

Al culminar la tarde, estacionamos el auto y decidimos andar por los escaparates antes de cenar. Hacía mucho frío y todos llevábamos abrigos, guantes y gorros. Caminábamos por el camino de adoquines que dividía los edificios, cuando vi que las chicas, que iban unos metros por delante de nosotros, estaban tomadas del brazo y saltaban por la acera; Kelly tenía la cabeza apoyada en el hombro de Kate. Me hizo muy feliz, y me di cuenta de que habían llegado a ese periodo, en sus primeros años de adolescencia, en el que no sentían vergüenza de mostrar públicamente su afecto. Obviamente, las hermanas a veces tienen desacuerdos, pero ellas estaban expresando su amor recíproco de manera espontánea.

Le indiqué a Lorrie. «Mira eso», le dije. Creí que estaba viendo algo nuevo y especial.

Lorrie me tomó del brazo y sonrió. «Lo han estado haciendo desde hace cinco o seis meses», me dijo. «Es solo que no estabas aquí para apreciarlo».

Añadió que las había visto caminar tomadas de la mano con frecuencia en el centro comercial, que lo hacían de una forma muy natural, y que le encantaba verlas así.

Nunca me había dado cuenta realmente de eso. No hasta esa tarde. Y me sentí triste al percatarme de todas las cosas de su vida cotidiana que yo me había perdido: sus actividades, sus interacciones. ¿Cómo es que me he perdido todas esas manifestaciones de amor entre mis hijas durante todos estos meses? Lorrie me miró con simpatía y vio una sensación de pérdida y remordimiento en mis ojos.

Me llevé la mano al corazón. Hago eso cuando mis hijas hacen algo entrañable o cuando me siento agradecido. Es una señal entre Lorrie y yo, un recordatorio de lo afortunados que nos sentimos por nuestras hijas.

Sé por qué sentí eso con tanta intensidad. Era casi como un sueño hecho realidad. Cuando las niñas eran muy pequeñas, Lorrie y yo queríamos que cuando se hicieran mayores tuvieran una buena relación. Verlas así fue un descubrimiento maravilloso: sentí que tal vez las habíamos criado bien. Pero también fue un doloroso recordatorio de que estoy ausente con mucha frecuencia de las vidas de mis hijas.

Lorrie dice que fue uno de esos «momentos de piloto» —cuando un piloto llega a casa y ve un cambio notable en su hogar o familia—, y ver que yo me emocioné también fue emotivo para ella.

Tomé a Lorrie de la mano y al cabo de unos segundos giramos a la derecha y llegamos a una plaza muy grande. Las luces brillaban ante nosotros. Sonaba música navideña, la gente patinaba sobre el hielo y asaba malvaviscos. Había una gran fogata al aire libre. Apreté su mano y disfruté de todo aquello.

Cuando repaso mentalmente ese día, pienso en las niñas, pero también en Lorrie. Sé que es una madre muy amorosa. Sí, he hecho todo lo posible para inculcarles valores, para ayudarlas a encontrar más razones para cuidarse mutuamente. Pero Lorrie está a su lado, educándolas, dándoles ejemplo. Está con ellas día y noche mientras yo estoy lejos. Me maravilla cómo ha configurado una vida hogareña tan maravillosa para nuestra familia.

Me siento afortunado de ser su marido y de que ella sea la madre de mis hijas.

El 6 de julio de 1936 es un día especial para mí, y no solo porque fue el día en que el control de tráfico aéreo a nivel federal comenzó a operar bajo la dirección de la Oficina de Comercio Aéreo.

Sí, estoy obsesionado con la historia, pero además ese día es importante para mí en un ámbito más personal. Cincuenta años después, el 6 de julio de 1986, se celebraría su 50 aniversario en el Centro Oakland de Control de Tráfico de Rutas Aéreas en Fremont, California. Los organizadores invitaron al público a visitar las instalaciones, para que vieran el lugar donde los controladores dirigían el flujo de tráfico aéreo del norte de California. Pacific Southwest Airlines acordó enviar a un piloto y a una auxiliar de vuelo para hablar con los invitados, y me pidió que asistiera.

Había volado la noche anterior como primer oficial, así que llevaba muchas horas despierto y estaba muy cansado. Pero me sentí más que feliz explicando cómo comunican los pilotos con el control de tráfico aéreo.

La auxiliar de vuelo se enfermó y no pudo ir. Entonces, PSA envió a una joven vivaz de veintisiete años que trabajaba en el departamento de marketing, a quien yo no conocía. Me dijo que su nombre era Lorrie Henry y me presenté.

«Hola, soy Sully Sullenberger».

Tengo un nombre poco común, y seguramente ella no lo oyó con claridad, pero nunca me pidió que lo repitiera. De modo que no supo cómo dirigirse a mí durante todo el día. Solo sabía que mi nombre tenía un montón de eses y de eles.

Lorrie les diría que no fue amor a primera vista. Yo parecía estar cansado a pesar de llevar mi uniforme de piloto, y ella notó mis ojos enrojecidos y que no me había afeitado. Mientras tanto, seguía pensando: ¿Cómo se llama este hombre?

En esa época, Lorrie había decidido no salir con nadie. Había tenido algunas experiencias con relaciones que consideraba poco saludables, por lo que se había prometido alejarse temporalmente de este tipo de relación. Yo tenía treinta y cinco años, había estado casado brevemente, no tenía hijos, y tampoco estaba buscando exactamente una relación a largo plazo. Pero Lorrie me agradó. Era atractiva —alta y elegante, con una gran sonrisa— y también me pareció inteligente. Fue muy agradable con los visitantes. Muy poco después de conocerla, supe que quería invitarla a salir.

Durante casi cuatro horas, estuvimos los dos saludando al público al lado de un avión a escala de gran tamaño, un BAe-146, de PSA. Muchos asistentes querían compartir las historias de sus vuelos más memorables con la aerolínea.

Lorrie no coqueteó en absoluto conmigo, y por mi parte yo me comporté de forma muy profesional con ella, pero yo estaba esperando la oportunidad adecuada. Así que, al final del evento, le dije:

—¿Por qué no vamos a tomar algo?

—Hay una cafetería al final del pasillo —respondió—. Si estás buscando una máquina de café, puedes encontrar una allá.

Ella parecía no entender, pero no me di por vencido.

—Me refiero a un coctel —le dije—. En un bar.

Lorrie me miró, a este piloto con un montón de eses y eles en su nombre que le había pedido salir de una manera tan confusa. Supongo que parte de ella se apiadó de mí. Accedió a acompañarme al Bennigan's que estaba cerca. Tomamos una copa, hablamos un poco y, tal como ella lo reconocería después, no sintió ninguna atracción desmesurada; y supuso que no volvería a verme. Pero yo estaba interesado en ella. Le pedí su número de teléfono y ella me dio su tarjeta de PSA, que solo tenía el número comercial gratis del departamento de marketing.

Hice un comentario sarcástico:

—Debes tener una gran demanda —le dije—, si tienes tu propio número telefónico gratis.

Ella se esforzó para no fruncir el ceño, se limitó a sonreír, y luego me dio el número telefónico de su casa. Le di mi tarjeta y ella finalmente vio mi nombre escrito. Concertamos una cita para un par de días después.

Sin embargo, cuando Lorrie llegó a su casa había decidido que no estaba lista para salir con nadie y, en cualquier caso, que no quería salir conmigo. Me dejó un mensaje en la máquina contestadora, diciendo que tenía que trabajar la noche de nuestra cita.

Al escuchar su mensaje, sentí claramente su falta de interés y pensé que todo había terminado. Pero unos días después, Lorrie le dijo a una amiga suya que había decidido no salir conmigo. «Nadie te va a encontrar si te quedas sentada en el sofá de tu casa», respondió su amiga.

Lorrie replicó que no tenía problemas con el sofá. No estaba buscando un hombre. Sin embargo, recordó las palabras de su amiga, y una semana más tarde se sorprendió al ver que me llamaba.

Cuando hablamos, admitió que no había sido honesta cuando canceló su cita conmigo y que se sentía nerviosa al llamarme. Me dijo que le gustaría salir conmigo si yo estaba interesado todavía. Por supuesto que lo estaba.

Vivíamos a ochenta y ocho kilómetros de distancia, pero cenamos juntos tres viernes seguidos. Después de cenar la segunda vez, la acompañé a su coche, me incliné hacia ella y la besé. Lorrie pensó que yo me estaba apresurando. Tal como ella misma lo dice, se sintió «un poco sorprendida». Pero la besé porque quería que supiera que yo deseaba besarla y que me parecía atractiva. Me alegra haberla besado. Lo haría de nuevo (y, en realidad, lo he hecho).

Ese beso fue un punto de inflexión, y ella comenzó a ser más cálida conmigo. Pasamos más de un año alternando entre su casa en Pleasant Hill y la mía en Belmont. Al final, nos pareció que vivir juntos era una buena idea. Nos instalamos en mi casa a comienzos de 1988.

Nunca olvidaré la primera vez que regresé al lado de Lorrie después de un viaje de cuatro días. La casa resplandecía. Ella había puesto música, la comida olía deliciosa, y la casa era cálida y acogedora. «Si hubiera sabido que iba a ser así», le dije, «habría insistido antes en vivir juntos». El matrimonio era el siguiente paso obvio, y la mañana de nuestra boda, el 17 de junio de 1989, le escribí una carta a Lorrie: «No veo la hora de casarme contigo. Te quiero, te necesito y te amo con todo mi corazón».

Dije en serio cada una de esas palabras, pero es difícil que un novio entienda completamente todos los retos del matrimonio el día de su boda. Lorrie y yo tendríamos que aprender a enfrentar muchos obstáculos juntos. Más tarde se presentarían acontecimientos que no podríamos haber presagiado.

LORRIE LE da mucha alegría a nuestras vidas. Es intuitiva, emotiva, creativa, se siente a gusto con la gente y es más extrovertida que yo. En ciertos sentidos, también es más optimista. A veces me cuesta sonreír, pero es común ver a Lorrie con una sonrisa en su rostro sin ningún motivo en particular. Antes de ser conocido por el vuelo 1549, íbamos a fiestas y todo el mundo se acordaba de Lorrie. En cuanto a mí, las parejas comentaban al regresar a casa: «Creo que dijo que era piloto en una aerolínea».

Soy analítico, metódico y de un carácter más bien científico. Puedo reparar cosas. Me siento optimista si examino la información y consigo que algo funcione. Por lo demás, soy muy realista. A Lorrie y a mí nos gusta decir que nos convertimos en una sola persona cuando estamos juntos. Así que, en muchos aspectos, hacemos una buena pareja.

Por supuesto, nuestras diferencias también se interponen en el camino. «Cuando eres el más emotivo de los dos, quieres que tu cónyuge también lo sea un poco más», dice ella. Yo lo intento, pero no siempre tengo éxito. A Lorrie le gusta sostener conversaciones detalladas acerca de nuestra relación y de nuestra dinámica familiar. Yo soy más específico. ¿Cuáles son las dificultades? ¿Qué medidas puedo tomar para corregir un problema?

Le he dicho: «Si las cosas van bien, ¿por qué tenemos que hablar tanto de ellas?».

Me siento cercano a Lorrie cuando toco su mano o le doy un abrazo. Soy un hombre de pocas palabras. Ella dice que es necesario esforzarse más para poder tener una relación real, y eso significa conversar.

Lo intento. Pero a veces, al final del día, puedes sentir que has dicho todo lo que querías decir. He tenido que aprender que es importante contarle algo a Lorrie: una anécdota, algo que he leído, un asunto gracioso que ocurrió en un viaje. Ella ha descubierto que soy mejor conversador cuando me invita a salir de casa y estamos al aire libre. Dice que es más fácil que yo participe en una conversación cuando paseamos o caminamos por el campo.

También procuramos salir por las noches a menudo bien vestidos, en lugar de estar todo el tiempo con ropa informal. Es una manera de mostrar respeto mutuo; de no dar por contada nuestra relación.

A Lorrie le gusta que yo haga las reservas en el restaurante de vez en cuando, para no tener que hacer siempre las veces de secretaria social. Y cuando salimos, le gusta tener una verdadera conversación mientras cenamos.

«Sully es un hombre de pocas palabras», les dice a sus amigas. «Y por eso le digo que las guarde para la noche».

Lorrie afirma que mi atención por los detalles es algo que me hace un buen piloto. Me ha dicho: «Sully, exiges mucho de ti mismo y de quienes te rodean. Siempre tienes que sentirte en control. Eso es de gran ayuda para un piloto. Pero esas no siempre son las buenas cualidades de un marido. A veces necesito un compañero que sea más tolerante y menos perfeccionista».

Sé que puedo ser exasperante para ella. «Sully», me ha dicho más de una vez, «¡la vida no es una lista de controles!».

Entiendo su frustración, pero no me veo de esa manera. Soy organizado, pero no un robot.

Ella dice que cuando nos vamos de vacaciones, organizo las cosas con precisión militar, desde el maletero del auto hasta la hora de salida. «Eso tiene sentido si llevas a 150 pasajeros a algún destino de vacaciones», me dice. «Pero no es necesario si estás poniendo simplemente nuestras maletas en el auto para una escapada familiar».

Y yo respondo: «Es sesgo de confirmación. Favoreces las cosas que confirman tu punto de vista e ignoras las pruebas de lo contrario».

Obviamente, en el fondo de mi corazón sé que su razonamiento es válido.

En algunos sentidos importantes, mi trabajo como piloto es más fácil para mí que sostener relaciones. Puedo controlar un avión y hacer que haga lo que yo quiera. Puedo conocer todos los componentes de sus sistemas y entender cómo funcionan en todas las circunstancias. Volar es una labor bien definida, con un proceso que es predecible y comprensible para mí. Por otro lado, las relaciones son más ambiguas. Están formadas de muchos matices, y no siempre es evidente cuál es la dirección correcta.

Hemos tenido algunos obstáculos en los veinte años que llevamos casados. En ciertos momentos, uno se esfuerza más en la relación que el otro, y en otras ocasiones sucede lo contrario.

No siempre hemos estado igualmente comprometidos a afrontar ciertos asuntos juntos, y eso ha sido un impedimento en algunas ocasiones.

Lorrie se describe a sí misma como «la conversadora y emotiva» de la relación. Muchas veces me siento frustrado y cansado tras un viaje. Y el hecho de estar empacando siempre para irme de viaje tampoco ayuda. Los consejeros matrimoniales aconsejan a las parejas no dormirse enojadas. Tampoco es una buena idea volar disgustado por todo el país mientras mi esposa está triste en casa.

«Para mí, la ausencia no hace que el cariño crezca», dice Lorrie. Dejó de trabajar hace mucho tiempo en PSA, por lo que ha dedicado la mayor parte de sus energías a ser ama de casa. Le encantaría tener un marido que llegue a casa todas las noches. «Podríamos tomar una copa de vino, cenar juntos, charlar sobre nuestro día», dice ella. «Y ni siquiera necesito el vino o la comida. Solo quiero la compañía de mi esposo». Ella y yo tenemos conversaciones telefónicas agradables cuando estoy de viaje. «No es lo mismo que tenerte aquí», me dice.

En ciertos sentidos era peor cuando nuestras hijas eran más pequeñas, porque Lorrie quería que yo la ayudara. Especialmente cuando nuestras hijas usaban pañales y asientos elevados en el auto, Lorrie se sentía abrumada cuando tenía que hacer un viaje largo. A veces lloraba cuando nos despedíamos. En una ocasión se sentó en un simulador de vuelo cuando trabajaba en PSA. «Conozco los mandos de los *alerones*», me dijo. «Haré despegar el avión, y tú te quedarás en casa con dos bebés llorando durante cuatro días». Estaba bromeando, pero...

Ahora que las niñas son mayores, ella dice que cuando vuelvo después de un viaje de cuatro o cinco días, me cuesta reintegrarme a la familia. Sufro los efectos del desfase del horario, por eso no estoy sincronizado con las actividades de mi familia. Me he perdido muchos momentos y actividades. Lorrie dice que a veces pasa un día y medio hasta que empiezo a aportar de nuevo a la relación. Estoy en casa, pero me cuesta retomar una rutina normal con el mismo vigor. A veces simplemente me siento desgastado y sin ganas de hacer labores domésticas.

En ciertas ocasiones me veo como un extraño en mi propia familia. Pero me encanta que las chicas tengan una relación tan buena con Lorrie; entiendo por qué mi relación con ellas no es tan espontánea. Y yo sé que soy más formal, soy varón, soy mayor y he estado mucho tiempo por fuera.

Los padres acumulan una cuenta bancaria de interacciones y recuerdos con sus hijos. Lorrie ha vivido muchos más momentos con las chicas que yo, por lo que su saldo bancario con ellas es mayor que el mío. Ciertamente, hay mucho amor entre las chicas y yo, pero sé que tengo defectos en los que debo trabajar para mejorar.

El tiempo que paso fuera plantea un reto. Pero Lorrie y yo hemos afrontado grandes retos juntos, y trabajado veinte años en ellos. Nos esforzamos para encontrar el equilibrio adecuado. Hemos aprendido mucho acerca de nosotros, del otro, y de lo que se necesita para que una relación funcione y sea gratificante. Hemos crecido. Nos hemos vuelto mejores personas al trabajar juntos en eso. Hemos invertido en nosotros mismos.

¿Cómo me preparó mi vida personal, aparte de mis experiencias en la aviación, para ese viaje al Hudson? Creo que los desafíos que Lorrie y yo afrontamos juntos me capacitaron más para aceptar mi destino, y afrontarlo con todos los recursos disponibles. Al principio de nuestro matrimonio, Lorrie y yo afrontamos el reto de la infertilidad.

Casi un año después de casarnos, empezamos a hacer planes para tener hijos. Pasamos un año tratando de concebir sin éxito, entonces consultamos con un especialista en fertilidad. Lorrie siguió un tratamiento con clomifeno durante seis meses para inducir la ovulación. Al igual que muchas mujeres que toman ese medicamento, ganó peso y eso le preocupó. Tenía una buena silueta antes de empezar a tomar clomifeno y, por razones ajenas a su voluntad, siguió aumentando de peso. Ganó once kilogramos. Un día, mientras estábamos en el auto, Lorrie se volvió hacia mí y me dijo:

—Nunca haces un comentario sobre mi aspecto o sobre mi peso.

Mi respuesta me pareció natural —pues acababa de decirle cómo me sentía— pero aquello significaba mucho para ella. Le dije:

—No entiendes, ¿verdad? Te amo por lo que está en tu interior.

—Eso es lo que toda mujer quiere oír —respondió, y lo dijo en serio.

A veces hago bien las cosas.

Seguimos tratando de concebir, pero yo viajaba mucho, lo que hacía difícil que nos conectáramos en el momento apropiado. Lorrie fue un par de veces a la ciudad donde yo me encontraba, para no «desperdiciar» un ciclo de treinta días. No fue exactamente romántico. Estábamos concentrados en nuestra tarea y un poco tensos. Teníamos una misión.

El tratamiento de clomifeno no funcionó, por lo que finalmente recurrimos a la fertilización in vitro. El tratamiento costó quince mil dólares —que no cubría el seguro médico— y nos dijeron que la probabilidad de éxito era del quince por ciento. Lorrie tuvo que someterse a inyecciones a las 2 de la madrugada y a las 2 de la tarde, y yo se las aplicaba cuando estaba en casa. Ella se las administraba cuando yo me iba de viaje.

No fue una época fácil para Lorrie. «Siento que mi cuerpo me ha traicionado», me decía. «Mi cuerpo no puede hacer lo único para lo que fue diseñado, lo único que separa a un género del otro». Estábamos criando perros guía para ciegos y dos de las perras estaban preñadas en esa época. «Parece que todas las mujeres y animales que me encuentro están embarazadas», decía Lorrie. «Todas menos yo». Yo sabía que se sentía muy herida, pero no sabía muy bien cómo ayudarla.

Fui yo quien tuvo que decirle que la fertilización in vitro no había funcionado. Ella me miró y lo sabía. Como me dijo después lo pudo leer en mi rostro.

Me sentí devastado, pero más aún lo sentía por Lorrie. Todo lo que pude decirle fue: «Cariño, lo siento mucho». Nos abrazamos y ella lloró un rato. Traté de ser estoico por ella, pero también sufrí.

Hablamos con el médico. Nos dijo que los dos éramos todavía relativamente jóvenes —yo tenía treinta y nueve años y Lorrie treinta y uno—, y que deberíamos intentarlo de nuevo.

Lorrie había conocido a otra paciente en la clínica, y el mismo día que supo que no estaba embarazada, la mujer se emocionó al saber que ella sí lo estaba. Sin embargo, algunos días después, le dijeron que las pruebas de su embarazo resultaron negativas. Tal vez fuera más devastador que unas esperanzas tan grandes se vieran destrozadas. Cuando Lorrie escuchó esa noticia, decidió que ya era suficiente.

«¿Cuál es nuestro objetivo principal?», me preguntó, y luego respondió: «Nuestro objetivo no es quedar embarazada, sino tener una familia. Y hay otras maneras de poder hacerlo».

Antes de conocerme, Lorrie había sido voluntaria en Big Brothers Big Sisters. Ella lo veía como un deber y una obra de caridad. Apadrinó a su «hermana pequeña» de cinco años cuando tenía veintiséis. Lorrie ahora tiene cincuenta años y su apadrinada, Sara Diskin, tiene veintinueve, y siguen manteniendo la relación. De modo que como Lorrie no pudo quedarse embarazada, puso nuestra situación en perspectiva con toda claridad. «Desde hace mucho sé», me dijo, «que la belleza de una relación no viene por la biología. Estoy lista para seguir adelante».

Así que decidimos adoptar.

Tratar de adoptar un bebé fue también una experiencia ardua —una montaña rusa larga, difícil, emotiva y costosa—, pero aprendimos mucho acerca de nosotros en el proceso.

Lorrie se comprometió a afrontar el proceso de adopción como un trabajo de tiempo completo. Tuvimos que esforzarnos para informarnos de un proceso que no estaba bien definido. Había muchas opciones. ¿Cuáles valdrían la pena? Lorrie trató de elaborar un plan estratégico, pero las adopciones no siempre proceden de una forma lógica.

La suerte de los padres adoptivos varía de acuerdo con los deseos de los padres biológicos. Sus nombres figuran en largas listas de espera, mientras que personas que no los conocen realmente estudian sus expedientes. Es un proceso sin ningún orden claro.

Lorrie estuvo afectada emotivamente durante todo el proceso y mis esfuerzos para hacerle mantener la calma no siempre eran útiles. «No sabes cómo consolarme», me dijo en cierta ocasión. «Está fuera de tus habilidades. Eres incapaz de identificarte con mis sentimientos».

Lorrie batalló con todos los documentos que teníamos que presentar y con el hecho de que teníamos que «calificar» para ser padres adoptivos. Fue difícil para ella. Le aplicaron numerosas inyecciones durante los tratamientos de infertilidad. Había ofrecido su cuerpo en un esfuerzo para encontrar el camino a la maternidad. Había demostrado su compromiso. Y ahora le estaban pidiendo que sus amigos la avalaran en su capacidad de ser madre o no. Le pareció casi un insulto.

Lorrie y yo abordamos el papeleo de una forma muy distinta. Un día intercambiamos nuestras respuestas a una serie de preguntas. Tuve que decirle: «Lo estás pensando demasiado. Solo tienes que responder una pregunta sencilla con una respuesta directa». Me agradeció cuando le dije eso, pues le permitió moderar un poco su ansiedad por el proceso. Ella no tenía por qué contar toda la historia de su vida, sino dar respuestas concretas a las preguntas.

Nos reunimos con varias parejas de padres biológicos en los meses siguientes con la esperanza de que nos escogieran. También fue un proceso duro. Lorrie se entusiasmaba con frecuencia después de una reunión, segura de que nos darían el visto bueno. Traté de ser lógico y analítico. «Sí, esa madre dijo un montón de cosas buenas de nosotros», le dije a Lorrie, «pero piensa en lo que no dijo». Lorrie señaló que yo era un aguafiestas, y a mí me parecía que debíamos verlo todo de una manera realista pues, de lo contrario, estaríamos preparando el camino para una serie de decepciones.

Nos reunimos con varios padres biológicos durante nuestra búsqueda. Y entonces, el 1 de diciembre de 1992, viajamos a San Diego para encontrarnos con una mujer que tenía siete meses de embarazo. El padre biológico también estaba con ella.

La pareja nos preguntó en cuanto a nuestras vidas, nuestros sueños para ese niño que esperábamos criar algún día, mis horarios como piloto y por todo lo demás. Hablaron de una manera clara y franca, y nosotros también. No mucho tiempo después, nos enteramos de que nos habían escogido para ser los padres adoptivos.

A las dos de la madrugada del 19 de enero de 1993, recibimos una llamada para decirnos que la madre estaba en la sala de partos, y que debíamos viajar a San Diego para recoger al bebé. Lorrie estaba muy emocionada, por lo que no pudo dormir. En cuanto a mí, el realista, sabía que sería un mejor padre a la mañana siguiente si podía dormir un poco. Así que regresé a la cama. Lorrie no podía creer que yo pudiera dormir en un momento como ese. Se quedó despierta, esperando sentada junto al teléfono.

Kate nació a las cuatro de la mañana y viajamos a San Diego tan pronto como amaneció. Llevamos un asiento para bebés porque lo íbamos a necesitar en el auto de alquiler después de recogerla. Lorrie y yo nos sentimos un poco cohibidos al caminar por el aeropuerto con la silla vacía. Las personas nos miraban preguntándose dónde estaba nuestro bebé.

Cuando llegamos al hospital, fuimos directamente a la guardería y vimos por primera vez a Kate; fue un momento abrumador. Me enamoré de ella en el instante en que la vi.

Más tarde, una enfermera tenía a Kate en sus brazos. «¿Quiere la madre sujetar a la bebé?», preguntó. La madre biológica señaló a Lorrie y dijo: «Ella es la madre», y Lorrie tomó en sus brazos a Kate.

Poco después, Lorrie fue al baño, mientras tanto hubo que cambiarle el pañal a Kate. Me sentí orgulloso de ser el primero de los dos en hacer eso.

A comienzos de la tarde, los empleados del hospital nos dijeron que podíamos irnos con Kate. Lorrie quería despedirse de la madre biológica. «¿Qué le puedes decir a una mujer que te ha dado tan maravilloso regalo?», preguntó. «No creo que haya palabras».

Lorrie y yo pensamos que los padres biológicos habían sido asombrosamente valientes. Sabían que por la razón que fuera

—su edad, circunstancias o situación financiera— no podían criar a su hija. Y habían tomado entonces una decisión muy difícil, aunque también con mucho amor. Habían convertido su desgarrador dilema en un regalo.

Lorrie dejó a la bebé conmigo en la guardería —pues pensó que sería demasiado difícil para la madre biológica ver a Kate por última vez— y se dirigió a su habitación. Y mientras le agradecía escuetamente, vio una sola lágrima resbalar por el rostro de la madre biológica.

«Simplemente sé buena con ella», le dijo la madre biológica.

Fue un momento abrumador para ambas.

El protocolo del hospital requiere que las nuevas madres abandonen el recinto en silla de ruedas. Lorrie trató de explicar que no había dado a luz y que no necesitaba una silla, pero el asistente que traía una insistió en acompañarnos por la puerta principal. Salimos cargando a Kate, y dejamos la silla de ruedas a un lado. Fue una situación ridícula y surrealista, pero también fue un momento increíblemente feliz.

Cuando llegamos al estacionamiento, nos pareció casi como si hubiéramos secuestrado a Kate. Miramos por encima de nuestros hombros, preguntándonos si alguien vendría por ella. La sentamos en el asiento para bebés, condujimos un par de kilometros, y nos paramos al lado de la carretera.

Nos miramos el uno al otro. Luego miramos a Kate y ella nos devolvió la mirada. Yo no estaba llorando, pero fue el momento más emocionante de mi vida. Era padre.

Solo catorce horas después de haber nacido, Kate viajaba por primera vez en avión, regresaba con nosotros al norte de California. Como aviador, me sentí muy feliz de que estuviera en el aire a una edad tan temprana.

Dos años después, otra madre biológica tras examinar treinta y seis biografías en una lista de posibles padres adoptivos, se reunió con Lorrie y conmigo y nos aceptó como padres de su bebé. El 6 de enero de 1995, cuando recibimos la noticia de que la madre biológica había dado a luz a Kelly, yo estaba en Pittsburgh entrenando en el simulador de un MD-80. Interrumpí el entrenamiento y me preparé para regresar a casa a la mañana siguiente, tan pronto como me fue posible.

Mientras tanto, Lorrie se dirigió al hospital. Las labores de parto de la madre biológica se prolongaron considerablemente y Lorrie tuvo que esperar veinticuatro horas. A diferencia del nacimiento de Kate, Lorrie estuvo esta vez en la sala de partos, y todo ese día le pareció como sacado de una película. Hubo una gran tormenta, llovía a cántaros y el viento silbaba. Entonces, cuando Kelly asomó la cabeza, una enfermera jadeó y dijo: «¡Ay Dios mío!».

Lorrie se sorprendió. «¿Qué, qué, qué pasa?», dijo, con el corazón estremecido.

La enfermera respondió: «¡Es una pelirroja!».

Tan pronto nació Kelly, poco después de las diez de la mañana, el médico se la entregó a Lorrie, y fue un momento abrumador para ella. La lluvia. Los truenos. Esa nueva y hermosa bebé. Y yo me lo perdí todo. Mientras Lorrie acariciaba a Kelly en los primeros instantes de su vida, yo volaba encima de las nubes por algún lugar por encima de Denver.

Llegué al hospital esa tarde, y ver a Kelly por primera vez fue otro momento de amor instantáneo y de gratitud. Y lo más sorprendente fue lo mucho que Kelly se parecía a mí cuando yo era bebé: la forma de la cabeza, los ojos, el mismo tono de piel irlandés. Yo tenía el cabello rubio rojizo cuando era pequeño. Poco tiempo después enmarcamos fotos de Kelly y de mí cuando era bebé, y era difícil distinguirnos. Es interesante ver que eso sucede a veces con las adopciones. A Lorrie le gusta decir que hemos recibido la bendición de tener unas hijas que se parecen a nosotros. No es que queramos que se parezcan a nosotros, pero es bonito que así sea. Y con los años, si decidimos no contar a otras personas que las adoptamos, no sentiremos la obligación de hacerlo.

La adopción de Kelly fue más complicada que la de Kate. Hay una gran cantidad de factores que pueden estropear el papeleo o hacer que lo relentice. Las madres biológicas tienen dificultades para tomar decisiones finales. A menudo tienen que considerar presiones familiares.

Lorrie y yo tuvimos que abordar algunos de esos asuntos y luchar con la incertidumbre. Pasamos varias horas en un restaurante llamado Taxi's, que estaba cerca del hospital. Almorzamos y cenamos allí mientras esperábamos con ansiedad a que todos los trámites fueran aprobados. Estábamos muertos de miedo pensando que algún error burocrático desvelara otras cuestiones y nos impidiera finalizar el proceso de adopción. En cierta ocasión, tuve una conversación muy contundente con el administrador del hospital y le dije que tenían que ser más coherentes. Yo estaba bastante enojado y fui enérgico, pero era necesario para salir del atolladero.

El día que llegamos a casa, Kelly estaba en su asiento de seguridad en la parte de atrás de nuestro auto. Kate, que tenía dos años, salió de la casa y miró a la bebé con curiosidad. Pensó que Kelly era una nueva muñeca que le llevábamos de regalo. Pero pronto se dio cuenta.

Al salir del auto, Lorrie y yo nos miramos, y le dije lo que ambos estabamos pensando: «Ahora somos una familia de verdad».

En la medida que profundizamos en nuestro matrimonio, Lorrie y yo nos hemos hecho grandes creyentes de la idea de que debemos centrarnos en lo que tenemos y no en lo que no tenemos. Hemos pasado por algunas fuertes tormentas en nuestra relación, pero en muchos aspectos nos sentimos más cercanos que nunca. Y realmente tratamos de vivir de una manera que nos permita ser agradecidos. De hecho, Lorrie ha desarrollado desde entonces una carrera como experta en acondicionamiento físico, ayudando a otras mujeres a mantenerse en forma física y emocional. Como parte de su trabajo, les enseña el poder de aceptar la vida tal como se presenta, y disfrutarla.

Lorrie y yo hemos prometido valorarnos mutuamente, apreciar a nuestras dos hijas y valorar cada día. No siempre mantenemos esa actitud positiva. Todavía se producen discusiones. Pero ese es nuestro objetivo.

Y sí, me emocioné al ver a nuestras dos hijas adolescentes tomadas del brazo, brincando por esa calle en el lago Tahoe. Eso me recordó todo aquello que me he perdido y fue difícil para mí. Pero también me recordó lo afortunados que somos de tenernos unos a otros, y que tenemos la obligación de esforzarnos en vivir felizmente juntos con una actitud de gratitud.

6

RÁPIDO, LIMPIO, NORMAL

Cuando los pasajeros están en un avión comercial espe-rando el despegue, la mayoría no piensa mucho en cómo los pilotos hacen su trabajo en la cabina de mando. Parecen más preocupados con el momento en que tienen que apagar sus celulares o si pueden usar el baño antes de cerrar la puerta del avión. Piensan en sus vuelos de conexión o en tener que sentarse en la silla del medio, pero fuera de su mente está la formación o experiencia del piloto. Y lo entiendo.

Algunos pasajeros que abordaron el vuelo 1549 en LaGuardia dijeron que habían notado mi pelo canoso, algo que equipararon con la experiencia. Pero ninguno de ellos preguntó por mi currículo, registro de vuelo o formación académica. ¿Y por qué habrían de hacerlo? Tal como deberían, confiaban en que mi compañía aérea, US Airways, había seleccionado rigurosamente a sus pilotos siguiendo los criterios exigidos a nivel federal.

Y, sin embargo, cada piloto tiene una historia propia sobre cómo terminó al mando de cierto tipo de aeronave y de la cabina de esa aerolínea en particular. Todos tenemos nuestras propias historias particulares, una evolución profesional, y luego hemos hallado el camino a la aviación comercial. No hablamos con frecuencia de todos los pasos que dimos, ni siquiera entre nosotros mismos, pero cada vez que piloteamos un avión, traemos con nosotros todas las cosas aprendidas a lo largo de las miles de horas y millones de kilómetros que hemos volado.

Hasta mediados de la década de 1990, el ochenta por ciento de los pilotos que trabajaban para las principales aerolíneas fueron instruidos en el ejército, según la Administración Federal de Aviación. Ahora, solo el cuarenta por ciento de los nuevos pilotos contratados reciben instrucción allí. El resto lo hace a través de programas de capacitación civil, entre los que se encuentran casi doscientas universidades que ofrecen formación aeronáutica. Los veteranos de la Segunda Guerra Mundial y de la guerra de Corea —mis mentores cuando empecé— se retiraron como pilotos comerciales hace más de dos décadas, después de cumplir los sesenta años, que en aquel entonces era la edad de jubilación obligatoria. Tampoco quedan muchos pilotos de la época de la guerra de Vietnam, a pesar de que la edad de jubilación se elevó a sesenta y cinco años en 2007.

En cuanto a mí, estoy agradecido de haber ingresado a la aviación a través del ejército. Aprecio la disciplina que me inculcaron en la Fuerza Aérea y las muchas horas de instrucción intensa que recibí. En algunos programas civiles, a muchos pilotos no siempre se les enseña con el mismo rigor.

Me probaron de muchas formas significativas durante el tiempo que presté servicio militar, que a veces reflexiono y me pregunto: ¿Cómo pude pasar? ¿Cómo salí de esas pruebas cuando otros no pudieron? ¿Cómo pude completar cada vuelo y aterrizar bien, cuando otros pilotos a quienes yo conocía y respetaba no aterrizaron de manera segura en la pista y perdieron sus vidas? Cuando reflexiono sobre todo esto, pienso en la intersección entre la preparación y las circunstancias, y eso me ayuda a entender.

MI CARRERA militar me brindó muchas oportunidades por el camino. Mi iniciación en la vida militar comenzó en la primavera de 1969, cuando cursaba el último año de la escuela secundaria y fui a ver a mi congresista, Ray Roberts, a su oficina en la población ganadera de McKinney. Él tenía cincuenta y seis años en esa época, era un reconocido líder demócrata de Texas, y seis años antes había estado en la caravana del presidente Kennedy en Dallas. Iba cuatro coches detrás de la limusina presidencial cuando comenzaron los disparos.

Yo había visitado al representante Roberts porque necesitaba un nombramiento del Congreso para poder asistir a una de las academias militares. En algunos distritos del Congreso, el patrocinio determinaba quiénes eran los jóvenes que recibirían nombramientos para la Academia Naval en Annapolis, Maryland; la Academia de la Fuerza Aérea cerca de Colorado Springs, Colorado; la Academia Militar de West Point, Nueva York; la Academia de la Marina Mercante en Kings Point, Nueva York; o para la Academia de la Guardia Costera en New London, Connecticut.

Sin embargo, el representante Roberts creía que sus nombramientos debían basarse en el mérito. Por lo tanto, muchos jóvenes ambiciosos como yo íbamos a su oficina, donde éramos entrevistados por un grupo de generales y almirantes retirados que vivían en su distrito.

Después de ir a la oficina de correos para presentar un examen de servicio civil y de sacar buena nota, nos llevaron ante esa junta *ad hoc* de militares de gran influencia que estaban en la oficina del congresista. La junta allí reunida tenía dos tareas. La primera consistía en determinar si un solicitante tenía lo necesario para entrar a una academia militar. La segunda era decidir qué academia era la más adecuada para el solicitante. Como mi padre no conocía a nadie en las altas esferas, me sentí agradecido de conseguir una cita por mis propios méritos. Se me concedió una oportunidad.

Estaba nervioso mientras me dirigía a la entrevista, sintiéndome incómodo con mi chaqueta y mi corbata, pero también estaba emocionado. Había devorado varios libros sobre temas militares y aviación desde que aprendí a leer. Había prestado atención y estaba preparado, cuando finalmente me senté frente a ese grupo de cuatro oficiales experimentados para un procedimiento bastante formal que duraba veinte minutos.

El general retirado del Ejército parecía disfrutar sus preguntas. «Señor Sullenberger», dijo, «¿puede decirme cuál rama militar tiene más aeronaves?». Supuse que la mayoría de los solicitantes darían la respuesta obvia: la Fuerza Aérea de EE.UU. Pero yo sabía que esa pregunta tenía una trampa. Y también había hecho mis deberes escolares. Había estudiado cada una de las entidades militares y los tipos de aviones que utilizaban. «Bien, señor», dije, «si usted incluye los helicópteros, la Fuerza Armada de EE.UU. tendrá la mayor cantidad de aeronaves».

El general retirado sonrió. Yo estaba pasando la prueba. Mientras seguíamos hablando, él parecía ansioso porque yo entrara a West Point. Pero fui muy directo ese día. Yo quería pilotear jets en la Armada o en la Fuerza Aérea, no quería ir a West Point.

Resultó que el representante Roberts le ofreció a otro solicitante el nombramiento en la Academia de la Fuerza Aérea, y

SULLY

me designó para la Academia Naval. Sin embargo, el destino quiso que el muchacho asignado a la Fuerza Aérea no aceptara. Y entonces tomé su lugar.

Yo tenía dieciocho años e iría a Colorado. Iba a recibir una beca completa y tendría una educación de primera clase. A cambio, acepté servir a mi país cinco años como oficial en servicio activo de la Fuerza Aérea.

LLEGUÉ A la Academia de la Fuerza Aérea el 23 de junio de 1969, y para un chico de una zona rural de Texas, conocer a otros cadetes que procedían de todo el país fue un momento revelador. Sí, algunos de los 1.406 jóvenes de mi clase pertenecían a la élite y venían de familias adineradas. Estaban allí gracias a los contactos de sus padres. La mayoría eran hijos de oficiales militares, algunos venían de familias con una larga tradición militar. Pero una vez que todos avanzamos por las largas filas para que nos rasuraran la cabeza, esas diferencias parecían no importar. Todos nosotros tendríamos que seguir el mismo camino agotador. Solo 844 de los 1.406 que llegamos ese día terminaríamos graduándonos.

Una hermosa mañana con el cielo despejado nos dio la bienvenida a la academia. Desde ese día, quedé sorprendido por el Oeste. Podías ver por muchos kilómetros en cualquier dirección, y había montañas, algo fascinante para un chico de las llanuras del norte de Texas.

El recinto de la academia era espectacular y en esa época los edificios eran muy nuevos. La Academia de la Fuerza Aérea había sido construida tan solo doce años atrás y la primera promoción se graduó en 1959. Si yo aprobaba los cuatro años, estaría en la promoción de 1973, que sería apenas la decimoquinta en graduarse. Las primeras cadetes no ingresarían hasta 1976, tres años después de mi graduación.

Yo estaba muy nervioso ese día. No sabía qué esperar. A diferencia de algunos cadetes nuevos, no sabía lo fuertes que serían las novatadas. Tan pronto guardamos la ropa de calle y nos enfundamos nuestros uniformes militares de color verde oliva, los alumnos de los cursos superiores aparecieron y comenzaron a gritarnos.

«¡Firme! ¡Aprieta el estómago!».

«¡Ponte derecho! ¡Lleva los hombros hacia atrás y hacia abajo!». «¡Saca el pecho! ¡Levanta la barbilla!».

«¡Mantén esos ojos al frente!».

¿Me impactó eso? Por supuesto que sí. A los dieciocho años, carecía de experiencia para poner todo en perspectiva. Había tenido una infancia apacible, y de repente me vi en una situación en la que no sabía qué hacer. Estaba desorientado.

Es natural cuestionar la utilidad de todo ese teatro. ¿Creo que era necesario? Aún no estoy seguro. Pero ahora que soy adulto, entiendo la razón detrás de algunas de aquellas novatadas del primer año. Tenían por objeto alejarnos de todo lo que fuera fácil, cómodo y conocido. Estaban destinadas a reorientar nuestra perspectiva y a restablecer nuestras prioridades. Para todos nosotros, ya no se trataría de «yo», sino de «nosotros». Ese primer año comenzó a hacerse realidad lo que, hasta entonces, habían sido postulados teóricos como el deber, el honor y el «servicio antes que uno mismo». Esas palabras ya no eran conceptos abstractos. Ahora tenían un significado palpable en la vida real, estaban delante de nosotros. Es increíble la claridad y rapidez con las que uno aprende la diligencia, la responsabilidad y el rendir cuentas cuando las únicas respuestas admisibles y aceptables son «Sí, señor», «No, señor», «No tengo excusas, señor», o «No sé, señor».

La regla era que los alumnos de los cursos superiores no debían agredirnos físicamente. Pero hubo algunos empujones además de los gritos y la intimidación.

Los que argumentan a favor de las novatadas dicen que forja un sentido de lealtad entre los camaradas y hay algo de verdad en eso. En la medida que avanzaba el primer año, me sentí muy cercano a muchos de mis compañeros «doolies» (una derivación de la palabra griega *doulos*, que significa «esclavo»). Te has ofrecido como voluntario para luchar por tu país y sientes esa sensación de patriotismo. He escuchado y leído las experiencias de quienes estuvieron en combate, y dicen que cuando llegas al campo de batalla, realmente combates por tus camaradas, no por ideales ni sentido político. Prefieres morir antes que decepcionar a tus camaradas.

Mi año como «doolie» hizo que estableciera un vínculo de por vida con algunos de mis compañeros de ese primer año. Fue una experiencia intensa; no fue como ir simplemente a la universidad. Fuimos evaluados, abusados y desafiados físicamente. Y vimos claudicar a varios de los que estaban en nuestras filas. Algunos no resistieron los retos físicos y mentales de la instrucción básica. Otros fracasaron académicamente o se sintieron demasiado intimidados por las novatadas. Otros más se fueron a estudiar a universidades no militares después de decidir que, «Esto no es para mí. Quiero una buena educación, pero no a este precio». Aquellos de nosotros que soportamos y permanecimos en la academia militar nos convertimos en una hermandad.

Ese primer verano fuimos aislados durante la instrucción básica, fue la experiencia física más dura de mi vida. Teníamos que salir a correr en formación, con nuestros rifles por encima de nuestras cabezas, sacudiendo al mismo tiempo el suelo con las botas; abandonar la formación se consideraba un signo de debilidad o de fracaso. Los alumnos de cursos superiores nos gritaban: «¡Mantén el rifle en alto! No seas cobarde. ¡Estás defraudando a tus compañeros de clase!».

Los chicos con más problemas eran los que no corrían mucho. Se cansaban y tenían que parar. Y cuando un cadete abandonaba la formación, los alumnos de los cursos superiores lo rodeaban y le gritaban. Era muy intenso. Algunos vomitaban debido al esfuerzo excesivo. Y muy de vez en cuando, alguien lloraba. Algunos compañeros de clase eran hijos de oficiales militares; temían que sus padres renegaran de ellos si abandonaban la academia. Yo lo sentía por ellos. Más tarde me pregunté en dónde habrían terminado; tal vez en una universidad civil, donde podían obtener una buena educación sin tener que pasar por todo eso.

Yo había vivido siempre al nivel del mar, y allí estábamos, a casi dos mil cien metros de altura. Fue difícil para todos nosotros aclimatarnos. Yo me situaba por lo general en el medio de la manada, pero resistí. Estaba decidido a resistir el verano y también los cuatro años siguientes.

Aunque me sentía nostálgico y exhausto, aquel verano disfruté algunas cosas. Nos agrupaban en equipos y nos hacían pruebas de resolución de problemas físicos para evaluarnos. Nos dieron un manojo de cuerdas y tablas y, como equipo, teníamos que encontrar la manera de ir desde un lado al otro de un gran cubículo cerrado sin tocar el suelo o el agua que había debajo, en un lapso de tiempo limitado. Los estudiantes de cursos superiores y los oficiales estaban allí con portapapeles y cronómetros, viendo quién tenía las cualidades de liderazgo para hacer cruzar a su equipo de manera segura. Cuando llegó mi turno de ser el líder de ese ejercicio, lo hice bastante bien y eso me dio más confianza en mí mismo.

Sé que ese verano de instrucción me ayudó posteriormente. Me hizo darme cuenta de que si mantenía la serenidad, podía encontrar una fortaleza interior que no sabía que tenía. Si no me hubiera visto obligado a esforzarme ese verano, nunca habría conocido el alcance total de los recursos internos a los que tuve que apelar. No es que hubiera sido un chico perezoso, pues nunca lo fui. Pero hasta ese verano nunca me había esforzado hasta el límite. Aquellos de nosotros que lo hicimos, nos dimos cuenta de que habíamos logrado más de lo que pensamos que podíamos.

CUANDO EL verano terminó, las exigencias físicas nos dieron una tregua, pero las académicas se hicieron más intensas. El plan de estudios era extenso y difícil. Sin importar la especialidad, tenías que tomar muchos cursos en ciencias básicas: ingeniería eléctrica, termodinámica, ingeniería mecánica y química. También recibimos cursos de filosofía, derecho y literatura inglesa. En retrospectiva, agradezco esa educación, pero en ese momento la carga académica parecía descomunal.

Afortunadamente, para aquellos de nosotros que teníamos tantos deseos de volar, los beneficios nos mantenían motivados.

Mi primer viaje en un avión militar fue durante mi primer año, en un Lockheed T-33, fabricado a finales de la década de 1940. El avión tenía una cabina de burbuja y alcanzaba los ochocientos kilómetros por hora. Era típico de los aviones de esa época; la tecnología aerodinámica había superado a la de propulsión. Los motores a reacción solo fueron diseñados para producir suficiente propulsión con el fin de aprovechar al máximo los avances en la aerodinámica hasta bien entrada la década de 1950.

Así que ese viejo T-33 tenía poca potencia. Aun así, estar a bordo de él fue muy emocionante.

A cada nuevo cadete le daban un paseo de cuarenta y cinco minutos, el propósito era darnos un incentivo para que nos esforzáramos y no abandonáramos la academia.

Esa fue la primera vez que me puse un paracaídas, un casco y una máscara de oxígeno, y que me senté en un asiento de eyección. El oficial que piloteaba el avión hizo un giro de 360 grados, luego se dirigió unos dieciséis kilómetros al oeste de Colorado Springs y voló bocabajo sobre Pikes Peak. Apreté mi estómago tan duro como una roca durante todo el viaje. Estaba inmerso en el momento. Simplemente lo estaba absorbiendo todo. Yo sabía que, pese a todo lo demás, eso era lo que quería hacer con mi vida.

Cuando pasaron los cuarenta y cinco minutos, obviamente tuve que regresar a la realidad. Las novatadas nos esperaban en tierra.

Desayunábamos, almorzábamos y cenábamos en Mitchell Hall, sentados de a diez en mesas rectangulares. Cada mesa tenía una mezcla de estudiantes de primero, segundo, tercero y último año. Los estudiantes de primer año teníamos que sentarnos rígidamente, permanecer atentos, con la espalda recta y la mirada solo en nuestros platos. Teníamos que llevar los tenedores a nuestras bocas de una manera robótica, y no nos permitían mirar más allá de la comida que teníamos frente a nosotros. No podíamos hablar con nadie. Solo podíamos hacerlo cuando los estudiantes de cursos superiores se dirigían a nosotros y nos hacían preguntas. Nos interrogaban durante las comidas y teníamos que gritar nuestras respuestas.

Cada uno de nosotros había recibido un libro de bolsillo titulado *Checkpoints*. Teníamos que aprender de memoria todos los datos legendarios y especialmente el código de conducta. Cuando los estudiantes nos hacían preguntas, nos veíamos en serios problemas si no sabíamos las respuestas exactas.

El código de conducta, establecido por el presidente Eisenhower en 1955, se consideraba de vital importancia debido a que durante la guerra de Corea, los prisioneros de guerra estadounidenses se habían visto obligados a colaborar tras ser torturados. La expresión en aquellos días era que les habían «lavado el cerebro». Entonces, los militares promulgaron unas normas específicas de conducta, y se esperaba que las memorizáramos en su totalidad. Como futuros oficiales, tuvimos que prometer por ejemplo: «Nunca entregaré a los soldados bajo mi mando mientras tengan los medios para resistir». Podíamos rendirnos solo ante una «muerte segura». Teníamos que repetir las líneas clave del código: «Si soy capturado, seguiré resistiendo por todos los medios disponibles. Haré todo lo posible para huir y ayudar a otros a hacer lo mismo. No aceptaré la libertad condicional ni favores especiales del enemigo».

La hora de las comidas se hizo cada vez más estresante porque los estudiantes de los cursos superiores eran implacables con sus exigencias. Teníamos que memorizar todos los detalles sobre un gran número de aviones. Esperaban que supiéramos de política exterior, de historia de Estados Unidos y del mundo, y los resultados deportivos del día anterior. Teníamos que ser capaces de recitar de un tirón los nombres completos de todos los estudiantes de los cursos superiores que estaban en la mesa, incluyendo las iniciales de su segundo nombre y sus lugares de origen. Ahora, cuarenta años después, muchos de esos nombres e iniciales permanecen grabados en mi mente. También recuerdo sus lugares de origen.

El grado de acoso que te esperaba a la hora de comer dependía de tu tarea asignada diariamente en la mesa. Te sentías aliviado al entrar al comedor si estabas sentado con un estudiante de un curso superior que tuviera buen corazón. Pero si uno de ellos que estuviera en tu mesa tenía la reputación de ser un tipo duro, el alma se te caía por los suelos, pues sabías que la cena sería insoportable.

En ese caso, esperabas una de dos cosas: que otro cadete de primer año fuera tan patéticamente inútil para memorizar que los estudiantes de los cursos superiores se enfocarían en él, lo que significaba que te dejarían solo y podrías comer. En caso contrario, esperabas que uno de tus compañeros de primer año fuera un genio o tuviera una memoria fotográfica, y respondiera bien a todo. Cuando los estudiantes de los cursos superiores se encontraban con un sabelotodo, concentraban todas sus energías para confundirlo, encontrar una pregunta que no supiera responder y mortificarlo por una respuesta equivocada. Cuando eso sucedía, nos ignoraban a los demás y podíamos comer en paz.

Había un estudiante de un curso superior, un año mayor que yo, que no era malintencionado en cuanto a sus novatadas. Pero sabía cómo imponer su juicio.

Un día, nos preparamos para ir a almorzar. La mañana era cálida y llevábamos camisas de mangas cortas. Yo estaba en posición firme, y él se acercó y me preguntó si yo pensaba que había pulido bien mis zapatos negros.

—Sí, señor —dije.

—¿Está seguro? —preguntó.

—Estoy muy seguro, señor —respondí. (No me era permitido hablar informalmente. Tenía que hacerlo con formalidad).

El estudiante decidió convertir eso en un reto.

—¿Está dispuesto a comparar el brillo de sus zapatos? —me preguntó—. ¿Los míos frente a los suyos?

—Sí, señor.

Entonces definió las reglas de nuestra disputa:

—Si está seguro de que sus zapatos son más brillantes que los míos y resulta que tiene razón, haré su cama mañana. Si mis zapatos son más brillantes que los suyos, hará mi cama y la suya.

Todos nosotros, incluyendo los estudiantes de los cursos superiores, teníamos que hacer nuestras camas con las esquinas como en los hospitales. Las sábanas y las mantas debían estar lo suficientemente apretadas para que no hubiera ninguna arruga. La prueba era dejar caer una moneda de veinticinco centavos. Si la moneda no rebotaba, teníamos que quitar toda la ropa de cama y empezar de nuevo. No era divertido. Así que sería maravilloso si ese estudiante hacía mi cama el día siguiente.

Me dio permiso para dejar de mirar al frente y poder mirar mis zapatos y luego los suyos. Nuestros zapatos parecían tener el mismo brillo. Pero decidí ser audaz.

—Señor, gano yo —dije.

—Bueno, están muy parejos —respondió él—, pero no hemos terminado todavía. Comparemos las suelas de nuestros zapatos.

Se paró en un pie, lo que me permitió ver la parte central y arqueada entre el tacón y la parte protuberante del zapato. El cuero en cada una de las bóvedas estaba completamente reluciente. Y las mías no lo estaban. Él era como un buen abogado litigante que nunca hace una pregunta sin saber la respuesta. Me había tendido una trampa.

—Usted gana, señor —dije. Él vio que mis labios se torcieron insinuando una sonrisa y, aunque a los «doolies» no se les permitía sonreír mientras estaban en formación, fue tolerante conmigo, pues no me reprendió.

Tuve que reprimir mi sonrisa en muchas otras ocasiones.

Mientras marchábamos en formación básica, estábamos obligados a turnarnos para contar con cadencia: «Izquierda, izquierda... izquierda, derecha, izquierda...».

Desde que era pequeño, vi que los personajes con talento de la televisión, especialmente los presentadores de noticias como los veteranos de NBC, Chet Huntley y David Brinkley, pronunciaban perfectamente y no parecían tener un acento particular. Traté de hablar como ellos, y no como algunas personas de mi pueblo, que tenían un acento fuerte tejano. Así, cuando tenía que contar con cadencia, no creo que los otros cadetes pudieran detectar un acento tejano en mí.

Pero yo tenía un compañero, Dave, que era del oeste de Texas, y todos lo sabían cada vez que abría la boca. Siempre que él contaba con su fuerte acento tejano, yo me reía para mis adentros, pero sin expresión en la cara.

Me reía por dentro, aunque mi rostro permanecía inexpresivo mientras marchábamos repitiendo la letanía que Dave pronunciaba.

Éramos realmente una mezcla de culturas en la academia, parecíamos al reparto típico de una película de la Segunda Guerra Mundial. Había un estudiante de Chicago con un nombre polaco, un tejano, un chico judío de los barrios de Nueva York, y un tipo de Portland, Oregón.

¡Es gracioso, las cosas que recuerdas!

Cuando mi hija Kate entró en la escuela secundaria, el otoño de 2007, Lorrie y yo asistimos a la reunión de inauguración del curso, y creí reconocer al profesor de matemáticas. Mientras él hablaba, recordé: estaba dos años adelante de mí en la Academia de la Fuerza Aérea. Había sido uno de los alumnos de los cursos superiores que me habían acosado durante la comida ese primer año en la academia. Después de su presentación, me acerqué y le dije:

«¡Más rápido, más limpio, normal, amable, bien, bien!». Me miró a la cara y parecía reconocerme. Sabía exactamente lo que estaba diciendo.

Al final de cada comida, los estudiantes de primer año en el extremo de cada mesa tenían el deber adicional de rellenar el Formulario 0-96 de la Academia de la Fuerza Aérea para evaluar la comida; era otro ritual inútil. Por tradición, siempre llenábamos el formulario de la misma manera. ¿Cómo fue el servicio? «Rápido». ¿Cómo era el aspecto del que sirve las mesas? «Limpio». ¿Cómo era el tamaño de la porción? «Normal». ¿Cómo fue la actitud del personal del comedor? «Amable». ¿Cómo estaba la bebida? «Buena». ¿Y la comida? «Buena».

El profesor de matemáticas de Kate y yo nos dimos la mano y sonreímos, dos hombres mayores recordando el lenguaje rítmico y lejano de nuestra juventud.

EN MAYO de 1970, poco antes de terminar el primer año académico, se acabaron las novatadas y pasamos por lo que se llamaba «La ceremonia de reconocimiento», en la que se reconocía formalmente nuestra nueva condición como alumnos de los cursos superiores. A partir de ese día, ya no teníamos que llamar a los cadetes mayores «señor». Podíamos comer en una paz relativa. Posteriormente, cuando llegó mi turno de hacerles preguntas a los estudiantes de primer año durante las comidas, les preguntaba asuntos de aviación, en vez de pedir a gritos cosas absurdas aprendidas de memoria. Me sentía más cómodo convirtiendo ese momento en una experiencia educativa para esos estudiantes más jóvenes.

A pesar de toda la disciplina, también tenías la sensación de que tus superiores y profesores toleraban en silencio esas tramas no autorizadas que mostraban señal de ímpetu o iniciativa. Cada año, la tradición dictaba que la clase de primer año tenía que destacarse de alguna manera y demostrar su valor ideando travesuras que igualaran o superaran las que se habían hecho años anteriores.

A nuestra clase se le ocurrió la idea de decorar el exterior del planetario, donde los cadetes se reunían para estudiar astronomía. El gran edificio abovedado era blanco como un iglú, pero un día, después de unas cervezas, mis compañeros de clase entraron a escondidas en la oscuridad de la noche, cubrieron el edificio con plástico negro, y pegaron el número ocho en el centro de la cúpula. Cuando toda la academia marchaba para ir a desayunar, la cúpula parecía una enorme bola de billar número ocho. No estuve involucrado en esa broma, pero disfruté muchísimo ese día. Esa y otras bromas definitivamente nos levantaban la moral.

Todos tuvimos que hacer un entrenamiento de supervivencia el verano anterior a nuestro segundo año. Nos enviaron al bosque durante cuatro días sin agua ni comida. A eso se le llamaba entrenamiento SERE, las siglas de «supervivencia, evasión, resistencia y escape». Estaba diseñado para adiestrarnos en la supervivencia, cómo evitar ser capturados como prisioneros de guerra, y cómo comportarnos en caso de que lo fuéramos.

Los alumnos de los cursos superiores se vestían como soldados comunistas y venían a buscarnos. El drama era un poco excesivo, pero todo parecía muy serio. Pasé dificultades en aquellos días, abrumado a veces por la falta de sueño y de comida. Sin embargo, tuve más suerte que algunos de mis compañeros, pues me las arreglé para colarme en el campamento de los estudiantes de los cursos superiores y llevarme una hogaza de pan y un poco de jalea. Otros pasaron todos esos días sin comer.

En el segundo año me di cuenta de lo mucho que todas esas experiencias me habían ayudado a madurar. Sentí mucha nostalgia durante mis primeros seis meses en la academia, pero desapareció cuando volví a casa de visita. No había cumplido siquiera veinte años y ya había conocido personas de todo el mundo. Había hecho cosas difíciles que no sabía que podía hacer. Era como si me hubiera convertido en hombre, y mi pueblo natal me pareció mucho más pequeño de lo que recordaba.

En la academia solo nos permitieron volar una aeronave al final de nuestro primer año, así que me sentí muy falto de práctica cuando volví a la pista del señor Cook. No había pasado suficiente tiempo volando para tener ese vínculo natural de mente y cuerpo que uno alcanza, por ejemplo, al andar en bicicleta. Tendría que adquirir esa naturalidad de nuevo.

A partir de mi segundo año en la academia recibí una gran cantidad de instrucción en aviación y adquirí mucha experiencia. Iba al aeródromo cada vez que podía.

También me inscribí para aprender a volar planeadores. Lo que me encantaba porque es la forma más pura de volar. Es casi como si fueras un ave. No hay motor, es mucho más silencioso, y vas a una velocidad más lenta, a unos noventa y cinco kilómetros por hora. Sientes cada ráfaga de viento, te percatas de lo ligero que es el avión y que te encuentras a merced de los elementos.

Al volar sin motor en Colorado, aprendí que la manera de mantenerte más tiempo en el aire es utilizando con cuidado el entorno a tu favor. El sol calienta la superficie de la tierra de forma desigual, especialmente en verano, por lo que algunas partes se calientan más que otras. El aire por encima de las partes más cálidas se calienta y se vuelve menos denso, por lo que el aire se desplaza hacia arriba en esas zonas. Cuando vuelas por una corriente de aire ascendente, puedes sentir que levanta al planeador. Si viras bruscamente para mantenerte en esa corriente, es como subir en un ascensor hasta donde pueda llevarte. A eso se le llama «vuelo en térmicas», y al ir de una corriente a otra, se puede planear durante horas.

En invierno tienes el «vuelo en ondas de montaña». Los vientos son más fuertes en esa época, y si el viento está cruzando una montaña o una cordillera, es como el agua que circula sobre una roca. Si te mantienes en la corriente que se eleva por encima de la montaña, puedes estar allí por largos períodos de tiempo.

Cuando estuve en la academia, además de todas las horas que volé en planeadores obtuve también el certificado de instructor de vuelo. Comencé a enseñarles a otros cadetes —incluyendo a una docena de amigos— a volar aviones y planeadores.

Gracias a mi extensa experiencia, fui nombrado «Cadete excelente en la disciplina aeronáutica» cuando me gradué de la academia en 1973. Fue un honor que recibí por haber perseverado en la perfección de mis destrezas como piloto durante todas esas horas de vuelo.

La Academia de la Fuerza Aérea me educó en muchos aspectos: la naturaleza humana, lo que significa ser una persona educada y a esforzarme pasando mis limitaciones. En la academia, la educación que recibimos se llamaba «El concepto del hombre integral», porque nuestros superiores no solo nos enseñaban cosas sobre el mundo militar. Querían que fuéramos fuertes en carácter, que estuviéramos informados sobre todo tipo de asuntos, incluso esos que no considerábamos importantes, y que encontráramos maneras de hacer contribuciones esenciales en el mundo más allá de la academia. Nosotros los cadetes desestimábamos eso y lo llamábamos con frecuencia «El concepto del hombre infernal», pero sabíamos interiormente que estábamos sujetos a grandes exigencias y pruebas difíciles que nos serían de gran utilidad posteriormente.

Parecía casi como si el objetivo fuera preparar a cada cadete para ser Jefe del Estado Mayor de la Fuerza Aérea. Solo uno de mis compañeros de clase, Norton Schwartz, alcanzó tal posición; fue nombrado para el cargo más alto de la Fuerza Aérea en agosto de 2008. Sin embargo, a muchos de nosotros también nos fue bien, de diferente manera, y nos graduamos en el mundo más allá de la academia con una gama completa de habilidades y un alto sentido del deber.

¡Más rápido, más limpio, normal, amable, bien, bien!

7

OPTIMISTA A LARGO PLAZO, REALISTA A CORTO PLAZO

AL IGUAL QUE mi padre, fui un oficial militar que nunca participó en combate. Cuando ingresamos en el servicio militar, sabíamos que nuestras vidas podían correr peligro en caso de guerra. Aceptamos con serenidad ese compromiso con el deber, pero no teníamos sueños de gloria militar. Mi padre se sentía honrado de servir a su país como oficial de la marina. Y por mi parte, consideré los años de servicio en la Fuerza Aérea en tiempos de paz como un supremo llamamiento, porque cada día de instrucción y de práctica me preparaban mejor para defender a mi país si fuera necesario.

Después de pasar años preparándose para tareas que nunca tuvieron que hacer en el mundo real, muchos militares se preguntan cómo les habría ido en combate. Lo entiendo, aunque por mi parte no me siento incompleto por no haber participado en una guerra. Los aviones de combate que volé fueron diseñados para destruir a quienes nos harían daño. Me alegra no haber tenido que infligir daño a otra persona y que no se me haya infligido a mí.

Sin embargo, nunca sabré del todo cómo me habría comportado bajo las presiones de la batalla. Es cierto que enfrenté ciertos riesgos en casi todos los vuelos que hice como piloto de combate; es una labor peligrosa, incluso durante las misiones de entrenamiento. Aun así, a lo largo de los años, y al igual que muchos de quienes sirven en tiempos de paz, me he preguntado: si alguna vez me hubiese enfrentado al mayor de los desafíos, a un momento de vida o muerte en la batalla, ¿habría estado a la altura? ¿Habría sido lo suficientemente fuerte, valiente e inteligente como para soportar las exigencias de esa prueba? ¿Habría podido cuidar de quienes estaban bajo mi mando?

Presiento que hubiera actuado de acuerdo con mi formación. No creo que me habría asustado o cometido un grave error. Pero he aceptado el hecho de que nunca lo sabré con seguridad.

Yo esperaba que mi carrera en una aerolínea comercial siguiera un patrón similar. Despegaría y aterrizaría una y otra vez sin incidentes. Sí, a los pilotos comerciales se nos entrena para situaciones de emergencias —practicamos en simuladores de vuelo— y conocemos los riesgos aunque sean bajos. Es alentador saber que la aviación comercial ha hecho avances tan grandes y es tan segura, que hoy día es posible que un piloto comercial termine su carrera sin experimentar siquiera la avería de un solo motor. Sin embargo, uno de los retos de esta profesión es evitar la complacencia, y estar siempre preparado para lo que pueda ocurrir, sin saber nunca si te enfrentarás a un desafío final, o cuándo podría suceder.

Una carrera comercial puede parecer muy rutinaria, y realmente no creí que me enfrentaría a una situación tan grave como la del vuelo 1549. Sin embargo, tras pensar en ello, me doy cuenta de lo siguiente: aunque nunca participé en una batalla, pasé años entrenando con esfuerzo, prestando atención a mi instrucción, siendo muy exigente conmigo y manteniéndome en constante alerta. He pasado situaciones en las que me salvé de milagro y observé con mucho cuidado los errores fatales cometidos por otros pilotos. Esta preparación no resultó en vano. A mis cincuenta y siete años, pude recurrir a esas lecciones anteriores y, al hacerlo, respondí a esas preguntas que me había hecho.

ME GRADUÉ de la Academia de la Fuerza Aérea el 6 de junio de 1973, y pocas semanas después me inscribí en el curso de verano de la Universidad de Purdue en West Lafayette, Indiana, donde obtuve una maestría en psicología industrial (factores humanos). Es una disciplina enfocada en diseñar máquinas que tienen en cuenta las habilidades y las limitaciones humanas. ¿Cómo actúan y reaccionan los seres humanos? ¿Qué pueden hacer, y qué no? ¿Cómo deberían diseñarse las máquinas para que las personas puedan utilizarlas de una manera más eficaz?

Era un programa de cooperación diseñado para que los graduados de la academia avanzaran rápidamente, permitiéndonos obtener en poco tiempo un título de una escuela civil sin retrasar el ingreso a la escuela de aviación, que era el siguiente paso para muchos oficiales de la Fuerza Aérea. Yo había tomado cursos a nivel de posgrado en mi último año en la academia, por lo que una vez que mis créditos fueron trasladados a Purdue, tardé apenas seis meses en obtener mi maestría.

En Purdue, estudié cómo debían diseñarse las máquinas y los sistemas. ¿Cómo configuran los ingenieros las cabinas y distribuyen el panel de instrumentos, teniendo en cuenta el lugar donde los pilotos podrían colocar sus manos, centrar sus ojos, o qué elementos podrían ser una distracción? Creí que aprender esas cosas podría servirme más adelante y no me equivoqué. Me fue útil obtener una perspectiva académica y científica de las razones subyacentes bajo los procedimientos en los vuelos. Cuando aprendes a ser piloto, muchas veces te enseñan los procedimientos correctos que debes seguir, pero no siempre te dicen por qué son importantes. En años posteriores, tras dedicarme a asuntos de seguridad aérea, comprendí que mi educación formal me permitía ver el mundo en maneras que me ayudaban a establecer prioridades, así que entendí el porqué y el cómo.

Después de estar seis meses en Indiana, la Fuerza Aérea me envió un año a Columbus, Mississippi, para lo que se llamaba UPT (Formación de Pregrado para Pilotos, por sus siglas en inglés). Era una combinación de instrucción en el aula sobre asuntos de aviación, de entrenamiento en el simulador de vuelo, y de un total de doscientas horas en el aire. En un comienzo piloté un Cessna T-37, un bimotor básico de entrenamiento de dos plazas utilizado por la Fuerza Aérea, de 8,9 metros de largo y una velocidad máxima de 770 kilómetros por hora. Posteriormente, piloté un Northrop T-38 Talon, el primer avión supersónico de entrenamiento en el mundo. Podía alcanzar más de 1,3 kilómetros por hora, superando el Mach 1 (la velocidad del sonido).

Había recorrido un largo camino desde los días en que volaba en círculos lentamente por encima del campo del señor Cook en su avión de hélice Aeronca 7DC, superando escasamente los 170 kilómetros por hora. Ahora me enseñaban cómo volar a alta velocidad en formación, con mis alas a pocos metros de los otros aviones a ambos lados de mí. Y estaba sentado en un asiento eyectable, listo para eyectar del avión cuando no pudiera pilotearlo.

Yo tenía veintitrés años y mis dos instructores en el T-37, y luego en el T-38, ambos primeros tenientes, eran un poco mayores que yo. Eran de Massachusetts y Colorado, y tenían algo maravilloso en común: no me enseñaban solo porque tenían la obligación. «Quiero que aprendas», me decían, y me dieron toda la orientación que podían darme.

Después de Mississippi, la Fuerza Aérea me envió a la Base Holloman de la Fuerza Aérea cerca de Alamogordo, Nuevo México, una base con una historia llena de anécdotas. Durante la Segunda Guerra Mundial, fue el campo de instrucción en tierra para los hombres que piloteaban los Boeing B-17 Flying Fortresses y Consolidated B-24 Liberator, el bombardero pesado más utilizado por las fuerzas aliadas.

El B-24 estaba diseñado para tener un largo alcance, y se fabricaron más de dieciocho mil durante la guerra. Pero las tripulaciones de vuelo descubrieron que esos aviones se dañaban con demasiada facilidad durante las batallas y que se incendiaban con facilidad, debido a que los tanques del combustible estaban en el fuselaje superior. Los B-24 tenían una gran carga útil —cada avión podía llevar 3.620 kilos de bombas—, pero se sacrificaron muchas vidas con el fin de hacer eso. Muchos de esos hombres fallecidos pasaron por Holloman antes que yo.

Holloman era conocida también por otros logros históricos. El 16 de agosto de 1960, el capitán Joseph Kittinger llevó un globo estratosférico a 31.333 metros de altura para poner a prueba la viabilidad de los saltos a alturas considerables. Saltó de un globo que sobrevolaba Holloman, y cayó durante cuatro minutos y treinta y seis segundos a una velocidad de 988 kilómetros por hora, la caída libre más larga que haya resistido un ser humano. Su guante derecho falló durante el descenso y su mano se hinchó al doble del tamaño normal, pero Kittinger sobrevivió y fue galardonado con la «Cruz del Vuelo Distinguido».

Al igual que en Holloman, cada base donde estuve estacionado tenía una historia que me inspiraba. Era casi como si pudieras sentir la presencia de héroes en el viento sobre las pistas de aterrizaje.

Yo había ido a Holloman para participar en el «FLIT», que significa «Entrenamiento introductorio para combatientes» (por sus siglas en inglés). Trabajábamos en maniobras básicas de combate aéreo, tácticas y formación de vuelo en el T-38. Yo sabía que aún no era un verdadero piloto de combate, pero supe que me convertiría en uno si entrenaba en Holloman. Tenía mucho que aprender, pero estaba seguro de que podía hacerlo.

No podías evitar la sensación de estar en una compañía de élite. Éramos treinta y cinco hombres en la clase de entrenamiento en Mississippi. Muchos querían pilotear aviones de combate, pero solo dos fuimos escogidos para hacerlo. Así que me tomé en serio la confianza de mis superiores en mí, y me esforcé para estar a la altura de sus expectativas.

La siguiente parada fue un período de diez meses en la Base Luke de la Fuerza Aérea cerca de Glendale, Arizona, donde volé el F-4 Phantom II. Ese avión supersónico, que puede disparar misiles guiados por radar a larga distancia, vuela a más de 2.253 kilómetros por hora o Mach 2.0 (el doble de la velocidad del sonido). A diferencia de muchos aviones de combate, el F-4 era biplaza. El piloto iba delante, y un hombre con una formación especial, llamado Oficial de Sistemas de Armas (WSO, por sus siglas en inglés) iba en el asiento de atrás.

Estudiamos todos los sistemas del F-4: el eléctrico, el hidráulico, el combustible, los motores, los mandos de vuelo, las armas: todo. Estudiamos cada sistema por separado y cómo funcionaban en conjunto.

Mis compañeros pilotos, oficiales de sistemas y yo, no solo aprendimos a pilotear un F-4 —esa era la parte fácil—, sino a usarlo como un arma. Lanzamos bombas de práctica. Sostuvimos combates de entrenamiento aire-aire. Volamos en formación táctica. También aprendimos a trabajar en estrecha colaboración con nuestros WSO, en equipo y de forma eficaz.

Día tras día, aprendimos las complejidades de la aeronave y de nuestras capacidades o incapacidades para dominarla. E igualmente importante, aprendimos mucho los unos de los otros.

Este tipo de aviación era muy exigente y emocionante al mismo tiempo. Gran parte de lo que teníamos que hacer en la cabina era manual. No teníamos la automatización que existe hoy para ayudarnos a encontrar soluciones. A diferencia de quienes vuelan los actuales aviones de combate, que cuentan con complejos sistemas computarizados, nosotros teníamos que hacerlo casi todo visualmente. Hoy, la informatización permite a las tripulaciones de vuelo lanzar bombas que impactan los objetivos con una precisión milimétrica. En los aviones de combate más antiguos que piloté, tenías que mirar por la ventana y hacer cálculos mentales. Antes de volar, repasabas las tabulaciones de los números y decidías cuándo debías lanzar una bomba según el ángulo de caída, la velocidad y la altitud sobre el objetivo. Si volabas con el avión en posición ligeramente plana o elevada en el ángulo de caída, la bomba impactaría antes o después. De un modo similar, la velocidad y la altitud de lanzamiento también determinaban si la bomba impactaría antes o después. También debías tener en cuenta los vientos cruzados cuando volabas sobre el objetivo. Los aviones modernos brindan a los pilotos una orientación mucho mayor para hacer todas esas tareas con precisión.

En 1976, y a comienzos de 1977, pasé otros catorce meses piloteando el F-4 en la Base Lakenheath de la Fuerza Aérea Real, 112 kilómetros al noreste de Londres. Fue mi primera asignación como piloto operativo de combate.

Jim Leslie, que actualmente es capitán en Southwest Airlines, estudió conmigo en la Fuerza Aérea. Llegamos con pocos días de diferencia a Lakenheath en 1976, y éramos muy parecidos. Ambos éramos delgados, rubios, con bigote y medíamos un metro ochenta y ocho. La gente nos confundía cuando estábamos juntos. Otros ni siquiera se daban cuenta de que éramos dos personas diferentes hasta que nos veían juntos.

Muchos pilotos mayores sabían que uno de nosotros se llamaba Sully, pero no estaban seguros al comienzo cuál de nosotros era. «¡Oye Sully!», decían, y después de un tiempo, Jim se acostumbró tanto a que lo llamaran así que respondía al nombre. Cuando acuaticé el vuelo 1549 en el Hudson, supongo que algunos pilotos de la época de Lakenheath creyeron que Jim era el «Sully» que estaba en los mandos.

Jim admitía ser un poco osado en el aire. A mí me llamaban con el predecible código «Sully». El suyo era «Hollywood», pues llevaba elegantes gafas de sol y botas que eran mitad tejido y mitad cuero que no se permitían. Era un poco extravagante, pero también inteligente y observador; ponía las cosas en perspectiva. Como solía decir: «Es imposible saber hasta el último detalle técnico acerca de cómo volar aviones de combate, pero debemos saber todo lo que podamos, porque tenemos que ser las personas a las cuales recurrir».

Después de Lakenheath, pasé tres años en la Base Nellis de la Fuerza Aérea en Nevada, donde obtuve el grado de capitán. Jim también estuvo estacionado allí.

Nos hicimos muy amigos, aunque veíamos la aviación de un modo diferente. Él se enorgullecía de ser una persona que va a su aire. Yo me consideraba más disciplinado. Discutíamos encarnizadamente las normas sobre lo lejos que tenías que estar de otro avión cuando lo pasabas de frente. Si las instrucciones decían que no nos acercáramos más de trescientos metros, Jim intentaba hacerlo a quinientos. «Sé que puedo hacerlo», me decía, y tenía razón. «Sully, tú también puedes hacerlo». Yo sabía que podía, pero también sabía que si lo hacía, estaría reduciendo la distancia mínima que necesitábamos para evitar algo inesperado, además la más ligera equivocación o un mínimo error de cálculo podría hacer que los dos aviones se acercaran demasiado.

Yo respetaba a Jim. Él sabía que no ponía a nadie en peligro porque conocía sus destrezas. Pero se trataba de una práctica, no de un combate. Yo era más prudente y no era el momento de volar agresivamente. Algunas veces durante mi carrera, incluyendo mis años como piloto comercial, ser un poco agresivo resultó útil y apropiado.

Los vínculos entre los pilotos eran primordiales. En todas las bases en las que estuve estacionado nos recordaban una y otra vez la importancia de ser conscientes de los peligros de la complacencia, de llegar a conocer tanto como fuera posible el avión que estabas piloteando, de estar al tanto de todo lo que estás haciendo. Ser piloto de combate implicaba riesgos —todos sabíamos eso—, y ocurren accidentes debido a circunstancias que estaban más allá del control de los pilotos. Sin embargo, se pueden minimizar los riesgos con diligencia, preparación, juicio y habilidad. Y dependíamos el uno del otro para hacer esto.

Los pilotos de combate son una comunidad muy unida, en parte porque es necesario para la supervivencia de todos. Teníamos que aprender a aceptar las críticas y también la manera de hacerlas cuando fuera necesario. Si alguien comete un error, no puedes ignorarlo y dejarlo pasar. No quieres que cometa el mismo error la próxima vez que vuele contigo. Tienes que decírselo. Tu vida, y la de otros, dependerán de eso.

Supongo que conocí a quinientos pilotos y WSO en el curso de mi carrera militar. Perdimos a doce en accidentes durante las prácticas. Lamenté la muerte de mis camaradas, pero traté de aprender todo lo que pude sobre cada uno de sus accidentes. Yo sabía que la seguridad de todos los que seguíamos volando dependería de lo que aprendiéramos de las circunstancias que rodearon un accidente, y que al interiorizar estas lecciones vitales dejarían una especie de legado para quienes seguíamos con vida.

Estados Unidos llamó a Charles Lindbergh «Lindy el Afortunado», pero él era más que eso. Leí *We*, su libro de 1927 sobre su famoso viaje transatlántico. En él, Lindbergh dejó claro que su éxito se debió casi exclusivamente a la preparación, no a la suerte, o como prefiero llamarlo, a las circunstancias. «Lindy el preparado» no habría tenido la misma magia como apodo, pero sus puntos de vista sobre la preparación de los pilotos han hecho eco en mí desde hace mucho tiempo.

Cada vez que un compañero aviador perdió la vida durante mi carrera militar, traté de pensar cómo hubiera reaccionado yo en sus circunstancias, y qué medidas habría tomado en su lugar. ¿Habría sobrevivido?

En Nellis, cada piloto y su WSO eran asignados a un avión específico. Nuestros nombres estaban inscritos fuera de la cabina del avión.

En cierta ocasión, yo estaba en servicio temporal en la Base Eglin de la Fuerza Aérea en Ft. Walton Beach, Florida. Estuve allí para tener la rara oportunidad de lanzar un misil aire-aire a un dron controlado remotamente sobre el Golfo de México.

Una mañana, mientras yo estaba en la Florida, otra tripulación tenía programado llevar mi avión —un F-4— de regreso a Nellis. Ese avión tenía un sistema de dirección en la rueda delantera que era controlado eléctricamente y accionado hidráulicamente. Había un conector eléctrico que por medio de cables conectaba el control de la cabina con la rueda delantera. De vez en cuando, la humedad se introducía en el conector y podía producir un cortocircuito en los terminales del conector, resultando en que la rueda delantera empezara a virar por sí sola. Teníamos que anotar eso en el registro de mantenimiento de las aeronaves, para que los técnicos pudieran examinarlo y repararlo si fuera necesario. A veces, simplemente había que secar el conector para que funcionara correctamente.

Aquella mañana, el piloto se disponía a hacer un vuelo de práctica en mi avión. Al desplazarse hacia la pista, se dio cuenta de que la dirección de la rueda delantera no estaba funcionando correctamente. Regresó a la rampa, apagó el avión y anotó la anomalía en el registro. El equipo de mantenimiento hizo las correcciones y las registraron.

Varias horas después, el F-4 fue programado para otro vuelo, que incluía un despegue en formación en el que los pilotos de dos aviones se dispondrían a volar, soltarían los frenos y despegarían en formación exactamente con la misma aceleración.

Uno de los pilotos de la formación controlaba los mandos del F-4 que me habían asignado, el mismo que había abortado a comienzos del día. Después de comenzar su despegue, la rueda delantera giró bruscamente a la izquierda. El piloto terminó en una zanja al lado de la pista con el tren de aterrizaje estropeado y uno de los tanques externos de combustible roto.

Él y su WSO estaban sentados en el avión, decidiendo cómo salir de la aeronave, cuando el combustible que estaba goteando prendió fuego y quedaron envueltos en llamas.

Me pregunto si, en caso de haber sido el próximo piloto en volar ese avión, yo habría leído el registro de mantenimiento, visto si el problema de la rueda delantera había sido solucionado, y si habría estado atento ante cualquier evidencia de que fallaría de nuevo.

Ese piloto y su WSO hacían un buen equipo. Pero en sus funerales recordé que un equipo debe ser diligente en todos los aspectos de cada vuelo.

Las ocasiones en las que estuve a punto de morir fueron también un claro ejemplo de eso.

En cierta ocasión, volé un F-4 a alta velocidad y a poca altura. El objetivo era volar tan bajo como fuera posible, cosa que tendría que hacer para evitar el radar enemigo. Volaba a solo pocos metros de altura, a 480 nudos, y tenía que sobrevolar algunas colinas. Las técnicas que estaba practicando requerían maniobrar el avión y sobrevolar una colina, pero no a mucha altura. Volar demasiado alto me haría visible a los radares enemigos.

Hacer eso como era debido requería mucha práctica. Tenía que elevar la nariz del avión para sobrevolar la colina y bajarla de nuevo cuando la habíamos sobrepasado. Era un poco como montar en una montaña rusa. Si se trataba de una cresta más pronunciada, yo la subía abruptamente, y mientras llegaba a la cima, hacía un tonel (una maniobra aérea) invertido boca abajo, bajaba la parte trasera del avión y giraba finalmente para retomar la posición vertical.

En un momento determinado, llegué a una cadena de crestas y pensé que era suficientemente alta para poder ascender hasta la cresta, hacer un tonel invertido y bajar de nuevo la parte trasera del avión. Cuando estaba en la cima de la cresta, me di cuenta de que no tenía suficiente altura delante de mí para completar la maniobra. Fue un error de juicio potencialmente fatal de mi parte. Me vi obligado a ascender, recobrar altura y alejarme.

Disponía de segundos para corregir la situación y me las arreglé para hacerlo. Pero les diré algo: ese incidente fue un llamado de atención. Hubo pilotos que murieron después de cometer errores similares.

Asumí la responsabilidad por lo que había sucedido cuando regresamos al recinto del escuadrón. Me dirigí al WSO que había volado conmigo y le dije: «Lo siento, Gordon. Casi nos matamos hoy, pero no sucederá de nuevo». Luego le expliqué exactamente lo que había pasado y por qué.

Después de pasar unos años en Nellis, me asignaron a una junta de investigación de accidentes de trabajo de la Fuerza Aérea. Investigamos un siniestro en Nellis, en el que un piloto de un F-15 había intentado hacer un giro demasiado cerca de la superficie terrestre cuando no tenía suficiente espacio para hacerlo. Los extensos campos del desierto en los que practicábamos, al norte y al oeste de Las Vegas, tenían elevaciones desde novecientos metros sobre el nivel del mar a alturas muy considerables. Si miras un altímetro barométrico, verás que está programado para indicar la altura sobre el nivel del mar, pero no te da la altura sobre la superficie terrestre. Aparentemente, el piloto calculó mal su altura y el espacio que tenía. Es probable que se hubiera dado cuenta de eso cuando le era imposible corregir el rumbo. Se descentró. Los errores se habían filtrado en su modelo situacional, pasaron inadvertidos y no se corrigieron hasta que fue demasiado tarde.

Tuve que tomar las declaraciones de los otros integrantes de su escuadrón y observar con detenimiento las fotos del avión destrozado en el desierto. La escena macabra había sido registrada con mucho detalle, incluyendo fotografías de fragmentos identificables del cuero cabelludo del piloto.

Al igual que en todos los accidentes de la Fuerza Aérea, los investigadores tuvieron que examinar minuciosamente todas las circunstancias específicas para saber qué ocurrió con exactitud. Era como si el piloto que había fallecido aún tuviera la responsabilidad de ayudar a garantizar la seguridad del resto de sus compañeros aviadores.

A los pilotos se les enseña que es vital tener siempre una «conciencia situacional», o «CS». Eso significa que eres capaz de crear y mantener un modelo mental en tiempo real muy preciso de tu realidad. La investigación de la CS aparentemente inexacta de ese piloto me recordó lo que estaba en juego para los pilotos de combate. Se requería un compromiso absoluto con la excelencia porque estábamos obligados a hacer cosas increíbles cerca de la superficie terrestre, y a cambiar rápidamente de dirección con mucha frecuencia, mientras nos asegurábamos siempre de que el camino que marcábamos fuera seguro.

En muchos aspectos de la vida, tienes que ser optimista a largo plazo pero realista a corto plazo. Eso es especialmente cierto dados los peligros inherentes que existen en la aviación militar. No puedes ser un pensador iluso. Tienes que saber lo que sabes y lo que no sabes, lo que puedes hacer y lo que no. Tienes que saber lo que puede y no puede hacer tu avión en todas las situaciones posibles. Necesitas saber tu radio de giro para cada velocidad. Necesitas saber cuánto combustible requieres para regresar y qué altitud necesitas si tuvieras que regresar a la pista en caso de una emergencia.

También necesitas entender cómo se puede ver afectado tu juicio por las circunstancias. Hace unos años se hizo un estudio sobre la eyección de tripulaciones, en el cual se trató de determinar por qué los pilotos esperaban tanto tiempo antes de eyectar de los aviones que estaban a punto de estrellarse. Esos pilotos esperaron segundos adicionales y, cuando finalmente apretaron la palanca para eyectar, ya era demasiado tarde. Eyectaban a una altitud demasiado baja y se estrellaban contra la superficie terrestre antes de que sus paracaídas pudieran abrirse, o se precipitaban a bordo de sus aviones.

¿Qué hacía a esos hombres esperar tanto? El estudio indicó que si el avión estaba en peligro debido a un error de juicio por parte del piloto, este aplazaba a menudo la decisión de eyectar. Se dedicaba a intentar resolver un problema insoluble o corregir una situación incorregible, porque temía represalias si arruinaba un avión que costaba varios millones de dólares. Si el problema era de una naturaleza más mecánica y estaba más allá del control del piloto, era más probable que este evacuara su avión y sobreviviera luego de eyectar a una altitud mayor y más segura.

Mi amigo Jim Leslie estaba en una misión de prácticas a bordo de un F-4 en 1984, «luchando encarnizadamente» con otros aviones. Su nave terminó cayendo en picada debido a un fallo mecánico y quedó inservible. «Los pilotos solo son humanos», me dijo más tarde. «En situaciones estresantes, tu cerebro te dice lo que quieres oír y ver: "¡Esto no me está pasando a mí!", y entonces niegas mentalmente que tu avión esté cayendo. Crees tener tiempo para solucionar el problema o escapar, cuando en realidad no lo tienes. Y entonces te eyectas demasiado tarde».

Jim jaló la palanca de eyección, expulsando primero a su WSO del F-4, y él lo hizo una fracción de segundo después. «Pensé que había eyectado con mucho tiempo de antelación», dijo, «pero después me enteré de que lo hice solo tres segundos antes de que el avión se estrellara contra el suelo». Si hubiera esperado incluso un segundo más, no habría logrado salir de manera segura de la aeronave.

«Nadie quiere estrellarse», dijo Jim. «No es una buena marca en tu registro de vuelo. La pérdida de ese F-4 le costó a la Fuerza Aérea cuatro millones de dólares. Pero yo sobreviví. Y algunas personas mueren porque no quieren ser responsables por el costo del avión».

Jim tuvo más tarde la oportunidad de volar el F-16. Dos de sus compañeros murieron en accidentes durante las prácticas con ese avión, y Jim tuvo que empacar las pertenencias de esos hombres y entregárselas a sus familias. Posteriormente, Jim tuvo que eyectar nuevamente de un F-16 averiado. Sobrevivió una vez más. «Cada día que me despierto es un regalo», me dijo.

Tal vez el vuelo más angustioso de mi carrera militar fue a bordo de un F-4, cerca de Nellis. El «hombre a mis espaldas» era Loren Livermore, un ex empleado bancario de Colorado que decidió abandonar su trabajo de oficina y convertirse en aviador de la Fuerza Aérea. Sobrevolamos un campo de tiro en el desierto de

Nevada. Yo estaba dirigiendo una formación de cuatro aviones de combate, volando en cruz alrededor del polígono en la arena del desierto, durante la práctica de bombardeos.

Estábamos a una altura muy baja, y sentí que el avión se movió por su cuenta. Imagina estar conduciendo tu auto y, de repente, sin girar el volante, el vehículo empieza a girar a la izquierda. Sería un poco chocante.

Para nosotros, el momento inquietante a bordo del F-4 ocurrió cuando sentimos que el avión hizo un movimiento repentino en el control de vuelo. Loren había encendido una grabadora para tener un registro de lo que nos decíamos el uno al otro, y de nuestras transmisiones de radio. Mi respuesta a ese movimiento se escuchó con mucha claridad en la grabación.

—¡Maldita sea!

—¿Qué fue eso? —replicó Loren.

—No lo sé —dije.

Estar apenas a treinta metros de altura y a una velocidad de 450 nudos en un avión que parecía tener voluntad propia es una situación en la que no quieres estar. Inmediatamente puse el F-4 en dirección al cielo. Necesitaba un ascenso rápido para alejarme de la superficie terrestre. Tenía que ganar tiempo y darme espacio. Loren y yo podríamos descubrir la avería y hacer algo al respecto si alcanzábamos una mayor altitud. Más importante aún, si la situación empeoraba, tendríamos el tiempo y la altitud para recobrarnos, o para eyectar y sobrevivir con éxito.

Dije por radio: «Probando uno uno, abandonen». Era mi orden a los otros tres aviones para que abandonaran la sesión de prácticas y suspendieran la misión de entrenamiento. Cada piloto reconoció mi orden.

«Dos, abandona».

«Tres, abandona».

«Cuatro, abandona».

«¡SOS! ¡SOS! ¡SOS!», dije. «Probando uno uno. Falla en el control de vuelo».

Como líder de la formación, yo tenía que dar instrucciones a los otros tres aviones. «Dos y cuatro a casa», dije. «Tres, únete a mí».

Yo quería que dos de los aviones regresaran a Nellis. No podían ayudar, y yo no quería tener que preocuparme por ello. Como líder de vuelo, yo tenía una responsabilidad con mi vuelo de cuatro aviones, conmigo mismo y con mi WSO. Era prudente suspender las prácticas cuando ya no eran razonablemente seguras, y centrar mi atención en la mayor prioridad, que era limitarme a seguir con vida.

Decidí que el número 3 me acompañara, ya que el piloto también era líder de vuelo y tenía más experiencia que el número 2 o que el número 4. Quería que el número 3 viera si podía ayudarme a descubrir cuál era el problema de mi F-4. Antes de que el 2 y el 4 salieran de la formación y de frecuencia, dije por radio: «Probando uno uno, revisión de seguridad del armamento completa».

Cada uno de los otros pilotos respondió.

«Dos, revisión de seguridad del armamento completa».

«Tres, revisión de seguridad del armamento completa».

«Cuatro, revisión de seguridad del armamento completa».

Esto garantizó que todos los interruptores de las armas se pusieran en posición neutra antes de que los aviones abandonaran la formación.

El piloto número 3 era George Cella. En esa época había un popular anuncio comercial del vino Cella Lambrusco en la televisión. El encantador personaje del comercial, llamado Aldo Cella, era un italiano bajito y rechoncho, con un bigote oscuro.

Vestía traje blanco y sombrero, y estaba rodeado de mujeres debido a la marca del vino. Por eso, la señal táctica de llamada de George era «Aldo».

«Es mejor revisar la capacidad de control», señaló Aldo.

Cuando alcancé una mayor altitud, cuatro mil quinientos metros aproximadamente, reduje la velocidad para asegurarme de que el avión seguía bajo control a menor velocidad cuando llegara el momento de intentar un aterrizaje. Loren, mi WSO, encontró la página de solución de problemas, la E-11, en nuestra lista de control de emergencia, y verificamos el control del avión.

Aldo voló su avión muy cerca del mío. Él y su WSO inspeccionaron el exterior de mi F-4 en busca de cualquier daño evidente, fugas de líquidos u otras anomalías. «Se ve bien», dijo Aldo mientras me perseguía en su F-4.

Me puse en contacto con el control de aproximación de Las Vegas y le avisé al controlador civil de mi estado de emergencia, y de mi necesidad de regresar para aterrizar en Nellis. El controlador impuso ciertas restricciones con respecto a la manera en que podía regresar y al tiempo que podía tardar en alinear. Quería que yo hiciera un giro más cerrado para mi aproximación final.

«Incapaz», le dije. Esta es la respuesta estándar cuando un piloto no puede hacer lo que un controlador le está pidiendo.

Le dije que necesitaba una aproximación final de ocho mil metros para asegurarme de poder estabilizar el avión para el aterrizaje. Me alegré de insistir en eso porque, cuando estaba descendiendo, una ráfaga de viento hizo que una de las alas se inclinara hacia abajo.

Aldo y su compañero pensaron que yo estaba perdiendo el control del F-4. Esperaban que Loren y yo saliéramos disparados como balas de cañón de nuestro avión en los asientos eyectables. Pero moví correctamente la palanca de control y logré levantar el ala izquierda que se había inclinado. Resistimos momentáneamente.

Después de esa ráfaga de viento, permanecí intensamente concentrado en mantener las alas al mismo nivel, así como nuestra trayectoria vertical y horizontal hacia la pista. Traté de alinearme exactamente con la línea central de esta.

Aldo me siguió, listo para avisarme en el instante en que me desviara de la senda correcta o llegara a una altitud de la que no pudiera recuperarme. Sentí que aún tenía el control, pero actué con cautela, preparado para la posibilidad de que mi aeronave me pudiera traicionar y yo tuviera que abandonarla.

Llegamos arriba del área de seguridad que llevaba a la pista y pocos segundos después estábamos en ella, con nuestro paracaídas de freno desplegado.

Aterrizamos a salvo.

Frené para detenerme y luego rodé lentamente hacia el lugar donde se habían estacionado los otros bombarderos. Loren y yo bajamos la escalera y permanecimos un momento allí. Los dos teníamos los cascos y las máscaras de oxígeno en la mano izquierda, pero nuestras manos derechas estaban libres. Loren se acercó para estrecharme la mano y dijo, desde su corazón pero con una gran sonrisa: «Yo te lo agradezco, mi madre te lo agradece, mi hermano te lo agradece, mi hermana te lo agradece...».

Loren y yo habíamos trabajado juntos en equipo, con la ayuda de Aldo y su WSO. Habíamos mantenido el control de la aeronave y solucionado todos los problemas, así que pudimos aterrizar a salvo.

Si yo hubiera muerto ese día, otros pilotos habrían estado de luto por mí. A mis compañeros se les habría asignado el deber de investigar el accidente y habrían descubierto la causa. Me alegra haberles ahorrado la tarea de tener que mirar una fotografía de mi cuero cabelludo.

CADA HOMBRE que perdimos tenía su propia historia lamentable, por lo que muchos de los detalles particulares permanecen conmigo.

Brad Logan estaba en Nellis; era mi «wingman», es decir, la persona que piloteaba un avión a mi lado siguiendo mi trayectoria. Había cuatro aviones en formación, Brad estaba en el avión número dos. Volamos más de cuarenta veces. Era muy buen piloto.

Yo era capitán y él era teniente primero; tenía unos pocos años menos que yo. Era un individuo modesto, sin pretensiones y jovial que siempre estaba sonriendo. Grande, de constitución fuerte y amable, se parecía a Dan Blocker, el actor que interpretó a Hoss Cartwright en Bonanza. Naturalmente, su código táctico de llamada era «Hoss».

Se marchó de Nellis para volar en una base aérea en España. Un día, durante una misión de entrenamiento, su avión estaba en formación descendiendo a través de las nubes. Escuché que hubo un error de cálculo o una falta de comunicación entre el control de tráfico aéreo y el líder de su vuelo. Luego de mantener su posición asignada en la formación, y debido a un error que no fue suyo, el avión de Brad se estrelló contra el costado de una montaña cubierta de nubes. Los otros aviones en la formación volaban a suficiente altura y pudieron sobrevolar la montaña, pero Brad y su WSO murieron.

Tenía una esposa y un niño pequeño, y según recuerdo, recibieron apenas diez mil o veinte mil dólares por su póliza de seguro de vida gubernamental. Así eran las cosas para las familias de los pilotos después de sus muertes accidentales; el apoyo que recibían era muy modesto. Pero firmamos sabiendo eso. Éramos conscientes de que algunos no sobreviviríamos porque no todos los ejercicios de entrenamiento se desarrollaban con perfección. Siempre existía la posibilidad de que surgieran sorpresas como las nubes bajas, de modo que una montaña inesperada podía ser nuestra perdición.

Los que sobrevivían a los accidentes a menudo reconocían ante nosotros que habían burlado un destino cruel. Tenían una especie de aura a su alrededor.

Había un piloto admirable llamado Mark Postai, que estuvo estacionado conmigo en Inglaterra en 1976. Era muy inteligente, delgado, de veintitantos años, con el pelo oscuro y la tez bronceada. Se había especializado en Ingeniería Aeronáutica en la Universidad de Kansas.

El 14 de agosto de 1976, Mark despegó de la pista 6 en la Base de Lakenheath en dirección noreste. Al final de la pista había un bosque espeso. El avión tuvo un fallo en el control de vuelo y no estaba en condiciones de volar, pero él y su WSO lograron eyectarse con éxito antes de que la nave se estrellara en el bosque y explotara en una bola de fuego. Los dos escaparon ilesos.

Cuando Mark regresó a la base, alguien le dijo:

«¿Sabes que ese bosque pertenece a la reina de Inglaterra?».

Mark respondió con una sonrisa: «Por favor, dile a la Reina que lamento haber quemado la mitad de su bosque».

Mark vivía en las dependencias asignadas a los oficiales solteros y, más o menos una semana después del accidente, nos invitó a una fiesta en su habitación. «Quiero que vean algo», nos dijo.

El personal de la Fuerza Aérea había inspeccionado el bosque y encontró el asiento eyectable que le había salvado la vida. Mark

lo expuso en un rincón de su habitación en señal de agradecimiento. «Adelante, siéntense en él», nos dijo. Todos teníamos
una bebida en la mano —recuerdo que una enfermera de la base
estaba allí con nosotros— y nos pareció que sería muy apropiado
sentarnos en aquel asiento y sentir esa magia. Tal vez nos brinda-
ría la seguridad de que esos asientos eyectables también podrían
salvarnos las vidas algún día.

Mark nos dijo lo que se sentía al eyectar y cómo latía su
corazón con tanta fuerza. Obviamente, todos conocíamos el
mecanismo de los asientos eyectables. Deberán producirse una
sucesión de eventos para salir disparado de un avión. Una vez
que tiras de la palanca de eyección, la cubierta exterior de la
cabina se desprende. Luego hay una carga explosiva similar a
la de un proyectil, que te propulsa fuera del avión. Y una vez
que estás a cierta distancia de la aeronave, un motor de cohete
te sostiene y te mantiene en movimiento con una aceleración
ligeramente más suave. El paracaídas se despliega cuando el
cohete se apaga. El asiento cae y aterrizas con tu paracaídas en
la superficie terrestre.

Eso, si todo sale bien, como sucedió con Mark.

La noche de su fiesta, Mark nos mostró con orgullo la carta
que le había enviado Martin-Baker Aircraft Company Ltd., que
se autoproclamaba como «productor de asientos eyectores y de
asientos resistentes a impactos». Era evidente que enviaban una
carta como esa a cada piloto que había utilizado sus asientos y
sobrevivido. La carta decía: «Eres la persona 4.132 que un asiento
eyector Martin-Baker ha salvado».

Al igual que yo, la próxima misión de Mark en Estados Unidos fue en Nellis, volando un F-4. Debido a su habilidad como
piloto y a su formación en ingeniería, le pidieron que participara

en un escuadrón especial de «pruebas y evaluación». El grupo operaba con gran secreto. Supongo que él volaba un avión furtivo.

Mark terminó casándose con una mujer joven y atractiva llamada Linda. Todo estaba encajando en su vida. Y un día, supimos que había muerto en un accidente. Ninguno de nosotros sabía qué tipo de avión había piloteado, pero nos dijeron que su muerte se debió, entre todas las cosas, a un intento fallido de eyección.

Apenas recientemente, más de dos décadas después, me enteré por la revista de aviación *Air & Space* lo que le sucedió a Mark. El artículo describía la manera en que Estados Unidos se había esforzado para obtener conocimientos internos sobre los aviones enemigos durante la guerra fría, especialmente sobre los MiG soviéticos. La historia hablaba brevemente de un piloto estadounidense que había muerto en 1982 al tratar de eyectarse de un MiG-23. Era Mark. Resultó que, de alguna manera, el avión había caído en manos estadounidenses. La labor de Mark consistía en instruir a pilotos estadounidenses para poder combatir efectivamente contra aviones soviéticos.

El artículo mencionaba un libro, *Red Eagles: Americas's Secret MiGs* [Águilas rojas: los MiG secretos de Estados Unidos], el cual conseguí. El libro explica que el único motor del MiG que Mark estaba piloteando se incendió. Trató de aterrizar en su base; el motor quedó inservible y tuvo que eyectar. Los bombarderos soviéticos tenían asientos eyectables con muy mala reputación. Supongo que Mark sabía eso cuando tiró de la palanca de eyección y esperó lo mejor.

Han sido pocos los pilotos que no hayan tenido que eyectarse ni siquiera una sola vez durante su carrera. Mi amigo Mark lo hizo en dos ocasiones. Obviamente, en esta última, la empresa que fabricaba los asientos de eyección no le envió ninguna carta de felicitación.

Un par de años después de su muerte, asistí a un evento social y me encontré con Linda, su joven viuda. Le dije que su marido era un individuo estupendo, un piloto con talento, y que siempre había disfrutado de su compañía. Le di mi pésame. Y entonces guardé silencio. No había mucho más que decir. Supongo que me sentía como un superviviente en 1980, a medida que mi carrera en la Fuerza Aérea llegaba a su fin. No, yo nunca había estado en combate. Pero sucedieron cosas inquietantes con la frecuencia suficiente para llamar mi atención. Yo sabía lo que estaba en juego.

Se dieron muchas situaciones en muchos momentos en los que pude haber muerto durante mi carrera militar. Sobreviví en parte porque era un piloto diligente y con buen juicio, pero también porque las circunstancias estuvieron de mi parte. Logré sobrevivir sintiendo un gran respeto por el sacrificio de aquellos que no lo hicieron. Puedo verlos en mi mente: rostros jóvenes y ansiosos que aún están conmigo.

8

LES HABLA EL CAPITÁN

Unidades militares de todo el mundo iban a Nellis para realizar maniobras de entrenamiento en el desierto interminable de Nevada. Yo volaba no solo contra los marines y la Armada, sino también contra la Fuerza Aérea Real de Gran Bretaña, y contra unidades tan cercanas como Canadá o tan lejanas como Singapur.

Nellis es famosa por ser la sede de «Bandera Roja», y esto conllevaba que, tres o cuatro veces al año, practicábamos juegos de guerra y ejercicios por varias semanas. Nos dividíamos en «buenos» y «malos» y luego subíamos al aire, elaborando tácticas para engañar a nuestros adversarios y evitar ser derribados.

Bandera Roja comenzó en 1975 como una respuesta a las deficiencias en el desempeño de los pilotos novatos que combatieron en la guerra de Vietnam. Un análisis realizado por la Fuerza Aérea, denominado «Proyecto Barón Rojo II», señaló que los pilotos que habían completado al menos diez misiones de combate eran mucho más propensos a sobrevivir a futuras misiones. Cuando tenían diez misiones a sus espaldas, ya habían superado la conmoción inicial y el pavor de la batalla. Poseían la experiencia suficiente para procesar lo que sucedía a su alrededor, sin ser demasiado temerosos. Tenían la habilidad y la confianza suficientes para sobrevivir.

Bandera Roja nos ofreció misiones de combate aire-aire «simuladas de manera realista», al mismo tiempo que nos permitía analizar los resultados. La idea era la siguiente: darle diez misiones a cada piloto y todos los retos del caso, sin ocasionar su muerte.

Hacíamos combates aéreos a lo largo de miles de kilómetros cuadrados en pleno desierto. Podíamos lanzar bombas y volar a velocidad supersónica sin molestar a nadie. Teníamos objetivos de prueba como tanques y camiones viejos abandonados. A veces arrojábamos bombas inertes, utilizábamos artefactos explosivos, y teníamos que asegurarnos de que todos los integrantes de la formación estuvieran lo suficientemente lejos para que la metralla de la explosión de una bomba no impactara ninguna nave.

Cada avión tenía un grupo de instrumentos especiales que registraban electrónicamente lo que sucedía. El desierto tenía una cobertura de radar para controlar los ataques y para determinar si los disparos realizados eran válidos. Sosteníamos sesiones informativas antes de los ejercicios y reuniones después de estos.

En una de las misiones, me dieron la oportunidad de ser el comandante de la misión Fuerza Azul, responsable de planear y liderar una misión en la que participaron alrededor de cincuenta aviones. Planear ataques a altas velocidades y a poca altura utilizando varios tipos de aviones era una tarea complicada. Teníamos que saber cuándo debíamos reabastecernos de combustible durante el vuelo, cómo evitar las amenazas, y la mejor manera de utilizar todos los recursos disponibles para alcanzar los objetivos. Lograr que todos estuvieran sincronizados era algo que requería liderazgo y coordinación.

Los ejercicios como los de Bandera Roja fueron emocionantes, pero otros aspectos de la vida militar fueron menos atractivos para mí.

Mientras me acercaba al final de mi servicio militar en las postrimerías de la década de 1970, tuve la sensación de que la mejor parte de mi carrera militar ya había quedado atrás. Había servido seis años y me encantaba volar aviones de combate. Pero yo había aprendido que si quería tener éxito y lograr una carrera ascendente como oficial de la Fuerza Aérea, tendría que hacer mucho más que subir a una cabina y volar. Para tener posibilidades de obtener un ascenso, tendría que elegir una carrera que me llevara más allá de los límites de la aviación. Tendría que pasar gran parte de mi tiempo redactando informes o firmando documentos en un escritorio.

La apariencia personal era importante en la Fuerza Aérea en tiempos de paz. No solo el corte de pelo y el brillo de los zapatos, sino también la manera como te veían tus superiores. Tenías que ser un buen político para obtener un ascenso. Necesitabas forjar alianzas y encontrar mentores con contactos influyentes.

Sí, algunas personas respetaban mis habilidades como piloto, pero nunca fui particularmente bueno para crear conexiones. No me esforcé en hacerlo. Sentí que podía sobrevivir gracias a mis propios méritos como aviador. Había otras cosas que también influyeron en mi decisión de abandonar la Fuerza Aérea. A finales de la década de 1970, cuando ya había terminado la guerra de Vietnam, hubo una gran reducción en el presupuesto militar. Los recortes se vieron exacerbados por el aumento del precio del combustible, lo que significaba que ya no nos permitían volar

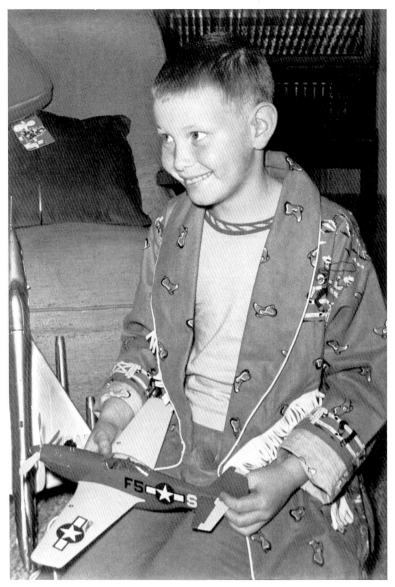

Tuve la suerte de encontrar la pasión de mi vida a una edad muy temprana.
Recuerdo claramente que, a los cinco años, ya sabía que iba a pasar mi
vida piloteando aviones. En esta foto tengo unos ocho años, y me siento
emocionado de que mis padres me hubieran regalado un avión a escala en la
mañana de Navidad.

(Colección del autor)

Mi madre, mi hermana y yo con nuestra mejor
ropa dominical, Pascua de 1955.
(Colección del autor)

Mis padres en el día de su boda, abril de 1948.
(Colección del autor)

Crecer en Denison, Texas, fue una experiencia maravillosa. Porque mi familia vivía tan lejos de la ciudad, en mi juventud se me presentaron muchas oportunidades de emprender aventuras, explorar el mundo, y adquirir cierta independencia. Recuerdo con cariño cuando navegábamos en el lago Texoma en nuestro bote. Aquí estoy con mi padre y mi hermana en el verano de 1960.
(Colección del autor)

Esta fotografía fue tomada a finales de 1968, poco después de recibir mi certificado como piloto privado bajo la tutela cuidadosa del señor Cook. Aquí, estamos conmemorando el primer vuelo de mi madre y mi hermana conmigo como su piloto.

(Colección del autor)

Me gradué de la Escuela Secundaria Denison en mayo de 1969. Después de la ceremonia, llevé a mis abuelos en su primer vuelo en un avión. Al día siguiente partirían a Roma y querían asegurarse de estar preparados para su vuelo con TWA. (*Colección del autor*)

Mi padre en su uniforme de oficial de la Marina, en 1942. Él creció durante la Gran Depresión de la década de 1930, y sirvió a su país en la Segunda Guerra Mundial. Fue miembro de la Generación Más Grande, y sus valores me siguen inspirando: el sentido del deber cívico, el servicio antes que el individuo y la voluntad de sacrificarse.

(*Colección del autor*)

Mi primer vuelo en un avión militar fue durante mi primer año en la Academia de la Fuerza Aérea de los Estados Unidos. Se trataba de una orientación a bordo de un Lockheed T-33, un vuelo diseñado para recordarnos esa luz al final del túnel, y fue la primera vez que supe que estaba bien encaminado para alcanzar mi sueño. *(Colección del autor)*

Durante el verano de 1971, fui asignado a la Base Aérea de Bergstrom en Texas. Este fue un vuelo rutinario de entrenamiento en el asiento trasero de un RF-4C. *(Colección del autor)*

Una de mis primeras tareas en la Fuerza Aérea de Estados Unidos consistió en pilotear bombarderos en la Base Aérea Luke, cerca de Glendale, Arizona. Aquí estoy a punto de realizar un vuelo de entrenamiento en 1975 con Dave, mi oficial de Sistemas de Armas, en un F-4 Phantom II. *(Colección del autor)*

El 6 de junio de 1973, me gradué de la Academia de la Fuerza Aérea de los Estados Unidos, y el superintendente teniente general Albert P. Clark me entregó mi diploma.

Después de la graduación, fui nombrado «cadete sobresaliente en destreza aeronáutica» en reconocimiento a todo lo que había aprendido piloteando aviones y planeadores, y practicando paracaidismo.

(Colección del autor)

Lorrie y yo en el día de nuestra boda, el 17 de junio de 1989.
(Colección del autor)

Arriba: Tomamos esta fotografía en la víspera de nuestra caminata al monte Whitney. A pesar de la enormidad de lo que estábamos a punto de hacer, sabíamos que estábamos preparados y listos para tal desafío.
(Colección del autor)

Abajo: A fin de entrenar para escalar el monte Whitney, Lorrie y yo llevamos a las niñas a un viaje de exploración en agosto de 1999. Volamos de Livermore a Bishop en un Cessna T182RG. Esta es Kelly en el asiento trasero, lista para el despegue. (Colección del autor)

Lorrie y yo llevamos a las chicas a Washington, DC, durante las vacaciones de primavera en 2002, y ellas me deleitaron con la visita al Museo Smithsonian del Aire y el Espacio. *(Colección del autor)*

El amor de Lorrie por las actividades al aire libre es contagioso, y hemos compartido muchas aventuras, incluyendo una expedición con raquetas para la nieve por el parque Yosemite, a principios de 2000. *(Colección del autor)*

Mi madre fue maestra de primer grado en Denison durante más de veinticinco años. Cuando regresé recientemente para la reunión del 40º aniversario de graduación de secundaria, me sorprendió la cantidad de personas que habían asistido a una de sus clases, y que querían compartir sus recuerdos entrañables de ella. Mi madre influyó en la vida de muchos jóvenes a lo largo de su carrera. *(Colección del autor)*

Mi madre era una música excelente, y apreciaba profundamente a los clásicos. Aquí estamos en Denison, poco después de la muerte de mi padre, sentados al piano mientras ella le transmite la alegría de la música a mi hija Kate.

(Colección del autor)

Arriba: En julio de 2001, Kate y Kelly tomaron por primera vez un vuelo comercial piloteado por mí. Aunque estoy seguro de que la promesa de ir a Disney World era la parte más convincente del viaje para ellas, fue muy emocionante para mí poder mostrarles mi oficio y mi amor por la aviación. *(Colección del autor)*

Izquierda: Antes de que la seguridad en los aeropuertos llegara a ser lo que es hoy en día, Lorrie a veces llevaba a las niñas al aeropuerto para decirme adiós antes de partir. Esta foto fue tomada en el verano de 1994, cuando yo piloteaba el Boeing 737, y Kate fue a verme trabajar. *(Colección del autor)*

Mi primer vuelo en el Airbus, agosto de 2002. *(Colección del autor)*

En la celebración de Memorial Day en 2001, hablamos acerca de la importancia de pasar unas vacaciones con las chicas, y Lorrie se preguntó si mi uniforme de la Fuerza Aérea aún me quedaba bien. Cabe destacar que así fue, aunque me quedaba un poco apretado en algunos lugares. Fue una maravillosa oportunidad de enseñarles a Kate y Kelly acerca de los hombres y mujeres que han hecho sacrificios enormes al servir a nuestro país. *(Colección del autor)*

Lorrie y yo hemos trabajado como voluntarios para adiestrar perros guía para ciegos durante diecisiete años, y, Twinkle, una perra de cría, ha dado a luz a cuatro camadas durante este período. Mi hija Kate ha adiestrado a dos cachorros, y estoy muy orgulloso de ver tanto a ella como a Kelly trabajar con los perros para prepararlos para sus futuros dueños.
(Colección del autor)

Lorrie y yo hemos pasado por muchas situaciones juntos. Ella es una mujer excepcional, y estoy agradecido por todo el apoyo y la alegría que le brinda a nuestra familia.

(Nigel Parry/CPI Syndication)

con tanta frecuencia, pues había que ahorrar dinero. Se requieren años para ser diestro en el uso de un caza como un arma, por lo que era crucial que los pilotos estuvieran en el aire tanto como fuera posible. Las cuestiones sobre el presupuesto me obligaron a permanecer en tierra más de lo que yo hubiera querido.

Las decisiones sobre mi carrera en ese momento de mi vida tuvieron mucho que ver con una pregunta simple: ¿Cuánto se me permitirá volar?

La idea de presentarse para ser astronauta tenía sin duda un gran atractivo para mí, pero a finales de la década de 1970, cuando pude haberlo intentado, las misiones tripuladas no eran lo más importante para la Administración Nacional de la Aeronáutica y del Espacio (NASA, por sus siglas en inglés). El programa Apolo, que había enviado doce hombres a la luna entre 1969 y 1972, fue cancelado. El transbordador espacial aún no estaba en funcionamiento. Dos compañeros de clase en mi academia terminarían volando en el transbordador espacial a principios de la década de 1990, por lo que los envidié en muchos sentidos. Pero yo sabía que tendría que pasar varios años de mi vida preparándome para participar tan solo en uno o dos vuelos espaciales. Eso en caso de que pudiera pasar todos los exámenes. Yo no tenía un título de ingeniería y, a diferencia de mis dos compañeros de clase, nunca había sido piloto de pruebas.

Mi último día de servicio militar se fijó para el 13 de febrero de 1980, tres semanas después de mi vigésimo noveno cumpleaños. Sentí que era el momento apropiado para regresar a la vida civil.

Mi último vuelo fue una misión de entrenamiento de combate aéreo y, como podrán imaginar, fue una experiencia agridulce. Volé contra el comandante de nuestro escuadrón, el teniente coronel Ben Nelson, los dos sabíamos lo que yo sentía al manipular los mandos. Después de aterrizar, bajé del avión, le estreché la mano al teniente coronel Nelson y a otros simpatizantes que estaban en la rampa y luego di un saludo final. Fue un simple adiós.

«Buena suerte, Sully», me dijo el teniente coronel Nelson.

Se hizo oficial. Nunca volvería a volar un avión de combate. Sin embargo, eso no quiere decir que no fuera un piloto de combate. Del mismo modo en que no hay tal cosa como un exmarine, yo siempre sería un piloto de combate.

ENVIÉ UNA solicitud a casi todas las compañías aéreas, pero no era una época fácil para conseguir empleo como piloto comercial. Las aerolíneas estaban perdiendo dinero y comenzando a sentir los efectos de la desregulación federal promulgada quince meses atrás. Había crecientes problemas entre los directivos y los trabajadores. En la década siguiente, más de un centenar de aerolíneas salieron del mercado, incluyendo nueve operadoras principales.

En conjunto, todas las aerolíneas contrataron únicamente a más de mil pilotos en 1980, y me sentí agradecido de ser uno de ellos. Sin embargo, me pagaban poco. Cuando empecé a trabajar en Pacific Southwest Airlines como segundo oficial e ingeniero de vuelo en el Boeing 727, ganaba menos de 200 dólares semanales; era el salario neto, no lo que me llevaba a casa.

Era uno de los ocho estudiantes en la clase de los recién contratados por PSA y alquilé una habitación en San Diego con un antiguo piloto de la Armada llamado Steve Melton. Él y yo íbamos todos los días a clases, recibiendo formación para ser ingenieros de vuelo. A continuación, teníamos entrenamiento en el simulador, después de lo cual volvíamos a casa y convertíamos nuestro armario en una cabina pequeña e improvisada. Pegamos carteles en el respaldo de la puerta con planos de los paneles que tienen los ingenieros de vuelo. Nos preguntábamos mutuamente por todas las luces, diales, interruptores e indicadores, así como por todos los procedimientos que debíamos saber. Teníamos mucho que aprender y poco tiempo para hacerlo.

Los ocho estudiantes recién contratados teníamos muy poco dinero; muchas tardes íbamos a un bar restaurante temático de aviación cerca del aeropuerto. Una cerveza costaba un dólar en la hora de descuento y los aperitivos eran gratis; era nuestra cena varias noches por semana.

Entré en la industria de las aerolíneas en las postrimerías de lo que se había llamado la Edad de Oro de la Aviación. Antes de la desregularización, viajar en avión era relativamente más caro, y a muchas personas les parecía que ir al aeropuerto para viajar a algún lugar era una ocasión especial. Cuando empecé a trabajar en 1980, todo se había vuelto un poco más informal, pero aún se veían muchas más personas con ropa elegante que las que vemos hoy. Actualmente, un porcentaje cada vez mayor de pasajeros parece venir del gimnasio, de la playa o de hacer ejercicio en el patio de sus casas.

El servicio de las aerolíneas era mucho más atento y complaciente cuando empecé a trabajar en este sector. En la mayoría de las principales aerolíneas te daban una comida, ya fuera que volaras en primera clase o en clase económica. Los niños que volaban por primera vez recibían alas de obsequio y se les invitaba a visitar la cabina. Las auxiliares de vuelo les preguntaban incluso a los pasajeros si les gustaría jugar a las cartas. ¿Cuándo fue la última vez que te ofrecieron jugar a las cartas en un avión?

Desde el principio me sentí muy feliz de ser piloto de una aerolínea. Es cierto que había perfeccionado unas habilidades que ya no necesitaba. No iba a tener que acercarme a otra aeronave para reabastecer mi avión durante un vuelo. No iba a lanzar ninguna bomba ni a practicar combates aéreos. No tendría que volar a 540 nudos y a treinta metros de altura. Pero apreciaba que me dieran la oportunidad de formar parte de una profesión tan prestigiosa, a la que solo unas pocas personas logran entrar, pero que a muchas les habría gustado.

Es interesante. Después de volar un tiempo para una compañía aérea, te das cuenta de que en realidad no importa cuáles sean tus antecedentes. Podrías haber sido el as de tu base o incluso un exastronauta. Podrías haber sido un héroe de guerra. Tus compañeros pilotos te podrían respetar por eso, pero es algo que no tiene un impacto real en tu carrera. Lo más importante es tu antigüedad en esa aerolínea. ¿Cuántos años han pasado desde que fuiste contratado? La respuesta a eso decide tu horario, tu sueldo, tu elección de destinos, tu voluntad de no aceptar vuelos nocturnos y todo lo demás.

A lo largo de mi carrera, el hecho de esforzarme o de ser más diligente no me condujo a promociones más rápidas. Pasé tres años y medio como ingeniero de vuelo, y cuatro años y medio como primer oficial. Después de mi octavo año en PSA, fui ascendido a capitán. Mi promoción ocurrió con bastante rapidez, pero no fue porque reconocieran mi capacidad, sino porque la aerolínea estaba creciendo, porque varios pilotos mayores que yo se estaban retirando, y porque habían incorporado varios aviones nuevos a la flota, lo que demandaba un mayor número de capitanes. Sin embargo, no tuve problemas con la forma en que se decidió mi promoción.

También entendí la historia tras la dependencia que tenía nuestra profesión del sistema de antigüedad, el cual comenzó en la década de 1930 como una forma de evitar el favoritismo, el clientelismo y el nepotismo rampantes de las primeras épocas. Se trataba de la seguridad tanto como de la equidad. Eso nos aislaba de las políticas de oficina y de las amenazas para obstaculizar nuestras carreras si no «seguíamos las reglas preestablecidas». Un profano en la materia puede pensar que ese sistema de antigüedad podría conducir a la mediocridad, pero no hay nada más lejos de la verdad que eso. Los pilotos son muy orgullosos y les parece gratificante tener el respeto de sus compañeros. El sistema funciona.

Lo que no logra el sistema de antigüedad es permitir la movilidad lateral. Estamos casados con nuestras aerolíneas para bien o para mal, en la riqueza y en la pobreza, hasta que la muerte nos separe (o hasta que recibamos nuestro último cheque de jubilación).

CUANDO COMPARTES cabina con otro piloto, te das cuenta de ciertas cosas, incluso antes de cerrar la puerta. Puedes ver lo organizado que es, su temperamento y sus intereses. ¿Qué ha hecho él para manejar las distracciones y angustias de los recortes salariales y de pensiones a los que todos nos enfrentamos ahora? ¿Cómo interactúa con las azafatas, especialmente si su exesposa se había dedicado a esa profesión?

Después de volar un tiempo con él, empiezas a edificar más allá de esas impresiones iniciales. Todas las personas con las que vuelo son competentes y capaces. Eso es básico. Pero, ¿puedo aprender algo nuevo de esa persona que está sentada a mi lado? ¿Tiene tantas destrezas como para aparentar que todo va bien (cuando todos sabemos que no es así)?

Los pilotos que he conocido, y que hacen que todo parezca normal, tienen algo que va más allá de ser competentes y de ser alguien en quien se puede confiar. Esos pilotos parecen ser capaces de encontrar una solución muy razonable a casi todos los problemas. Ven el acto de volar como un desafío intelectual y abrazan cada hora en el cielo como otra oportunidad de aprendizaje. He tratado de ser ese tipo de piloto. He sentido una gran satisfacción al ser bueno en algo que es difícil hacer bien.

Antes de ir a mi trabajo, elaboro un modelo mental de mi día de vuelo. Empiezo por crear esa «conciencia situacional» que me recalcaban con tanta frecuencia en la Fuerza Aérea. Quiero saber, antes de llegar al aeropuerto, cómo es el tiempo en la ciudad que estoy, y en la que termina mi vuelo, especialmente si tengo que atravesar el continente.

Los pasajeros por lo general no se dan cuenta de los esfuerzos que hacen los pilotos en un vuelo. Por ejemplo, trato a toda costa de evitar turbulencias. Llamo con frecuencia al operador de la compañía para ver si, al cambiar la ruta de vuelo, el aire podría estar sin turbulencia. Durante el vuelo, pido ayuda a los controladores de tráfico aéreo para determinar si el cambio de altura mejorará las condiciones de viaje o para que soliciten informes de vuelos cercanos. Quiero que mis pasajeros y mi tripulación tengan el mejor viaje posible. La turbulencia es a menudo impredecible y a veces no se puede evitar, pero me gusta el desafío intelectual de encontrar una corriente de aire sin turbulencia.

HE LLEVADO alrededor de un millón de pasajeros en mis veintinueve años como piloto profesional de aerolíneas y, hasta el vuelo 1549, no muchos de ellos me recordarían. Puede que los pasajeros me saluden mientras suben a bordo, pero muchas veces ni siquiera me ven la cara. Siguen adelante con sus vidas después de aterrizar de manera segura y yo sigo con la mía.

Es probable que cientos de miles de personas vieran la cobertura del incidente del vuelo 1549 sin darse cuenta de que alguna vez se habían puesto en mis manos durante un par de horas. Todo eso es parte de la manera en que funciona nuestra sociedad: le encomendamos brevemente nuestra seguridad y la de nuestras familias a extraños, y nunca volvemos a verlos.

Muchas veces voy a la puerta para despedirme de los pasajeros después de un vuelo. Me gusta interactuar con ellos, pero es comprensible que después de todos los años que llevo volando, muchos de sus rostros puedan convertirse en un recuerdo muy vago. Algunos pasajeros se destacan: los malhumorados, los que vuelan por primera vez y parecen muy emocionados, las caras reconocibles en primera clase.

Una noche, a finales de la década de 1990, estaba piloteando un MD-80 de Nueva Orleans a Nueva York y la comediante Ellen DeGeneres viajaba en primera clase. Poco después de sentarse en la silla 2D, y antes de alejarnos de la puerta de embarque, mi primer oficial salió de la cabina, entró a la sección de primera clase y la saludó con entusiasmo. «¡Eres más graciosa que el carajo!», le dijo.

Me reí mientras oía eso. Yo no la habría elogiado en esos términos, y estoy seguro de que en algún manual de recursos humanos se recomienda no dirigirnos a ningún pasajero como «más gracioso que el carajo». Pero Ellen sonrió y pareció tomarse el comentario con el espíritu adecuado.

Nos dirigimos de nuevo a la cabina y llevamos a Ellen, y a todos los otros pasajeros —más divertidos que el carajo— que estaban ese día en el avión, a Nueva York.

Los vuelos casi siempre son rutinarios pero, cada vez que dejamos la puerta de embarque, tenemos que estar preparados para lo inesperado. Hace aproximadamente una década, yo estaba volando de Filadelfia a West Palm Beach, Florida. Eran las 9 de la noche y estábamos a diez mil quinientos metros de altura, a ochenta kilómetros al sur de Norfolk, Virginia, cuando una azafata me dijo que una pasajera de cincuenta y siete años no se estaba sintiendo bien.

En la cabina de mando, comenzamos el proceso de conseguir un interconector de radio a un teléfono para comunicarnos con el servicio de asesoría médica, mientras la azafata —Linda Lory— cuidaba a la mujer. Un hermano y un familiar de ella informaban a Linda sobre el historial médico de la pasajera. Le dijeron que tenía antecedentes de enfisema, pero que no había ido al médico desde hacía varios años.

Pasaron unos minutos, y en el instante en que nos comunicamos con el servicio médico, supimos que la mujer estaba inconsciente. El pasillo del avión era estrecho, así que era difícil acostarla en el suelo. Los pasajeros que estaban cerca observaban el transcurso de los acontecimientos.

«Encárgate del avión», le dije a Rick Pinar, el primer oficial. Llamé al control de tráfico aéreo, declaré la emergencia médica de un pasajero, y recibí la aprobación inmediata para descender y girar a la izquierda en dirección a Norfolk.

«Haz un descenso de emergencia y dirígete a Norfolk», le dije a Rick.

¿Cuáles son las obligaciones de un piloto con un pasajero enfermo? No somos médicos. ¿Cómo podemos determinar entonces que un pasajero está tan enfermo que es necesario aterrizar de emergencia y desviar el vuelo al aeropuerto más cercano que cuente con las instalaciones médicas adecuadas, alterando así los planes de viaje de otros pasajeros?

Tenemos acceso al asesoramiento de servicios médicos, por lo que tanto ellos como el despachador de la aerolínea ayudan a que el capitán tome una decisión informada sobre si debe desviarse o no y a qué aeropuerto. Cuando tomamos una decisión como esa tenemos una obligación legal; pero más que eso, tenemos la obligación moral de proteger las vidas. Es una de las responsabilidades para las cuales firmamos. Es parte de nuestro compromiso con la seguridad. Si considero que tengo que aterrizar un avión para salvar una vida, no dudo en hacerlo.

En este vuelo específico, volamos tan rápido a Norfolk como podía el avión. Hay regulaciones federales de aviación sobre velocidades máximas por debajo de tres mil kilómetros de altura. Para los jets es de 250 nudos, o alrededor de 463 kilómetros por hora. Sobrepasamos esa velocidad, a más de 300 nudos, en un intento por salvar la vida de la pasajera. También hicimos un descenso rápido.

Una vez que aterrizamos, frenamos con fuerza para acortar nuestro recorrido de aterrizaje, lo que nos permitió cruzar la pista con mayor celeridad. Llegamos tan rápido como era posible a la puerta de embarque.

La situación fue un poco desconcertante para los pasajeros. Podían ver a la mujer inmóvil en el piso del pasillo. Sintieron el frenazo con fuerza. Sabían que nos desplazábamos más rápido de lo habitual hacia la puerta.

Linda, la azafata, no se abrochó el cinturón en su silla antes de aterrizar. Estaba inclinada sobre la mujer, reanimándola boca a boca para tratar de salvarle la vida. Fue un intento heroico de su parte.

Los paramédicos nos estaban esperando en la pasarela cuando llegamos a la puerta. Se apresuraron al interior del avión mientras todos los pasajeros observaban. Llevaban una tabla recta, la pusieron debajo de la mujer y trataron de levantarla. Tuvieron dificultades para ponerla de lado, pasarla por la puerta y cruzar la pasarela. Tardaron varios minutos en sacarla del avión.

Permanecí en la pasarela con los paramédicos y los familiares de la mujer. Me dijeron que iban a la Florida para el funeral de otro miembro de la familia, por lo que un momento de por sí trágico para ellos se vio repentinamente agravado.

Los paramédicos estuvieron varios minutos en el avión, tratando a la paciente, suministrándole medicinas, utilizando el equipo de reanimación y cualquier otra cosa que estuviera a su disposición. Pero no pasó mucho tiempo antes de que uno de ellos me mirara y dijera: «No lo logró». No se supo cuándo murió exactamente. Pudo haber sido mientras íbamos hacia la puerta de embarque.

Estar allí con la familia de la mujer fue un momento difícil. Traté de decir algunas palabras consoladoras. No estaban llorando; simplemente parecían tristes y afligidos. Mi corazón estaba con ellos pero no podía permanecer mucho tiempo allí, pues necesitaba regresar al avión y decirles algo a los pasajeros.

Estos habían sido comprensivos y cooperadores, habían presenciado el incidente frente a sus propios ojos. Me pareció que merecían saber la verdad. Y entonces hablé por el sistema de megafonía.

«La mujer que estaba enferma en nuestro vuelo fue atendida por paramédicos en la pasarela» dije, «pero los intentos por reanimarla fueron infructuosos».

Hubo un silencio en el avión. Fue un momento muy solemne para todos nosotros. Algunos pasajeros habían visto a la mujer abordar el avión como todos los demás, guardar sus pertenencias en el compartimento superior y sentarse en su puesto. Y ahora, poco más de una hora después de salir de Filadelfia, estaba muerta.

Debido a que Linda había utilizado equipos médicos de emergencia para socorrer a la mujer durante el vuelo, tuvimos que esperar cuarenta y cinco minutos para que el personal de mantenimiento en Norfolk surtiera nuestro botiquín. También teníamos que reabastecer el avión y obtener un nuevo plan de vuelo. Los pasajeros permanecieron sentados en silencio mientras hacíamos eso.

Los familiares de la mujer retiraron sus pertenencias del avión —permanecerían con su cuerpo en Norfolk— pero su equipaje registrado y sus bolsas seguirían en el avión hasta la Florida. No había tiempo para buscar sus maletas y sacarlas de la bodega de equipaje. Tendrían que ser etiquetadas de nuevo en la Florida y enviarlas a su familia.

Unos cinco minutos antes de prepararnos para despegar de nuevo, llamé a las cuatro azafatas para que se reunieran conmigo y con Rick en la cabina. En calidad de capitán, yo era en última instancia la persona responsable de las decisiones tomadas esa noche. Sabía que había sido estresante para todos nosotros. No estaba seguro de que las azafatas sintieran que podían haber hecho más para tratar de salvarle la vida a la mujer.

En primer lugar, les di las gracias por sus esfuerzos. «Hicieron lo que estaba a su alcance. Y aunque fue un desenlace muy trágico, lo habría sido aún más si una situación estresante nos hubiera distraído de nuestro deber de seguir adelante».

Las azafatas se veían un poco pálidas y cansadas. «Rick y yo haremos lo que nos enseñaron a hacer en la cabina de mando», dije. «Revisaremos nuestra lista de verificación. Pondremos el avión en el aire. Llegaremos de manera segura a West Palm. Sé que ustedes tienen que hacer sus cosas y sé que las harán como siempre lo han hecho. Todos tenemos que cumplir con nuestros deberes y volver a operar de forma segura y rutinaria, que es el ambiente que nos esforzamos en mantener».

Las azafatas regresaron a la cabina. Nos retiramos de la puerta de embarque con tres pasajeros menos de los que habían llegado con nosotros.

El vuelo de Norfolk a West Palm fue completamente normal. Llegamos con solo una hora y quince minutos de retraso, y permanecí afuera de la puerta de la cabina mientras todos los pasajeros salían.

«Gracias por su paciencia esta noche», les dije, asintiendo mientras pasaban. Aceptaron mis palabras con una ligera sonrisa o con un gesto. Y todos nos fuimos a dormir pensando en la familia que habíamos dejado en Norfolk.

Iba manejando desde mi casa en Danville al aeropuerto de San Francisco, a primera hora de un martes de septiembre de 2001. Debía tomar un avión a Pittsburgh, donde tenía mi base de operaciones, para volar un MD-80 a Charlotte. Estaba escuchando una emisora de noticias en la radio cuando oí que un avión acababa de estrellarse contra la Torre Norte del World Trade Center en Nueva York.

¿Cómo podría alguien desviarse tanto?, pensé. Seguramente había mucha niebla. Mientras escuchaba el informe de la radio, recordé el infortunado accidente de un B-25 contra el edificio Empire State un sábado de 1945, cuando un piloto de caza de las Fuerzas Aéreas del Ejército perdió el rumbo en una mañana nubosa, y falleció junto a trece personas más. Pensé que ese accidente en el World Trade Center debió ser similar al de 1945.

Estacioné mi auto en el aeropuerto, entré a la terminal, y entonces me enteré de que otro avión había chocado contra la torre sur, y que un tercer avión se había estrellado contra el Pentágono.

A las 6:30 de la mañana, hora del Pacífico, todos los aviones que estaban en el espacio aéreo de Estados Unidos recibieron la orden de aterrizar, y la Administración Federal de Aviación (FAA, por sus siglas en inglés) prohibió el despegue de todas las aeronaves civiles. Estaba claro que yo no iría a Pittsburgh ese día a bordo de mi vuelo programado (el cual fue uno de los casi treinta y cinco mil cancelados aquel martes en todo el país).

Estuve un rato en las oficinas de US Airways en San Francisco, donde estaban dos tripulaciones. A diferencia de mí, no vivían en el norte de California. Estaban estancados y nadie sabía cuándo podrían volar de nuevo. «Será mejor que consigan habitaciones de hotel ahora mismo», sugerí, «antes de que las ocupen todas».

Llamé a donde hacen los itinerarios para los pilotos con el fin de decirles que, obviamente, no podía volar a Pittsburgh; luego fui a casa y sintonicé el canal CNN. Tuve dificultades para asimilar las noticias como estadounidense y como piloto. Eran tan terribles y preocupantes que dejé de verlas después de un momento. Apagué el televisor y fui al patio trasero para calmarme. Era un hermoso día en California, todo estaba muy silencioso. No se escuchaba el sonido de ningún avión, pues todas las aeronaves estaban en tierra. Mis oídos son muy sensibles a los sonidos de los aviones, por lo que percibir ese silencio me entristeció.

Los militares fueron los únicos que pudieron volar el miércoles y la mayor parte del jueves. Me sentí ansioso por el terrorismo y por la orden decretada por la FAA, pero también por volar de nuevo. Al igual que muchos pilotos, también sentí un renovado sentimiento de patriotismo. Quería volar para demostrar que nuestro sistema podía funcionar, que podíamos llevar a los pasajeros de manera segura a sus destinos y que los terroristas no tendrían éxito.

El jueves por la noche logré volar a Pittsburgh. Y el viernes por la mañana me programaron para volar de nuevo.

El ambiente en la sala de la tripulación subterránea del Aeropuerto Internacional de Pittsburgh era caótico. No todos los tripulantes estaban dispuestos a volar, por lo que un capitán decía: «Tengo un primer oficial, pero necesito una azafata», y entonces alguna se ofrecía para viajar con él.

Finalmente me asignaron para un vuelo de ida y vuelta entre Pittsburgh e Indianápolis. No muchos estadounidenses se sentían listos para volar de nuevo, por lo que solo tuvimos siete pasajeros en el vuelo a Indianápolis y ocho de regreso a Pittsburgh.

Eran tan pocos que escasamente superaban en número a la tripulación. A todos los dejamos viajar en primera clase. Algunos pasajeros dijeron que estaban nerviosos, por lo que intenté tranquilizarlos hablando un poco con ellos cuando abordaron.

Habían pasado apenas tres días después de los ataques y nuestros aviones eran todavía vulnerables al terrorismo. Sin embargo, quería que los pasajeros supieran que a pesar de que las puertas de la cabina no habían sido reforzadas todavía, los miembros de la tripulación teníamos una determinación fortalecida, al igual que las azafatas. Los pasajeros también resolvieron hacer lo mismo.

«Estamos decididos a no permitir que vuelva a suceder algo como eso», les dije a unos pocos pasajeros.

Los pilotos que murieron el 11 de septiembre de 2001 fueron las primeras víctimas, por lo que era natural que sus colegas discutiéramos la forma en que podríamos haber reaccionado ese día. La realidad era que toda nuestra formación hasta aquel entonces se había enfocado en la prevención o gestión de un posible secuestro, no en una misión suicida estilo kamikaze.

Actualmente, la vida es distinta para los empleados de las aerolíneas. Este sector sufrió un colapso financiero después de los ataques y un gran número de aviadores que estaban en la parte inferior de la lista de antigüedad fueron despedidos. Muchos de ellos eran buenos pilotos, por lo que los extrañamos.

Ya no pienso tanto como antes en los ataques del 11 de septiembre. Lo mismo sucede con muchos estadounidenses. El tiempo ha pasado. Han ocurrido nuevas tragedias. He piloteado cientos de vuelos desde ese día.

Pero para alguien que trabaja en una compañía aérea, los recordatorios todavía están presentes, ofreciendo razones para la reflexión. A veces voy al Aeropuerto Internacional Logan de Boston y cruzo las puertas de las que partieron dos de los vuelos del 11 de septiembre: el vuelo 11 de American Airlines desde de la puerta 32 de la terminal B, y el vuelo 175 de United Airlines desde la puerta 19 de la terminal C.

Hay banderas de Estados Unidos ondeando afuera de esas dos puertas como homenajes silenciosos. No son parte de ningún monumento formal. Fueron colocadas por los empleados del aeropuerto y de las aerolíneas. Cuando paso a su lado, recuerdo la obligación del deber que sentí el día de los ataques: estar de nuevo en el aire, seguir llevando pasajeros a sus destinos y preservar nuestro estilo de vida.

En los últimos años, muchas veces llego cansado a mi casa después de trabajar. He estado varios días fuera. Tal vez haya viajado veinte mil kilómetros. He soportado todo tipo de inclemencias climáticas o retrasos en el tráfico. Estoy listo para irme a dormir. Una gran cantidad de esposas preguntan: «¿Cómo te fue hoy en la oficina?». Sus esposos hablan de las grandes ventas que hicieron o de los negocios que cerraron. Yo también he tenido días buenos en la oficina.

Cierta vez llegué de noche a casa y Lorrie estaba en la cocina. Me preguntó cómo me había ido ese día. Empecé a contarle.

Había piloteado un Airbus A321 de Charlotte a San Francisco. Era una de esas noches en que no había mucho tráfico. Los controladores de tráfico aéreo no tenían que imponer muchas restricciones en materia de altitud o velocidad. Dependía de mí cómo quería recorrer los últimos 177 kilómetros, y cómo iba a descender once mil metros de altura hasta la pista de aterrizaje en San Francisco.

Era una noche muy clara y hermosa, no había turbulencia, y pude ver el aeropuerto a 113 kilómetros de distancia. Empecé mi descenso a la distancia justa para que la propulsión de los motores permaneciera en reposo durante casi todo el trayecto hasta poco antes de aterrizar. Si comenzaba el descenso en el lugar adecuado, podía dejar de utilizar los frenos de velocidad, que producen un ruido ensordecedor en la cabina cuando son activados. Para hacer las cosas bien, necesitaba administrar perfectamente la energía del avión.

«Fue un descenso suave y continuo», le dije a Lorrie, «tranquilo, el avión girando lentamente en un arco, con una desaceleración gradual. Las ruedas tocaron la pista con la suavidad suficiente para que los *spoilers* (deflectores) no se desplegaran de inmediato al no detectar que las ruedas estaban en el suelo».

Lorrie se conmovió con mi entusiasmo. Percibió que yo estaba contando la historia con verdadera emoción. «Me alegro», señaló.

«¿Y sabes qué?», dije. «Supongo que nadie en el avión se dio cuenta. Tal vez algunas personas se percataron del viaje tan suave, pero estoy seguro de que se recrearon en la idea. Lo hice para mi propia satisfacción».

A Lorrie le gusta decir que me encanta «el arte de la aviación». Tiene razón en eso.

La industria ha cambiado, el trabajo ha cambiado y yo también he cambiado. Pero aún recuerdo la pasión que esperaba sentir algún día cuando tenía cinco años. Y aquella noche la sentí.

9

PREPARADO PARA
ENFRENTAR LA VIDA

En marzo de 1964, cuando tenía trece años, vi una historia en el noticiero nocturno que no pude apartar de mi mente. Mis padres, mi hermana y yo estábamos en la sala cenando en unas bandejas y viendo nuestro televisor Emerson —una voluminosa caja empotrada en un mueble de madera clara— en blanco y negro. Como de costumbre, mis padres giraron el sintonizador de canales de color crema hasta que encontraron el noticiero Huntley-Brinkley Report, de NBC. David Brinkley transmitía desde Washington, D.C., y Chet Huntley desde Nueva York, donde relataban las noticias sobre una mujer de veintiocho años llamada Kitty Genovese.

Ella vivía en Queens y había sido apuñalada fuera de su apartamento. Los vecinos oyeron sus gritos mientras la atacaba y asaltaba sexualmente un desconocido. Al parecer, no hicieron nada para ayudarla.

De acuerdo con el informe de las noticias, treinta y ocho personas oyeron sus gritos de ayuda y no llamaron a la policía porque no querían verse involucrados. Su inacción fue llamada más tarde por los sociólogos como «el efecto espectador». Las personas son menos propensas a ayudar durante una emergencia, pues suponen o esperan que otras personas presentes darán un paso adelante e intervendrán.

El paso del tiempo demostraría que las noticias iniciales sobre el incidente fueron exageradas. Algunos vecinos no habían actuado porque pensaron que se trataba de una pelea de enamorados. Otros no estaban seguros de lo que oyeron en esa noche fría con las ventanas cerradas. Una persona terminó llamando a la policía.

Pero en 1964, lo único que yo sabía era lo que había escuchado en el Huntley-Brinkley Report, y la noticia me pareció muy impactante, al igual que a mi familia.

Pensé mucho en Kitty y en sus vecinos en Nueva York. Me pareció algo totalmente ajeno. No podía imaginar que sucediera una cosa semejante en el norte de Texas. En mi pueblo natal, la gente tenía un fuerte sentimiento de comunidad y reconocía, al mismo tiempo, que con mucha frecuencia tenía que enfrentar sus problemas y emergencias por su propia cuenta. Ese sentimiento de compañerismo y de autosuficiencia a un mismo tiempo era necesario en una zona rural poco poblada.

Cualquiera que fuese el peligro o desafío que enfrentaras, simplemente podías marcar el 911. La estación de policía o de bomberos más cercana estaba demasiado lejos. Por lo tanto, al menos inicialmente, tendrías que hacerle frente por tus propios medios o buscar rápidamente la ayuda de tu vecino más cercano, cuya casa podía estar a más de un kilómetro de distancia. Teníamos que ser autosuficientes por necesidad. Pero también sabíamos que si necesitábamos ayuda, podríamos recurrir a nuestros vecinos y que estos harían lo que estuviera a su alcance.

Me dio tristeza pensar en aquellas personas de Nueva York, que estaban cerca de una mujer mientras era asesinada y decidieron no ayudarla. La policía estaba a pocas manzanas de distancia, solo bastaba una sencilla llamada telefónica. No podía comprender los valores humanos que habían permitido que sucediera eso. Nunca había estado en Nueva York —de hecho, fui por primera vez a mis treinta años— y me pareció perturbador saber que eso pudiera ocurrir en una gran ciudad. Hablé con mis padres acerca de lo diferente que parecían ser las cosas en Nueva York, en comparación con nuestras creencias y forma de vida en el norte de Texas.

Me hice una promesa a mí mismo, en aquel momento a los trece años, de que si alguna vez estaba en una situación en la que alguien como Kitty Genovese necesitaba mi ayuda, elegiría actuar. Haría lo que estuviera a mi alcance. No abandonaría a nadie que estuviera impedido. Como dirían en la Armada: «No bajo mi vigilancia».

AHORA SÉ, por supuesto, que un gran número de neoyorquinos tienen el mismo deseo sincero de ayudar a los demás, y el mismo sentimiento de empatía que los residentes de cualquier otro lugar del país. Todos vimos eso el 11 de septiembre de 2001. Y lo vi de nuevo, de primera mano, cuando el vuelo 1549 aterrizó en el Hudson, y pareció como si la ciudad se hubiera levantado a todos los niveles para ayudar a nuestros pasajeros y tripulantes.

Pero, volviendo a lo de Kitty Genovese en las noticias a mis trece años, sentí una verdadera determinación. No fue algo que haya consignado por escrito. Fue más bien un compromiso que hice conmigo mismo para vivir de cierta manera.

Me alegra pensar que lo hice.

He llegado a la conclusión de que cada encuentro con otra persona es una oportunidad para bien o para mal. Por lo tanto, procuro tener interacciones con personas que sean positivas y respetuosas en todo lo posible. He tratado de ayudar a los demás en pequeños aspectos. Y he tratado de inculcarles a mis hijas la idea de que todos tenemos el deber de valorar la vida, porque es muy fugaz y valiosa.

A través de los medios de comunicación, todos hemos oído hablar de gente común que se encuentra en situaciones extraordinarias. Actúan con valentía o de manera responsable, y sus esfuerzos son descritos como si hubieran optado por actuar de esa manera sin pensarlo. Todos hemos leído las historias: el hombre que salta a los raíles del metro para salvar a un desconocido, el bombero que entra a un edificio en llamas consciente de los grandes riesgos, la maestra que muere protegiendo a sus estudiantes durante un tiroteo en una escuela.

Creo que muchas de esas personas en tales situaciones, realmente decidieron actuar hace tiempo. En algún momento llegaron a definir el tipo de persona que querían ser, y vivieron consecuentemente. Se dijeron a sí mismos que no serían observadores pasivos. Si fueran llamados a responder de una forma valiente o desinteresada, lo harían.

Lorrie y yo hemos contribuido a ese bien común con pequeños gestos. Hace un año, nos detuvimos en un semáforo en rojo, en Danville, y vimos a una mujer de cuarenta y tantos años caminando por la calle con su pequeño perro. Lorrie vio que el conductor que iba delante de nosotros estaba a punto de girar a la izquierda. «¡La va a atropellar!», gritó Lorrie. «¡La va a atropellar!», y así fue.

No pudimos ver si el chofer no estaba prestando atención, o si el reflejo del sol le impedía ver, pero la mujer quedó inconsciente y su perro salió corriendo. Ella estaba tendida boca abajo en la calle, yo fui una de las primeras personas en acercarme a ella.

Me aseguré de que alguien llamara al 911 y que otra persona comprobara que la mujer tuviera pulso, estuviera respirando y no sangrara, mientras yo ayudaba a dirigir el tráfico antes de que llegara la policía. Me impresionó la actitud de los conductores. Reconocieron la gravedad de la situación y fueron pacientes. Nadie tocó la bocina. Nadie trató de acercarse. Parecía como si todo el mundo hubiera cambiado de actitud, surgieron los valores de bondad y hacer lo correcto. Alguien atrapó al perro de la mujer. Otra persona encontró su teléfono celular y vio el número telefónico de una de sus hijas en la lista de contactos. La mujer fue trasladada en una ambulancia y sobrevivió.

Me agradó ver a la gente de Danville responder tan bien y me alegró haberme involucrado.

El ENTUSIASMO de mis hijas por ayudar a otros también me ha conmovido e impresionado.

Kate crio y adiestró a dos cachorros para el programa «Perros guía para ciegos». El programa nos envió el primer cachorro, un labrador *retriever* amarillo llamado Misty (una hembra), en noviembre de 2002. Kate se enamoró inmediatamente de ella. Trabajó día tras día ayudando a Misty a entender órdenes verbales. Para lograr que el cachorro hiciera sus necesidades luego de una orden, el adiestrador tiene que esperar a que el animal vaya al baño y después decir la orden: «¡Haz, haz!». La idea era que Misty asociara las palabras con hacer sus necesidades fisiológicas, de modo que cuando sirviera a una persona con discapacidad fuera capaz de «hacer sus necesidades tras una orden».

Kate, que tenía nueve años, se tomó muy en serio sus responsabilidades. Un día, durante una tormenta, miré por la ventana y vi que estaba con sus botas y su impermeable amarillo bajo la lluvia torrencial, esperando a que Misty hiciera sus necesidades para decirle: «¡Haz, haz!».

Llamé a Lorrie para que mirara por la ventana. Estábamos orgullosos de Kate. Era muy responsable. Y quería mucho a la perra.

Una vez que Misty fue adiestrada, tuvimos que devolverla a la organización para enviarla al hogar de una persona que necesitara un perro guía. Sabíamos que la despedida sería muy dura para Kate y resultó ser el día de San Valentín, en 2004, cuando Misty tenía quince meses. Kate mantuvo la compostura hasta que llegó la hora de separarse de ella. Entonces comenzó a llorar. Poco después, Kate dijo que no volvería a enamorarse de nada ni de nadie porque es demasiado duro cuando todo termina. Dijo que el perder a Misty fue la primera vez que se le partió el corazón.

A pesar de todo, vio el gran valor del programa de perros guía. «Estamos ayudando a la gente», decía, «y devolviéndoles su libertad. Me agrada poder hacer eso. Además, es divertido tener un cachorro».

Kelly, por su parte, es una de las personas más sensibles que conozco. Desde que estaba en preescolar, siempre ha sido la niña que levanta la mano y se ofrece para ser la asistente de la maestra. También se involucró en el programa «Libros para los barrios», una idea original de la esposa de un ex oficial naval y piloto de American Airlines. El programa ha enviado doce millones de libros a estudiantes pobres en el extranjero.

Cuando Kelly estaba en segundo grado, su clase hizo un viaje de estudio a la bodega de almacenamiento que esa organización tenía en Concord, California. Los estudiantes se enteraron de la realidad que vivían los niños desfavorecidos en las islas periféricas de Filipinas. Les dijeron que muchos de ellos dormían en pisos de tierra y que las cajas de cartón en las que empacaban los «libros para los barrios» serían bien recibidas. Las familias las rompían y utilizaban el cartón como esteras para dormir.

Kelly se sintió conmovida por lo que oyó en ese viaje de estudio, de modo que para la fiesta de su octavo cumpleaños decidió por iniciativa propia pedir a sus amigos que llevaran libros y regalos para los niños del programa. A los chicos se les instruyó que escogieran regalos apropiados para los niños filipinos. La fiesta se celebró en la bodega de almacenamiento, y Kelly acomodó los regalos en las cajas. A continuación, ella y sus amigos pasaron una hora ayudando a empacar los libros donados en cajas que ellos mismos decoraron.

La reputación de cada persona se hace día tras día. Hay pocas cosas que progresan —esfuerzos valiosos, momentos de servicio a los demás— y que después de toda una vida pueden sumar algo. Se puede sentir la importancia de esto.

Hasta el vuelo 1549, yo había imaginado que pasaría desapercibido por la vida. Trataba de hacer mi trabajo lo mejor que podía. Lorrie y yo procurábamos educar a las niñas con los valores que apreciábamos. Yo me esforzaba para trabajar como voluntario en proyectos encomiables. Pensé que tal vez, al final de mi vida, todo eso sumaría para poder decir que, de alguna manera, había impactado en la vida de los demás y de mi comunidad.

En realidad, vivo en varias comunidades. Una de ellas es Danville, por supuesto, pero otra es la colectividad que cambia continuamente en los aeropuertos del país. Es una comunidad de caras familiares —trabajadores aeroportuarios, mis colegas de US Airways, tripulaciones de otras aerolíneas— que también incluye a miles de desconocidos que pululan por las terminales todos los días.

Un aeropuerto no siempre es un lugar fácil para conectarse de una manera significativa con otras personas. Todos estamos yendo y viniendo, tratando de ir a otro lugar y luego a casa. Pero hay algunas maneras de mostrar humanidad, por lo que admiro a quienes han encontrado formas de hacerlo.

EL TRABAJO de un piloto, en primer lugar y antes que nada, es pilotear un avión de manera segura y llevar a los pasajeros de un lugar a otro. Tenemos listas de control que describen otra serie de tareas. Pero hay muchas cosas que no están en la descripción de nuestro trabajo y que son responsabilidad de los agentes de las puertas de embarque, de los encargados del equipaje, de los maleteros, de quienes trabajan con las comidas, y de los que se dedican a la limpieza.

La mayoría de esas personas hacen bien su trabajo, pero los aeropuertos y las aerolíneas no son sistemas perfectos. Eso puede ser frustrante para los viajeros y para quienes trabajamos en este sector. Si puedo facilitar las cosas, trato de hacerlo.

Una vez volamos de Filadelfia a Hartford, Connecticut, y aterrizamos a las 10:30 p.m. Una joven pareja de treinta y tantos con un niño pequeño esperó un rato en la pasarela para recibir su cochecito, pero este nunca apareció. Quise ayudarlos. Mi actitud con los pasajeros en esas situaciones es la siguiente: te he traído hasta aquí y ahora no te dejaré frustrado.

Bajé las escaleras, salí a la rampa y hablé con los encargados del equipaje. Luego volví y le dije a la pareja que el coche se había perdido o quedado en Filadelfia. «Vengan conmigo», les dije.

Conduje a la pareja a la oficina de equipaje y les mostré dónde podían presentar su reclamación. Era tarde. Estaban apagando las luces de la terminal. Si no los hubiera llevado al lugar indicado, hubieran quedado atrapados en el aeropuerto con todas las instalaciones cerradas, incluyendo la oficina de equipaje.

Una auxiliar de vuelo me vio ayudarles y comentó que no todos los pilotos o azafatas se molestarían en hacerlo. Yo había hecho algo muy pequeño. Apenas me había desviado de mi camino, pues me dirigía a abordar la furgoneta del hotel afuera de la zona de equipaje.

Y, sin embargo, entendí completamente lo que había querido decir la auxiliar de vuelo.

Muchas personas del sector aéreo, y sobre todo en mi aerolínea, US Airways, se sienten abatidas por las circunstancias. Hemos sido golpeados por un tsunami económico. Algunos empleados sienten que sus compañías les han puesto una pistola en la cabeza y les han exigido ceder. Hemos pasado por recortes salariales, concesiones, reducción de personal y despidos. Somos unos trabajadores heridos.

La gente se cansa de librar las mismas batallas una y otra vez todos los días. El agente de la puerta no ha llevado a tiempo la pasarela hasta el avión. Se supone que el maletero debe traer la silla de ruedas y no lo ha hecho (he ayudado a más de un puñado de personas mayores en sillas de ruedas y las he llevado hasta la terminal). El empleado de *catering* no ha traído todas las comidas de primera clase. Las compañías de *catering* siempre parecen ser los licitantes con la oferta más baja y la más alta rotación de empleados. Al final de un largo día, usted y su tripulación bajarán del avión y saldrán de la terminal, pero la furgoneta del hotel no está allí cuando se supone que ya debía haber llegado.

Todas esas cosas te deprimen. Te cansas de tratar de corregir constantemente lo que corregiste ayer.

Muchos pilotos y trabajadores de las aerolíneas creen que si hacen lo que otros han dejado de hacer, los directivos de las compañías en las que trabajamos nunca conseguirán el personal apropiado, no harán que la capacitación sea necesaria ni emplearán al contratista que sea el primero en traer las sillas de ruedas. Y mis colegas tienen razón en eso. En las culturas de algunas compañías, los directivos dependen fuertemente de la bondad y el profesionalismo innato de sus empleados para compensar con mucha frecuencia las deficiencias sistémicas, la falta crónica de personal y los subcontratistas de calidad inferior.

En todas las compañías aéreas hay muchos empleados, incluyendo la administración, que se preocupan realmente y tratan de mejorar las cosas. Pero en algún momento, puede parecer que hay una línea muy estrecha entre el hecho de dejar que los pasajeros se valgan por sí mismos y permitir las insuficiencias de la aerolínea. Y entonces hay que decidir si llevar a cabo el acto fácil y sencillo de acompañar a una joven pareja y a su hijo pequeño a reclamar su equipaje.

Mi forma de lidiar con esos problemas es luchar para mejorar el sistema y ayudar al mismo tiempo a quienes pueda.

En el aeropuerto de Charlotte hubo otro incidente a altas horas de la noche. Nos retrasamos debido a inconvenientes climáticos y al tráfico aéreo, y mientras mi tripulación estaba en la acera esperando la furgoneta del hotel, una mujer me vio en uniforme de piloto y se acercó. Tenía unos cincuenta años, y era de pelo castaño y corto. No llevaba bolso ni equipaje, solamente un cigarrillo en la mano.

Dijo que había volado con su familia en US Airways y que tenía que cambiar de avión en Charlotte para ir a otra ciudad. Su familia estaba en la puerta de embarque, pues el vuelo se había retrasado por el clima.

«Le pregunté a un empleado del aeropuerto dónde podía fumar un cigarrillo y me dijo que aquí en la acera», explicó ella. Le había entregado su bolso y su tarjeta de embarque a su familia, que estaba al otro lado de los controles de seguridad. Por desgracia, los controles habían cerrado a las 10:30 p.m., pocos minutos antes. La administración de seguridad en el transporte es pura burocracia. Cuando cierra, cierra. Puedes pasar a las 22:30, pero no a las 22:31. Así que ella se quedó fuera.

Podría haberle dicho que no podía ayudarla, subir a la furgoneta del hotel y marcharme. Pero eso no me habría parecido bien. Saqué mi teléfono celular y llamé a un par de funcionarios en operaciones. Les di el nombre de la mujer, el número de su teléfono celular, y procuré ver si podrían ayudarla de alguna manera a regresar a la puerta, o al menos a conseguirle un vale para una habitación de hotel.

No sé qué fue de la mujer esa noche, pero sentí que tenía que tratar de ayudarla. Como ser humano, yo no podía irme al hotel y dejarla abandonada a su suerte.

Una vez más, casi no tuve que esforzarme. Además, no me gusta pasar por la vida como un espectador.

CUANDO HAY problemas de mantenimiento u otros retrasos, creo que lo correcto es informar a los pasajeros de lo que sucede. A veces un avión tiene que ser retirado del servicio cuando los pasajeros ya han abordado y están listos para viajar. No me gusta encargar a las azafatas el dar la mala noticia. Comunico los detalles por el sistema de megafonía. Me he parado en la parte delantera de la cabina, donde todos los pasajeros pueden verme, y he dicho: «Damas y caballeros, les habla el capitán. Este avión tiene que ser retirado del servicio, así que tendremos que viajar en otro. Debemos abandonar la nave, por lo que el agente los dirigirá a otra puerta de embarque. Agradezco su paciencia y me disculpo por los inconvenientes».

Cuando hago eso, también quiero proteger a las azafatas de cualquier tipo de quejas o abusos mientras los pasajeros lidian con el retraso. «Soy el responsable de este cambio», añado. Permanezco en la puerta mientras cada pasajero sale del avión, miro a todos a los ojos y asiento con la cabeza. Quiero que sepan que, si tienen un problema, deberían hablar conmigo en vez de desquitarse con la tripulación.

He aprendido que es muy importante elegir las palabras adecuadas. Me gusta decirles a los pasajeros cuando hay un retraso: «Prometo contarles todo lo que sepa tan pronto tenga noticias». He visto que ese tipo de lenguaje hace una gran diferencia. Es incluyente. Les dice a los pasajeros que nuestra intención es decirles toda la verdad, y les permite saber que confiamos en ellos y los respetamos lo suficiente como para compartir esa verdad. No ser honesto podría evitar preguntas difíciles al principio, pero las azafatas podrían sufrir las consecuencias cuando tengan que lidiar con los pasajeros que se sienten engañados. Eso también perjudica la reputación de la compañía aérea.

Si los pasajeros deciden que no han sido tratados con honestidad, abordan sus vuelos de conexión sintiéndose enojados. Y entonces se instala un círculo vicioso. Los pasajeros ya se han formado una opinión negativa de la aerolínea, y a través del filtro de esa negatividad, empiezan a ver cosas que respaldan sus ideas preconcebidas. Dan por descontadas cosas que son positivas y las atribuyen a la casualidad, y ven que las cosas negativas respaldan su creencia de que «esta aerolínea es pésima».

Puedo evitar todo eso si soy sincero con los pasajeros.

En su mayor parte, me parece que los pasajeros son considerados y comprensivos. Volar no es la actividad refinada que una vez fue, pero dado que todos los pasajeros están encerrados en un espacio relativamente pequeño, y que eso puede ser molesto e incómodo, casi siempre tienden a estar a la altura de las circunstancias.

Muchas veces lo siento por los pasajeros y por las situaciones en las que se ven envueltos debido a todos los asuntos que definen al transporte aéreo actual: mayores controles de seguridad, aviones más llenos, vuelos largos sin servicio de alimentos. Por eso, trato de hacer lo que esté a mi alcance.

Los pasajeros no saben con frecuencia los esfuerzos que hacen las tripulaciones por su bien. A veces nos esforzamos por ellos en silencio o «por debajo del radar».

Por ejemplo, las aerolíneas quieren que los vuelos salgan a tiempo. Eso hace que tu aerolínea se vea mejor cuando su tasa de cumplimiento es más alta que la de otras. Los agentes de las puertas de embarque son juzgados por su capacidad para ofrecer salidas puntuales. Eso puede crear tensión entre los empleados de las aerolíneas y, ciertamente, no siempre es lo mejor para los pasajeros.

Por eso, algunas veces me he sentido obligado a permanecer firme.

Una vez, estaba volando de West Palm Beach a Pittsburgh un domingo por la tarde. Había un gran número de personas esperando abordar. Todos los que tenían una silla asignada ya estaban a bordo y el agente de la puerta de embarque entró al avión a decir que iba a cerrar la puerta. Quería que despegáramos a la hora programada. Le dije que quedaban dos sillas vacías.

«¿Por qué no haces pasar a quienquiera que sea el siguiente en la lista de espera?», le dije.

El agente no quería saber nada de eso. Quería que cerráramos la puerta y empezáramos a rodar. Él sabía que la evaluación de su gerente de estación estaría basada parcialmente en las estadísticas de salidas puntuales. No quería recibir ninguna queja de su superior, por lo que no iba a sacar unos minutos más para conducir a otros dos pasajeros al avión.

Entiendo las derivaciones que existen para todos en el sistema de una línea aérea. Los gerentes de estaciones se desquitan con los agentes. Los agentes presionan a las tripulaciones para que hagan abordar más rápido. El sistema enfocado en las estadísticas no perdona si, por ejemplo, seis personas en sillas de ruedas tienen que ser cargadas, haciendo que el embarque sea más lento.

De todos modos, el agente y yo estábamos en desacuerdo sobre las dos sillas vacías. Tuve que hablar con claridad, pues quería que fueran ocupadas.

«Recordemos por qué estamos aquí», dije. «Estamos aquí para llevar a sus destinos a clientes que han pagado por ello. Tenemos dos clientes afuera que han pagado y que quieren subir al avión, y hay asientos disponibles para ellos. Por eso te digo, hagámoslos abordar con rapidez».

Lo convencí. Después de todo, el manual de reglamento dice que el capitán tiene el mando. Entonces, los dos pasajeros que estaban en la parte superior de la lista de espera fueron invitados a abordar, y terminamos despegando con solo dos minutos de retraso. Llegamos a Pittsburgh con uno o dos minutos de atraso.

Yo tenía libre el martes siguiente y el teléfono de mi casa sonó. Era el jefe adjunto de pilotos. Me dijo que un supervisor del servicio de pasajeros en West Palm le había enviado una carta.

«Dicen que interferiste con el proceso de embarque, haciendo que el vuelo se retrasara», señaló. Y entonces empezó a leerme la cartilla. Me habló como un instructor de disciplina y como si yo fuera un vaquero renegado en la cabina de mando, impidiendo que los agentes de las puertas de embarque hicieran su trabajo.

Me sentí un poco molesto por esa llamada.

«Me preocupo encarecidamente por hacer un buen trabajo», dije, «y creo que hay dos posibilidades con respecto a este incidente. La primera es que los agentes estaban siguiendo los procedimientos de la compañía y que estos son defectuosos. La segunda es que no estaban siguiendo los procedimientos, cuando debían hacerlo. Teníamos 150 plazas, dos de las cuales estaban vacías. Quería que fueran ocupadas. Creo que eso es bueno para la empresa y también para los pasajeros».

El funcionario no parecía muy contento de que yo le hubiera contestando. Sin embargo, el asunto no pasó a mayores.

Otro domingo, seis meses más tarde, me encontré en la misma situación. Asientos vacíos. Los pasajeros en la zona de embarque querían abordar. Los agentes querían cerrar la puerta del avión, insistí en recibir más pasajeros, y nuestro vuelo se alejó de la puerta con seis minutos de retraso.

Los agentes me volvieron a reportar. Y el jefe adjunto de pilotos me llamó de nuevo. Estaba más molesto que la primera vez. «Mi jefe quiere darte dos semanas de descanso sin remuneración», me dijo.

Mi representante sindical terminó hablando con el departamento de administración, de modo que no siguieron con su amenaza de suspensión. Después de todo, yo no estaba solo. Muchos capitanes tenían que lidiar con situaciones como esa repetidamente. Y un buen día, unos meses más tarde, la administración expidió un memorando. Estipulaba que no se podían dejar pasajeros detrás si había plazas disponibles para ellos en el avión. Sonreí al leerlo.

Todos podemos librar pequeñas batallas para tomar la iniciativa o evitar una situación. Algunos capitanes tienen esta opinión acerca de ese tipo de cosas y dan la batalla. Otros ceden y se dan por vencidos. A ninguno de nosotros nos gusta dejar pasajeros en la puerta, pero algunos pilotos ya han decidido: «No puedo estar batallando todos los días».

Supongo que todavía no me han arrebatado lo que llamo mi «deseo de ayudar». Me identificaba con los pasajeros en espera. Pero igual de importante, me habría parecido mal dejarlos en la puerta de embarque. Así que actué.

Sé que esas cosas son de menor importancia, pero me siento mejor cuando hago ese tipo de esfuerzos. Y es agradable sentir que estoy haciendo un poco de bien en el proceso.

Acostumbro a leer mucho mientras voy de San Francisco a mi base en Charlotte. El viaje a través del país parece transcurrir más rápido cuando estoy absorto en un libro. Mis gustos no han cambiado mucho desde que era niño: sigo interesado en la historia.

He leído algunos libros maravillosos sobre aquellos individuos que han recibido medallas de honor. Cada una de sus historias es inspiradora. Sin embargo, no puedo olvidar la historia de Henry Erwin, un operador de radio de la Fuerza Aérea del Ejército de Estados Unidos. Tenía veintitrés años, era oriundo de Alabama, y su heroísmo durante la Segunda Guerra

Mundial fue asombroso. El 12 de abril de 1945, el sargento Erwin iba a bordo de un B-29 durante una misión para atacar una planta de gasolina en Koriyama, Japón. Una de sus tareas era ayudar a los bombarderos a ver sus objetivos dejando caer una bengala de fósforo a través de un tubo en el piso del B-29. El artefacto explotó dentro del tubo y el fósforo se encendió, cegando a Erwin y envolviéndolo en llamas. El avión quedó lleno de humo. Erwin sabía que la bengala no tardaría en quemar el piso, prendiendo las bombas que estaban en la bodega, haciendo explotar el B-29 y probablemente matando a toda la tripulación.

Aunque Erwin tenía un dolor insoportable, se arrastró por el piso, encontró la bengala encendida y la apretó contra el pecho con sus manos desnudas. La llevó a la cabina, le gritó al copiloto que abriera la ventana y la arrojó afuera, salvando a los once hombres que iban a bordo.

Se esperaba que Erwin falleciera en cuestión de días a causa de sus lesiones, de modo que el general Curtis LeMay decidió otorgarle la medalla de honor antes de su muerte. Sin embargo, no había medallas de honor en el Pacífico Oeste. La más cercana estaba a varias horas de distancia, en una vitrina de cristal en Honolulu. Entonces, un aviador fue enviado en medio de la noche para ir a recogerla. Como no pudo encontrar la llave para abrir la vitrina, rompió el cristal. Cogió la medalla y salió en un avión con destino a Guam, donde se la impusieron al sargento Erwin, que aún estaba vivo, consciente, y vendado de la cabeza a los pies.

Erwin sorprendió a todos sobreviviendo a cuarenta y tres operaciones. Permaneció hospitalizado hasta 1947 y, después de ser dado de alta, sus quemaduras lo dejaron desfigurado y con muchas cicatrices por el resto de su vida. Sin embargo, continuó sirviendo a su país como consejero en un hospital de veteranos en Alabama. Murió en 2002.

¿Quién de nosotros podría haber apretado esa bengala encendida contra el pecho con las manos desnudas? Ante esa situación, supongo que yo la habría dejado arder en el piso de aquel B-29.

Luego de saber que hay personas como Erwin, capaces de hacer cosas tan extraordinarias —actos que están realmente más allá de toda comprensión—, siento que lo mínimo que puedo hacer es prestar ayuda en las maneras más insignificantes que pueda.

A veces eso conlleva recordar cómo me sentí cuando tenía trece años y escuché por primera vez la historia de Kitty Genovese, e hice una promesa para ser el tipo de persona que quería ser. Y a veces realizar los gestos más pequeños: ayudar a una pareja a encontrar el coche que han perdido, o permitirle a un pasajero en espera ocupar la última plaza disponible de un avión a punto de partir.

10

TODO ES POSIBLE

Lorrie y yo tenemos una colina favorita y nos sentimos afortunados, pues está a pocos minutos de nuestra casa, en un terreno grande y abierto en un extremo de nuestro barrio en Danville. Subimos juntos a la colina para pensar, respirar y apreciar el momento. Es un lugar cautivador.

La mayor parte del año, adondequiera que mires en esa colina, hay varias hectáreas de altos pastos con todas las tonalidades marrones y doradas. A finales de la primavera, y por poco tiempo, la hierba se vuelve verde y más exuberante. No me importa si es marrón o verde. Aprecio la belleza que trae cada estación.

Lorrie me sugirió que subiéramos a la colina el 11 de enero de 2009. Era un domingo por la tarde y yo tenía programado salir a primera hora de la mañana siguiente para el viaje que terminaría cuatro días más tarde con el vuelo 1549.

Ese día teníamos muchas cosas en nuestras mentes. Al igual que muchos estadounidenses, estábamos preocupados por la economía y por la manera de resolver la grave situación financiera.

Yo seguía muy preocupado porque la franquicia Jiffy Lube no había renovado su contrato de arrendamiento de nuestra propiedad y por nuestra incapacidad para seguir pagando la hipoteca. Era un problema que no tenía una solución fácil. Mi perspectiva de las cosas se limita cuando pienso en nuestros problemas personales o en los problemas económicos que tienen las aerolíneas, pero Lorrie tiene una maravillosa capacidad para ayudarme a cambiar de perspectiva.

Estábamos sentados en la cocina y Lorrie sabía que podría ayudar. «Vamos a caminar», me dijo.

Entonces subimos por el cortafuegos que se estrecha y termina en un sendero que conduce a esa hermosa y empinada colina sin nombre. Nos detuvimos en la cima para contemplar el valle que estaba abajo. Hay una vista magnífica de los vecindarios en una dirección, así como de los espacios prístinos y abiertos en la otra. La vista desde la colina puede ampliar literalmente tu visión del mundo. De alguna manera, tus problemas adquieren una nueva perspectiva. La vista te restaura y te renueva.

Lorrie y yo permanecimos un rato en silencio, absorbiéndolo todo, luego me dijo: «Contemplar este paisaje te hace sentir que todo es posible».

Lorrie me sonrió. Ella lo sabía sin tener que expresarlo con palabras. Así es Lorrie. Si quieres descubrir los beneficios de creer que *todo* es posible, camina con ella por una colina. Te sentirás inspirado y tranquilo.

Lorrie es una mujer excepcionalmente fuerte, por lo que luego de verla lidiar con varios problemas en su vida, y con los desafíos de nuestra familia, he aprendido mucho sobre el poder del optimismo y de la aceptación, así como sobre la responsabilidad que todos tenemos de labrar un camino hacia nuestra propia felicidad.

Ella y yo somos un poco distintos. Soy creyente en el «optimismo realista», que considero la herramienta más efectiva que pueda tener un líder. Eso es realismo a corto plazo combinado con optimismo a largo plazo. Lorrie entiende ciertamente el valor de ello, pero también piensa que ser completamente optimista con respecto a las posibilidades de la vida es bueno para tu salud, tus relaciones y tu cordura.

Lorrie habla con franqueza y con el corazón, además es capaz de extraer de su vida momentos y experiencias que tienen un gran eco en otras mujeres, cambiando literalmente sus vidas. Eso es lo que hace en su trabajo como entrenadora de acondicionamiento físico al aire libre, al frente de una labor individual que ella llama «En forma y fabulosa... ¡Al aire libre!». Lleva a grupos de mujeres a dar largas caminatas. Suben por la ladera de una montaña y, cuando Lorrie desciende con ellas por la otra, ya no son las mismas personas. Han visto el mundo por sí mismas de una forma completamente nueva. Las he llevado a veces hasta la entrada del sendero o las he traído de vuelta a casa. He esperado a Lorrie al pie de una montaña cuando ha regresado con el grupo de mujeres. Es algo notable de ver.

Por supuesto, soy el esposo de Lorrie y la amo, así que puede parecer que exagero un poco. Pero los que hemos subido con ella a la cima de una montaña sabemos exactamente de lo que estoy hablando.

Helen Ott, una amiga de Lorrie que la ha acompañado en numerosas caminatas, lo expresa así: «Lorrie es como una luz brillante». Helen habla acerca de lo mucho que se divierte en esas caminatas, porque Lorrie es una buena narradora de historias y es un gran apoyo para otras mujeres. «Ella hace que la gente se sienta segura de sus capacidades y que ellas se sientan bien consigo mismas», dice Helen.

El amor de Lorrie por el ejercicio —y la idea de que es mejor hacerlo con otras personas y al aire libre—, en realidad fue una experiencia que tuvo un comienzo muy incómodo para ella. Lorrie les dice con franqueza a las mujeres que fue «la chica gordita por excelencia» durante gran parte de su niñez. Se ha esforzado en comprender el impacto que el alcoholismo de su padre tuvo en sus hábitos alimenticios y en su autoestima mientras crecía. Su infancia no estuvo exenta de dolor, pero no es una persona que invente disculpas.

Lorrie también tuvo sobrepeso en la edad adulta, condición que se vio agravada por los medicamentos que tomó para tratar de quedar embarazada. Aumentó treinta y cinco libras por esa razón, lo cual la hizo sentir profundamente herida. Sintió que su cuerpo la había traicionado al no poder concebir un hijo. Aun después de adoptar a Kate y a Kelly, y a pesar de que pensábamos que nuestra familia estaba completa y perfecta, sus sentimientos permanecieron a flor de piel.

«Me enamoré locamente de las niñas desde el instante en que las trajimos a casa en nuestros brazos», les dice Lorrie a sus clientas. «A Sully y a mí nos pareció como si nos hubiéramos ganado la lotería de los bebés. Pero esos sentimientos de traición no desaparecieron por arte de magia. Cuando terminó el suplicio de la infertilidad, tuve dos hijas increíblemente hermosas que amaba con cada fibra de mi ser, sin embargo seguía enojada con mi cuerpo».

Hace una década, poco antes de cumplir cuarenta años, Lorrie decidió intentar olvidarse de su ira y hacer las paces con su cuerpo. En primer lugar, entró a un gimnasio. Sin embargo, se sintió insatisfecha luego de ejercitarse en una cinta caminadora y ver que no producía ningún resultado. Aún tenía lo que ella llamaba «conversaciones negativas» con sus órganos. Me dijo que se sentía «incómoda» en el gimnasio. «Mientras más me centraba en mis caderas, más grandes parecían volverse», decía. Al igual que mucha gente, ella intentaba perder peso tratando de subyugar su cuerpo.

Obviamente, la conexión mente-cuerpo es muy poderosa, por lo que el hecho de no sentirse a gusto con su cuerpo era un gran problema para ella. Entonces recibió clases en un gimnasio local con una mujer llamada Denise Hatch, que puso las cosas en perspectiva: «Agradece lo que puede hacer tu cuerpo, en lugar de centrarte en lo que no puede hacer. No puedes tener hijos. Sé que es duro para ti. Pero tus brazos y tus piernas funcionan. Tienes buena salud. Tienes dos hijas que necesitan tu ejemplo en el aspecto que tiene que ver con un comportamiento saludable. Así que tienes que ponerle fin a todas esas conversaciones y pensamientos negativos sobre tu imagen corporal».

Lorrie aprendió que era vital encontrar una forma de ejercicio que le agradara. «Si no te gusta correr, puedes caminar, bailar o practicar senderismo», les dice en la actualidad a sus clientas. «Simplemente sean valientes. Encuentren lo suyo y háganlo. Como todo en la vida, si les gusta hacer algo, lo harán más a menudo».

En el caso de Lorrie, ella se sintió liberada al practicar senderismo. Luego de caminar al aire libre y ver un halcón de cola roja volar en el cielo, de contemplar las colinas de California semejantes a alfombras, de sentir la suavidad del viento de verano, se dio cuenta de que estaba teniendo experiencias espirituales que nunca tendría en una cinta caminadora. Y su entusiasmo fue contagioso. Quería caminar todos los días, y llevarnos a mí y a las niñas.

«Creo que estoy enamorada», me dijo un día, «... del ejercicio».

Lorrie trabajó como experta en acondicionamiento físico para un canal de televisión de San Francisco afiliado a la cadena ABC, presentando segmentos habituales sobre la manera en que las mujeres pueden realizar actividades al aire libre para tener una mejor salud. Ahora lleva grupos de mujeres a caminar con frecuencia, escuchando las historias de sus vidas mientras caminan y contando las suyas.

«El cuerpo que me traicionó durante tanto tiempo respondió al aire libre», explica. «El ejercicio me dio la confianza que me había sido esquiva. Me hizo una mejor madre, esposa y amiga. Además, he perdido esas treinta y cinco libras de exceso».

Lorrie es franca. «Las mujeres tenemos que sentirnos cómodas con nuestros cuerpos. Eso es crucial. Una mujer que no se sienta cómoda apagará las luces por la noche y le dirá a su marido: "No me toques por favor". Cuando una mujer se siente feliz con su propia piel, estará más dispuesta a dejar que su pareja se le acerque».

Lorrie me ha incluido desde hace varios años como un personaje en su repertorio de historias inspiradoras. No estoy seguro de querer saber todo lo que dice en esas montañas sobre nuestra vida privada. Pero estoy contento con su mensaje básico: «El senderismo», dice ella, «ha revitalizado mi matrimonio».

Fue idea de Lorrie. Quería que subiéramos a la cima del monte Whitney, que se encuentra en el territorio de la Sierra Nevada, al sureste de nuestro hogar en el norte de California. Con 4.421

metros, es el pico más alto del territorio continental de Estados Unidos.

Eso sucedió cuando Lorrie apenas estaba descubriendo el senderismo e hizo preparativos para subir con ocho parejas. Obtuvo el permiso del Servicio Forestal de Estados Unidos, pero por asuntos de tiempo o porque no habían entrenado muy bien, todas las parejas cancelaron. La caminata de dieciséis personas se convirtió en una de dos —Lorrie y yo—, pero de todos modos decidimos hacerla.

Nos entrenamos de manera consciente para esa aventura. Cuando regresaba de un viaje, nos poníamos zapatos deportivos y corríamos hasta un centro comercial a un kilómetro y medio de nuestra casa, donde hay una serie de escaleras que conducen por una colina hasta una zona de estacionamiento. Subíamos y bajábamos las escaleras quince o veinte veces, y luego regresábamos corriendo ligeramente a casa.

Íbamos con frecuencia a levantar pesas al gimnasio y practicamos senderismo en nuestra zona, llevando pesas en nuestras mochilas. También fuimos muchas veces en bicicleta hasta el monte Diablo, al noreste de Danville.

Lorrie cree que para cumplir con tus metas en la vida es importante escribirlas. Pero eso no es suficiente. También es necesario emprender lo que ella y otros llaman una «acción auténtica» todos los días para alcanzarlas. Eso significa que tienes que tocar una puerta, hacer una llamada telefónica o algo concreto para acercarte a tu meta. Cuando entrenas para subir a la montaña más alta del territorio continental de Estados Unidos, tienes que salir todos los días y prepararte. Ella se aseguró de que lo hiciéramos. Durante nuestro entrenamiento, me caí en la grava mientras recorría el monte Diablo en bicicleta, y me rompí la pelvis. Estuve seis semanas incapacitado, y eso hizo que fuera mucho más difícil volver a prepararme para subir el monte Whitney.

Lorrie pensaba que, a semejanza de lo que vivimos durante el proceso de adopción, entrenarnos para subir el monte sería bueno para nosotros como pareja. Nos necesitábamos el uno al otro para apoyarnos en términos emocionales. Si uno de nosotros estaba cansado, el otro lo animaba. Y esos momentos en que nos apoyamos mutuamente serían una buena práctica para el respaldo que tendríamos que darnos en la caminata verdadera.

Nuestro ascenso al monte Whitney se fijó para el 2 de septiembre de 1999. Contratamos a una niñera para cuidar a nuestras hijas y, en lugar de conducir siete horas desde nuestra casa hasta la montaña, decidimos hacerlo en un Cessna Turbo 182RG (un avión monomotor de cuatro sillas) que alquilamos. Fue muy romántico: solo nosotros dos, enfrentando el desafío de la naturaleza.

Habíamos planeado hacer la caminata en un día, pero eso significaba que tendríamos que salir muy temprano. Nos hospedamos en un motel cerca de la montaña, nos despertamos a las tres de la mañana y estuvimos en el sendero a las cuatro y quince, listos para subir con nuestras mochilas y linternas de cabeza. El comienzo del sendero está a casi dos mil quinientos treinta metros de altura, y en caso de llegar a la cima y regresar, recorreríamos un total de treinta y cuatro kilómetros.

Llevábamos ropa impermeable, sombreros, guantes, baterías de repuesto, cerillas, barras energéticas, agua, sándwiches de mantequilla de maní y otros artículos básicos en nuestras mochilas. Yo llevaba también las cenizas de mi madre en una bolsa de plástico. Había muerto el enero anterior y pensé que la montaña podría ser un lugar apropiado para esparcirlas.

Mi padre había fallecido cuatro años antes y, después de llevar una vida muy tradicional a su lado, mi madre se había encontrado realmente a sí misma en sus últimos años. Mi padre había sido una persona hogareña, y mi madre, con lealtad, permaneció a su lado. Sin embargo, viajó mucho con sus amistades cuando él falleció. Era como si estuviera recuperando el tiempo perdido. Abrazó cada aspecto de la vida que pudo, lo cual fue algo maravilloso de ver. Lorrie y yo pensamos que sería apropiado llevar sus cenizas a ese pico —que era el más alto— para esparcirlas al viento y que ella siguiera su viaje.

Empezamos nuestra caminata mucho antes del amanecer, pero la luna estaba en cuarto creciente, muy arriba en el cielo. Irradiaba tanta luz que nuestras linternas eran casi innecesarias. La oscuridad antes del amanecer era espléndida. Los astrónomos dirían que «la visibilidad era buena». El aire era estable, por lo que las estrellas estaban claras y brillantes, y parpadeaban poco. Era casi como si pudiéramos estirarnos y tocarlas.

Caminamos inicialmente bajo la sombra de altos árboles; llevábamos chaquetas muy livianas. Una vez que el sol comenzó a subir y calentó la montaña, las guardamos en las mochilas.

El amanecer fue espectacular. Estábamos caminando por el lado este de la montaña en dirección al oeste, y un pico que había detrás de nosotros estaba perfectamente alineado con el sol, formando una sombra triangular en toda la extensión del monte Whitney por delante de nosotros. En la medida que el sol ascendía en el firmamento, el triángulo negro descendió por la superficie de la montaña. Fue un espectáculo extraordinario.

También nos fascinó la manera como cambiaba la montaña en la medida que subíamos. Con cada cambio en la elevación, atravesamos zonas diferentes con terrenos y plantas que variaban. Vimos áreas pantanosas y algunos lagos y arroyos, pero la vegetación se hizo más escasa en la medida que ascendíamos. Algunas partes del sendero eran escarpadas y rocosas, y en un momento tuvimos que trepar por grandes rocas. Entonces, la altitud empezó a pasarnos factura. Sabíamos que así sería —habíamos leído varios libros sobre el tema— de modo que pudimos sobrellevar eso con mayor facilidad. Sin embargo, Lorrie tenía un terrible dolor de cabeza; además, los dos nos encontrábamos débiles y muy cansados.

Nos tranquilizamos mutuamente con una vieja frase que utilizan los corredores de maratones: «No son veintiséis millas. Es una milla, veintiséis veces».

Teníamos otro mantra: «Cualquiera puede escalar el monte Whitney. Simplemente levantas los pies y los pones uno delante del otro». Lo repetimos continuamente.

Perdimos el apetito, algo que también es normal. Sabíamos que teníamos que obligarnos a comer porque necesitaríamos energías. Las guías recomendaban llevar tus alimentos favoritos, así fuera comida basura, porque estaríamos más dispuestos a comer algo que nos gustara. Fue notable ver lo que sucedió cada vez que sacábamos alimentos de las mochilas. Los azulillos pálidos intentaban posarse en nuestros hombros o mochilas para arrebatarnos la comida. Las marmotas salían de las rocas, casi de la nada, y también trataban de llevarse su parte. Era evidente que todos esos animales estaban muy acostumbrados a los seres humanos y sabían que donde había gente, había comida.

El estrecho sendero atravesaba la cima de la montaña a cuatro mil metros de altura, y había un risco escarpado. Estábamos muy por encima de las copas de los árboles y el sitio parecía tan árido como la superficie de la luna. Lorrie derramó lágrimas, en parte por el cansancio y también por miedo, según reconoció. Era muy intimidante mirar hacia abajo. Se preguntó si realmente debíamos subir a la cumbre para esparcir las cenizas de mi madre.

«¿Por qué no las dejamos aquí?», sugirió. «Tu madre entendería. Sé que lo haría».

Yo quería seguir caminando. «Podemos subir», dije. Ella me dirigió una sonrisa débil y reanudamos la marcha.

Vimos la cima cuando era la una y cuarto; estaba tal vez a una hora de camino. Pero horas antes, cuando empezamos el ascenso, habíamos decidido que comenzaríamos a descender a la una de la tarde. Sabíamos que necesitaríamos las fuerzas y la luz del día para hacer el descenso, por lo que no queríamos correr riesgos que pusieran en peligro el regreso. Una parte de nosotros quería seguir adelante, pero apelamos al sentido común. Resistimos la tentación y tomamos una decisión inteligente: ya habíamos llegado lo suficientemente lejos.

Me sentí muy conmovido —lo cual era comprensible— al sacar las cenizas de mi madre. Abrí la bolsa y las esparcí; fue un momento poderoso, vi que el viento se las llevaba rápidamente. El cielo estaba azul y despejado, sin una sola nube, y las cenizas se mecieron en la brisa y siguieron alejándose.

«Espero que disfrute de sus viajes», dijo Lorrie, pero no logré decir mucho a manera de respuesta. Me limité a mirar.

Una vez que concluyó esa sencilla ceremonia, Lorrie y yo nos permitimos apreciar la vista majestuosa. «Nuestras preocupaciones parecen bastante pequeñas en comparación con todo esto, ¿verdad?», me dijo Lorrie. «Esto pone la vida en perspectiva».

Descansamos un poco y lo absorbimos todo. Pero no podíamos permanecer mucho tiempo allí. Habíamos recorrido poco más de la mitad del trayecto.

Bajar la montaña fue casi más difícil que subirla, ya que estábamos muy agotados física y emocionalmente. Al final de una caminata como esa, cada parte de tu cuerpo que pudiera haber rozado contra otra ya lo ha hecho.

A pesar de nuestro cansancio, nos sentimos absolutamente eufóricos cuando llegamos a la parte inferior del sendero a las ocho y quince de la noche, en medio de la oscuridad. Estábamos inmensamente orgullosos de nosotros. Lorrie, que había pasado años creyendo que su cuerpo la había decepcionado, reconoció que le había servido en muchos sentidos.

Durante nuestro vuelo de regreso al día siguiente, di unas pocas vueltas alrededor de la montaña y la miramos con asombro. Bromeamos diciendo que habíamos hecho bien en no sobrevolarla en nuestro viaje de ida, ya que desde el aire se veía demasiado formidable y empinada.

«Ahhh», dijo Lorrie. «¿Puedes creer que lo hicimos?».

Mientras sobrevolamos la montaña y luego hacia el noroeste de regreso a casa, Lorrie se sintió inspirada, sacó un bolígrafo y escribió una «carta de agradecimiento».

Su carta decía que la montaña la había ayudado a tener más claridad en su vida: «Me di cuenta de lo pequeñas que son las "cosas" cotidianas. La montaña ha estado ahí mucho tiempo antes que nosotros, y lo estará mucho después de que abandonemos este mundo. Para dar un ejemplo, la tela que cubría las sillas de nuestra sala realmente parecía algo insignificante en comparación. Pero lo que nos pareció supremamente importante durante la caminata fue recordar las risas y las sonrisas de Katie y Kelly, aun cuando queremos estar en silencio, y también el amor de nuestra familia: de los que siguen con vida y de los que ya no están con nosotros».

Lorrie está muy cerca para declarar que ha vivido «una vida bien vivida». Se comporta con pasión y determinación, y al hacerlo, les recuerda a otros lo que es posible. Estoy agradecido por haber compartido gran parte de esta experiencia con ella.

LORRIE SIEMPRE está buscando inspiración, por lo que hace varios años oyó hablar a Maria Shriver en la Conferencia del Gobernador y la Primera Dama sobre las Mujeres, que se celebra cada año. En cierto momento, Maria recitó un poema indio hopi que conmovió profundamente a Lorrie.

Dice en parte:

Hay allí un río que fluye muy rápido.
Es tan grande y raudo que asustará a algunos.
Tratarán de aferrarse a la orilla.
Sentirán que son destrozados y sufrirán mucho.
Sepan que el río tiene un destino.
Los ancianos dicen que debemos soltar la orilla y deslizarnos
*   hacia el centro del río, manteniendo los ojos abiertos,*
y las cabezas por encima del agua.

Lorrie dijo que este poema la conmovió tanto que lloró. Ella reconoce que todos tenemos que encontrar el valor para alejarnos de la orilla. Eso significa abandonar las muletas de nuestras quejas y resentimientos, nuestra infelicidad por la manera en la cual se nos crio, nuestro cuerpo o lo que sea. Significa dejar de centrar la energía negativa en cosas que están más allá de nuestro control. Significa mirar más allá de la seguridad de lo conocido.

A Lorrie le encanta esa imagen de alejarse de la orilla, encontrar el centro del río y dejarnos llevar por él. Es un recordatorio de que nuestras vidas son una combinación de lo que podemos controlar, de lo que no podemos y de las consecuencias de las decisiones que tomamos.

La analogía del río funciona en nuestro matrimonio y nos ayuda a afrontar asuntos como nuestras dificultades financieras. «Mientras podamos mantener la cabeza por encima del agua», dice Lorrie, «podremos lograrlo». Es una hermosa manera de ver la vida.

Lorrie y yo no siempre perseveramos en el optimismo, pero hacemos lo posible para vivir en el centro del río. O nos encontramos en la cima de nuestra colina favorita, mirando el mundo que está abajo, recordando que todo es posible.

11

CÓMO MANEJAR LA SITUACIÓN

A L HAYNES.

Los pilotos mencionan su nombre con reverencia.

Era el capitán del vuelo 232, un DC-10 de United Airlines que viajaba de Denver a Chicago el 19 de julio de 1989. Llevaba 296 pasajeros además de la tripulación.

Cuando fui el instructor en el curso de gestión de recursos de la tripulación (CRM, por sus siglas en inglés), la historia de ese vuelo fue una de las herramientas de enseñanza más útiles. Y, en particular, el vuelo 232 me ha enseñado mucho sobre la aviación y también sobre la vida.

Después de despegar de Denver, el avión voló sin problemas por ochenta y cinco minutos aproximadamente. Luego, poco después de ingresar al espacio aéreo de Iowa, a once mil metros de altura, y mientras el primer oficial William Records estaba en los mandos, se oyó una explosión proveniente de la parte trasera del avión. La causa pronto se hizo evidente: el motor central había fallado. El capitán Haynes, cuya experiencia de vuelo ascendía casi a treinta mil horas, le pidió a Dudley Dvorak, el segundo oficial (o ingeniero de vuelo), que revisara la lista de verificación cuando falla un motor. Mientras eso sucedía, la tripulación de la cabina supo que los tres sistemas hidráulicos estaban perdiendo presión. Mantener la presión hidráulica es necesario para controlar ese tipo de aviones. Y el primer oficial estaba teniendo dificultades para controlar la aeronave.

El capitán Haynes se encargó de los mandos y vio que podía girar a la derecha, pero no a la izquierda. Después de que el ingeniero de vuelo anunciara a los pasajeros que un motor había fallado, Dennis Fitch, un piloto que estaba fuera de servicio y que iba entre los pasajeros, se acercó para ofrecer su ayuda. El capitán Haynes le dio la bienvenida a la cabina.

Esa clase de emergencia era tan rara que no había entrenamiento para ella ni lista de verificación. Más tarde se determinó que las probabilidades de un fallo simultáneo de tres sistemas hidráulicos eran de casi una de cada mil millones. Sin embargo, el capitán Haynes trabajó con lo que tenía, por lo que recurrió a sus décadas de experiencia para improvisar y liderar. Él y los ocupantes de la cabina se dieron cuenta de que la única manera de controlar el avión era manipulando los aceleradores. Los cuatro hombres en la cabina volaron así por más de cuarenta minutos, pensando cómo podían aterrizar a salvo. Básicamente, tenían cuarenta minutos para descubrir una nueva forma de volar un avión.

Tradicionalmente, en la industria de las aerolíneas existía una jerarquía excesiva en las cabinas, por lo cual los primeros y segundos oficiales eran reacios a dar sugerencias a los capitanes. El hecho de que el capitán Haynes pidiera y aceptara sugerencias, contribuyó a que la tripulación encontrara maneras de resolver ese problema imprevisto, y aumentar las posibilidades de llegar a una pista de aterrizaje.

Al principio, los controladores del tráfico aéreo iban a enviar al avión averiado al Aeropuerto Internacional Des Moines. Sin embargo, la nave estaba girando de manera automática hacia el oeste, por lo que se tomó la decisión de enviarlo al Aeropuerto Sioux City Gateway. «No voy a engañarlos», dijo el capitán Haynes a los pasajeros. «Será un aterrizaje muy brusco».

La grabadora de voz de la cabina registró la colaboración profesional y la camaradería conmovedora que alivió la tensión de todos.

En un momento dado, Dennis Fitch señaló: «Les diré algo: tomaremos una cerveza cuando todo esto termine».

El capitán Haynes respondió: «Bueno, yo no bebo, pero seguro que esta vez me tomaré una».

Así que se acercaron al aeropuerto a una velocidad de 215 nudos, descendiendo a ocho metros por segundo mientras elevaban la nariz del avión para tratar de reducir la velocidad. Los pilotos hicieron un esfuerzo notable al tocar tierra cerca del comienzo de la pista. Parecía que iban a lograrlo.

Sin embargo, el ala derecha golpeó contra la pista. Los testigos dijeron que el avión comenzó a dar volteretas mientras se rompía y estallaba en llamas. Hubo 111 víctimas fatales, algunas por el impacto y otras debido a la inhalación de humo, pero 185 personas sobrevivieron ese día gracias al trabajo magistral del capitán Haynes y de su tripulación (todos los tripulantes sobrevivieron, aunque algunos sufrieron heridas graves). Una investigación posterior determinó que una grieta por fatiga produjo una ruptura en el disco del ventilador del motor central.

En la capacitación del CRM, el vuelo 232 es considerado uno de los mejores ejemplos en los que un capitán lidera el esfuerzo de un equipo mientras es responsable en última instancia por las decisiones y los resultados. El capitán Haynes apeló a todos los recursos que tenía a su alcance en un avión que estaba en gran peligro. Teniendo en cuenta lo que enfrentaba su equipo, todo podría haber terminado en un accidente sin sobrevivientes. Su trabajo en la cabina será estudiado durante varias generaciones.

Tuve el honor de ser contactado por el capitán Haynes después de mi experiencia en el vuelo 1549. Ha pasado gran parte de su vida hablando en todo el mundo sobre el accidente de Sioux City. Ha realizado más de 1.500 intervenciones donando los honorarios o haciéndolo de manera gratuita. Habla acerca de lo que el resto de nosotros podría aprender de su experiencia en aquel día, centrándose en la importancia de la comunicación, la preparación, la ejecución, la cooperación y la palabra que él utiliza: «suerte». También habla de la tristeza que nunca dejará de sentir por las personas que murieron.

Me dijo que esas charlas, que él dedica a quienes murieron en su vuelo, han sido terapéuticas para él. Hablar sobre asuntos de seguridad le ha ayudado a lidiar con la culpa propia del sobreviviente. «Mi trabajo consistía en llevar de manera segura a los pasajeros desde el punto A hasta el punto B», señaló. «Por un tiempo después del accidente, sentí que no había hecho mi trabajo».

El capitán Haynes, que actualmente tiene setenta y siete años, tenía mi edad —cincuenta y ocho años— el día del accidente en Sioux City. Me dijo que más allá de lo que hizo su tripulación, hubo otros factores afortunados que ayudaron a salvar vidas: era un día despejado y sin mucho viento. La Guardia Aérea Nacional de Iowa estaba de servicio y se apresuró a ayudar. Los equipos de rescate habían recibido poco antes capacitación para atender accidentes de aviación. Y en el momento en que el avión se estrelló, los dos hospitales de la ciudad estaban cambiando de turno, por lo que el doble del personal médico estuvo disponible para tratar a la gran cantidad de heridos, incluyendo al capitán Haynes. Este fue llevado al hospital con una lesión en la cabeza que requirió noventa y dos puntos de sutura. Sufrió una conmoción cerebral y tenía la oreja izquierda casi desprendida.

Así que muchas personas involucradas decidieron con una gran determinación hacer lo que era necesario aquel día. Recuerdo siempre un comentario realizado por el jefe de bomberos del aeropuerto de Sioux City: «O manejas la situación, o la situación te maneja a ti».

En los años posteriores al accidente, el capitán Haynes perdió a su hijo mayor en un accidente de motocicleta. Su esposa murió de una infección poco común. Luego, su hija recibió un trasplante de médula ósea. Pero, a pesar de eso, se sintió animado al saber que sus esfuerzos durante el vuelo 232 no habían sido olvidados. Como el seguro no cubrió totalmente el tratamiento médico de su hija, cientos de personas, entre ellas varios sobrevivientes del accidente de Sioux City, donaron más de 500.000 dólares para cubrir los gastos. Su hija recibió incluso donaciones de las familias que perdieron seres queridos en el vuelo 232.

El capitán Haynes me dijo que ha visto continuamente la bondad de las personas y eso le ha ayudado a sentirse en paz con lo que pudo hacer ese día de 1989, y también con lo que no pudo hacer. De manera comprensible, se ha preguntado qué habría pasado si su tripulación hubiera podido mantener el nivel de las alas y aterrizar el avión en posición recta. Pero incluso si hubieran podido hacer eso, la nave podría haber golpeado la pista y explotar.

Cuando hablamos unas semanas después del vuelo 1549, el capitán Haynes me dijo que me preparara para tener algunos pensamientos inquietantes. «Estoy seguro de que sientes que podrías haber hecho algo más», me dijo. «Todo el mundo trata de cuestionarse a sí mismo. Nosotros también lo hicimos por un tiempo. Y luego decidimos que no podíamos haber hecho nada más». Había leído mucho sobre mi vuelo, y me dijo que estaba de acuerdo con la decisión que Jeff y yo tomamos en la cabina. Eso significó mucho para mí.

También señaló que después del vuelo 1549, algunos pasajeros de su vuelo se pusieron en contacto con él, solo para mantener la comunicación y compadecerse. Los accidentes aéreos siempre traen a la memoria accidentes aéreos del pasado. «Nos trajo recuerdos a todos nosotros», me dijo el capitán Haynes.

Me indicó que sentía afinidad conmigo debido a los traumas asociados con nuestros dos vuelos y a las formas en que fuimos puestos a prueba. Dijimos que ahora éramos miembros de un grupo selecto. Y entonces me dio un consejo: «Espera hasta que estés listo y luego vuelve a trabajar. Eres un piloto. Deberías estar volando».

EN EL curso de entrenamiento CRM, también explicamos los detalles acerca del vuelo 811 de United Airlines, que viajaba de Honolulu a Auckland, Nueva Zelanda, el 24 de febrero de 1989. Era un Boeing 747-122 con 337 pasajeros y ocho tripulantes a bordo.

A eso de las 2:08 a.m., dieciséis minutos después de despegar de Honolulu, la puerta delantera de la bodega de equipajes se rompió. El piso de la cabina de pasajeros, que estaba encima de la puerta, cedió debido al cambio de presión, y cinco filas de sillas con nueve pasajeros se desprendieron del avión y cayeron al océano Pacífico. La aeronave quedó con un agujero enorme y con dos motores envueltos en llamas, gravemente dañados por los escombros producidos durante el incidente.

Los pilotos, que habían subido a poco más de 6.700 metros, decidieron hacer un giro de 180 grados. Esperaban regresar a Honolulu, que estaba 116 kilómetros detrás de ellos. Fue un viaje aterrador para los pasajeros, pues los escombros y equipajes de los compartimentos superiores averiados se arremolinaron en la cabina de pasajeros. Algunos dijeron que parecía un tornado.

El capitán Dave Cronin; el primer oficial, Al Slader; y el segundo oficial, Randal Thomas, sabían que esa emergencia implicaba mucho más que la simple pérdida de presurización en la cabina. Derivaba también en daños a los motores. La mitad de estos habían quedado inservibles, de modo que el capitán y sus hombres tuvieron dificultades para mantener la altitud necesaria para regresar a Honolulu.

Slader utilizó los interruptores del control de combustible para apagar los dos motores, pero optó por no tirar de las palancas para apagar el fuego que había en ellos, y que estaban diseñadas para evitar incendios adicionales. Él estaba obligado por el reglamento a tirar de las palancas si los motores sufrían graves daños, pero comprendió que si hacía eso, perderían dos bombas hidráulicas, lo que afectaría la capacidad de la tripulación para mantener el control de la aeronave. Y entonces decidió no jalarlas.

Los pilotos botaron combustible para que el avión estuviera más liviano. Las azafatas ordenaron a los pasajeros ponerse los chalecos salvavidas y luego les dijeron que se prepararan. Después de aterrizar, los camiones de bomberos apagaron las llamas. Nueve pasajeros fallecieron al explotar la puerta de la bodega de equipaje, pero 346 personas sobrevivieron.

Una investigación determinó que la causa del accidente fue un interruptor o cable defectuoso en el sistema de control en la puerta de la bodega de equipaje, y problemas en el diseño de la puerta de carga.

Los tripulantes actuaron con heroísmo porque sabían, gracias a su conocimiento extenso de los sistemas del avión, que tendrían que improvisar y modificar los procedimientos con el fin de afrontar esa emergencia inesperada. Actuaron con valentía al lograr que el avión aterrizara de manera segura.

Mientras estudiaba ese accidente descarté el hecho de que, algún día, yo podría tener que confiar en mi conocimiento de los sistemas, y no solo en una lista de verificación. No todas las situaciones se pueden prever o anticipar. No hay una lista de verificación para todo.

A LO LARGO de los años he conocido a varias personas que piensan que los aviones modernos, con toda su tecnología y automatización, pueden volar casi solos.

Eso simplemente no es cierto. La automatización puede reducir la carga de trabajo en algunos casos. Sin embargo, en otras situaciones, el uso de la automatización puede resultar más trabajo cuando no es adecuada. Un piloto tiene que saber cómo utilizar un nivel de automatización que sea apropiado.

Durante mucho tiempo he sido un admirador del doctor Earl Wiener, un expiloto de la Fuerza Aérea y que actualmente está retirado del departamento de ciencias administrativas de la

Universidad de Miami. Es conocido por su trabajo para ayudarnos a entender la seguridad aérea.

Una vez me habló de su participación en un foro en que el tema de otro orador era «el papel del piloto en la cabina automatizada». Al momento de su intervención, el doctor Wiener señaló con ironía, pero con razón, que la sesión debería llamarse «el papel de la automatización en la cabina piloteada».

Ya sea que vueles manualmente o utilizando ayuda tecnológica, en última instancia estás volando el avión con tu mente al crear y mantener un modelo mental preciso y en tiempo real de tu vuelo: el avión, el entorno y la situación. La pregunta es: ¿cuántos niveles diferentes de tecnología quieres poner entre tu cerebro y las superficies de control? El avión nunca se dirige a un lugar por sí solo y sin ti. Siempre irá adonde le digas que vaya. Una computadora solo puede hacer lo que le digan que haga. La opción es: ¿le digo que lo haga al empujar la palanca de control con mi mano o le digo que haga algo utilizando tecnología de intervención?

El Airbus A320 —el avión del vuelo 1549— tiene un sistema de «pilotaje por cable», lo que básicamente significa que los mandos de vuelo se mueven por medio de impulsos eléctricos, en lugar de tener un enlace mecánico directo entre la palanca de control en la cabina de mando y las superficies de control en las alas y la cola. El sistema de pilotaje por cable impide exceder los valores predeterminados, como el grado de inclinación (qué tan alta o baja pueda estar la nariz del avión con respecto al horizonte), el ángulo de inclinación (cuán bruscamente puedes girar), y la velocidad de vuelo.

Al doctor Wiener le preocupaba, y estoy de acuerdo con él, que la paradoja de la automatización es que a menudo reduce la cantidad de trabajo de un piloto cuando ya de por sí es baja. Y a veces aumenta el trabajo en la cabina cuando ya es alto.

Veamos, por ejemplo, un cambio de pista en el último minuto. Antiguamente, podías sintonizar con facilidad tu receptor de navegación por radio a la frecuencia para aproximarte a una pista diferente. Hoy día, tendrás que presionar diez o doce botones en la computadora para programar un cambio de pista.

Para aquellos que creen que la tecnología es la respuesta a todo, el doctor Wiener demostró que no es así. Señaló que los aviones automatizados con la mejor tecnología no eliminan los errores, sino que más bien producen diferentes errores. Por ejemplo, en cuanto a errores de navegación, la automatización permite a los pilotos cometer con mucha precisión graves errores de este tipo. Piensen en el vuelo 965 de American Airlines, un Boeing 757 que volaba de Miami a Cali, Colombia, el 20 de diciembre de 1995. Debido a que a los dos *waypoints* (puntos específicos en la trayectoria de vuelo) se les dio el mismo nombre, y a que la computadora de gestión de vuelo mostró el punto más cercano como la segunda opción entre los dos, los pilotos seleccionaron erróneamente el más lejano, poniendo al avión en un rumbo de colisión contra una montaña. Solo cuatro de las 163 personas que iban en el avión sobrevivieron.

El doctor Wiener no está en contra de la tecnología, y yo tampoco, pero la tecnología no es un sustituto para la experiencia, la habilidad y el buen juicio.

Un aspecto que ha contribuido siempre a que el sector de las aerolíneas sea fuerte y seguro, es el concepto que los pilotos llaman «la autoridad del capitán». El capitán tiene cierto grado de autonomía: la capacidad de emitir un juicio profesional e independiente en el contexto de las normas profesionales.

El problema actual es que los pilotos son vistos de un modo diferente. A lo largo de los años, hemos perdido una buena cantidad de respeto por parte de nuestras directivas, compañeros de trabajo y del público en general. La idea de ser piloto se ha visto degradada, por lo que me preocupa que la seguridad pueda verse comprometida como resultado. La gente solía decir que los pilotos de las aerolíneas se situaban un escalón por debajo de los astronautas. Ahora el chiste es que estamos un escalón por encima de los conductores de autobuses, pero los conductores de autobuses tienen mejores pensiones que nosotros.

En la actualidad, las directivas de las aerolíneas parecen dudar más de nosotros. Tenemos más retos. Hace treinta años, sería inaudito que un mecánico o trabajador de las rampas discutiera a gritos con un capitán, cosa que hoy sucede.

Sé que algunos capitanes no representan lo mejor de nosotros. Puede haber circunstancias y momentos en los que es apropiado desafiar a un capitán. Pero a veces somos cuestionados porque otras personas en el sistema de las aerolíneas quieren que la operación funcione muy bien, sea más oportuna o menos costosa.

Hay una escena en la película *Atrápame si puedes* de 2002 que me hizo pensar. Ambientada en la década de 1960 y basada en una historia real, Leonardo DiCaprio —el protagonista— es un estafador que en un momento dado suplanta a un piloto de Pan Am. En esa escena en particular, el personaje interpretado por DiCaprio está mirando a un apuesto capitán con su uniforme entrar a un hotel acompañado de varias azafatas jóvenes y hermosas de Pan Am. El gerente de la recepción sale del mostrador para saludarlos y darles la bienvenida de nuevo. Es solo un momento fugaz en la película, pero ilustra a la perfección el alto nivel de respeto que recibían anteriormente las tripulaciones de las aerolíneas. Por poco se me salen las lágrimas al ver ese recordatorio de cómo era la Edad de Oro de la aviación, y lo mucho que han perdido las tripulaciones desde entonces.

Hace unos años, leí en la revista *Flying* una columna escrita por un capitán que estaba a punto de jubilarse. Recordó sus primeros días como piloto y los comparó con la época actual, cuando todos los empleados de las aerolíneas, incluyendo los pilotos, son juzgados por su capacidad para seguir las reglas. «Fuimos contratados por nuestro juicio», escribió. «Y ahora estamos siendo evaluados por nuestra conformidad».

En muchos sentidos, es conveniente que todas las compañías aéreas estén más estandarizadas en la actualidad. Hay procedimientos apropiados y estamos obligados a seguirlos. Hoy, prácticamente no hay «vaqueros» en el aire que ignoren los artículos en sus listas. Al mismo tiempo, sin embargo, me temo que el cumplimiento por sí solo no es suficiente. El buen juicio —al igual que la decisión de Al Slader— es primordial.

Esta es la manera en la que los mejores pilotos ven este asunto: el deber y la obligación suprema de un capitán son siempre la seguridad. Como decimos: «Tenemos el poder del freno de estacionamiento». El avión no se moverá hasta que consideremos que podemos operar la aeronave de forma segura.

La autoridad trae consigo una gran responsabilidad. Un capitán necesita habilidades de liderazgo para hacer que los miembros de su tripulación se sientan y actúen como un equipo. El hecho de que en cualquier momento tenga que recurrir a la amplitud de conocimientos de toda su experiencia, y su capacidad de pensar con rapidez, sopesando todo lo que sabe mientras asume la responsabilidad por lo que no sabe, puede ser una carga abruma-dora en términos profesionales.

Siempre he tenido un gran respeto por pilotos como Al Hay-nes, Al Slader y muchos otros. Y creo que mis conocimientos y entender sus acciones me fueron de gran ayuda en el vuelo 1549, mientras tomaba decisiones en esos momentos tensos sobre la ciudad de Nueva York.

12

LA VISTA DESDE ARRIBA

No hay dos aeropuertos que sean exactamente iguales. En ese sentido, son casi como huellas dactilares. Cada uno tiene una geometría, un diseño de la pista de aterrizaje, y una disposición de las pistas de rodaje y edificios de las terminales diferentes. Cada uno difiere en su dirección y distancia del centro de la ciudad, y en su proximidad a otros puntos de interés.

Nunca he contado en cuántas pistas he aterrizado. No podría decir el número exacto de ciudades que he visto desde el aire. Pero trato de prestar atención a los detalles específicos de un lugar y de hacerme una imagen mental de la vista; podría ser útil la próxima vez que regrese, así sea varios años después.

Cuando los pilotos volamos con frecuencia a cierta ciudad, nos familiarizamos mucho con el aspecto que tienen desde el aire los puntos de referencia de la zona. Desde una altura considerable de siete a nueve mil metros, podemos identificar los edificios más altos, los estadios, los cuerpos de agua más grandes y las autopistas principales. Conocemos las configuraciones de las pistas de aterrizaje, las condiciones climáticas estacionarias y, cuando hemos aterrizado, el mejor lugar para conseguir una comida razonablemente saludable en la terminal.

Dado el sistema de centros de operaciones de US Airways, he volado mucho a Charlotte, Pittsburgh y Filadelfia, por lo que el despegue y el aterrizaje en esas ciudades son el equivalente para un piloto de sacar tu auto de casa y dar una vuelta por tu vecindario.

En muchos vuelos, me veo enfrascado en los mismos pensamientos: sobre lo hermosa que es la Tierra —en su belleza natural y artificial— y en lo afortunados que somos de llamarla nuestro hogar.

Hay muchas partes del país que me gusta sobrevolar o aterrizar en ellas. Cuando te acercas a Saint Louis en un día despejado, puedes ver el Arco Gateway —de doscientos metros de altura— a dieciséis kilómetros de distancia y a una altitud de nueve mil metros. Si el sol está en el ángulo adecuado, podrás ver su resplandor en la punta del arco.

Si vuelas a Las Vegas, en el aire despejado del desierto, podrás ver el «Strip» (una franja de seis kilómetros de la calle Las Vegas Boulevard South) desde una distancia considerable, incluso durante el día. De noche, se ve una línea de algunas de las luces más brillantes del continente, que parpadean a 129 kilómetros de distancia.

Seattle es una hermosa ciudad a la cual volar. Cuando era piloto en PSA, a veces volaba de Los Ángeles a Seattle, y me conocía de memoria los volcanes de la cordillera de las Cascadas en dirección norte: las Tres Hermanas, los montes McLoughlin, Bachelor, Washington, Jefferson, Hood, Adams y Rainier. Cada montaña se hacía visible, una después de la otra.

He sobrevolado muchos lugares de Estados Unidos —Montana, Idaho, las Dakotas— donde recorres grandes distancias sin muchos vestigios de la presencia humana. Es una especie de belleza solitaria, pero que puede ser muy atrayente. También me gusta sobrevolar la costa Este, donde la densidad de la población es sorprendente. Hay un flujo constante de luces entre Washington, D.C., y Boston. Desde el aire, parece haberse convertido en una megalópolis ininterrumpida.

Cuando vuelo a Fort Lauderdale, me gusta sobrevolar Cabo Cañaveral y ver su pista de casi cinco kilómetros de largo. ¡Qué emocionante sería aterrizar el transbordador allí! Los viajes a la Florida también me han recordado la facilidad con que la naturaleza puede destrozar cientos de kilómetros de construcciones humanas. Por varios años después de una serie de huracanes en 2004 y 2005, miles de viviendas en el sur de la Florida cubrían sus techos con unas lonas azules. Fue aleccionador sobrevolar ese tablero de ajedrez de cuadros azules y ver los poderes destructivos del viento y la lluvia.

A principios de la década de 1990, yo estaba muy abajo en la lista de antigüedad y tuve que hacer muchos vuelos nocturnos. En varios de esos vuelos, pude ver la aurora boreal una y otra vez. Especialmente en invierno, hubo noches en que la aurora llenaba todo el horizonte norte durante todo el viaje, desde el oeste hasta el este. Esa aurora —formada por partículas cargadas que chocan en la magnetósfera de la Tierra— me parecía cortinas que ondean suavemente en el viento, con sus pliegues desplazándose hacia adentro y hacia afuera. A veces la aurora era de color magenta oscuro o rojo ceniza. En otras ocasiones, mientras giraba en círculo, era de color verde lima. En lugar de asemejarse a una cortina, esas luces verdes parecían a veces un viejo televisor con la imagen mal ajustada y las líneas de la televisión yendo de abajo hacia arriba. Me sentí afortunado de estar en un lugar, noche tras noche, donde podía ver esas escenas.

Hace unos años, mi itinerario incluía viajes frecuentes a las islas Bermudas, Jamaica, República Dominicana, Costa Rica y Antigua, lo cual fue mucho más divertido que aterrizar en Charlotte por 141.ª vez. Me encantaba aproximarme a las islas de día. El agua era poco profunda y de color turquesa, con playas de arena blanca y montañas verdes.

Yo solía volar de Albany, Nueva York, a LaGuardia, y pasaba por encima de West Point, un viaje que a menudo refrescaba mi memoria. Un invierno, cuando era cadete en la Academia de la Fuerza Aérea, me enviaron una semana a West Point durante un programa de intercambio. Todo me pareció gris: las paredes de piedra de los viejos edificios, el cielo invernal, los uniformes de los cadetes. Comía en el comedor cavernoso de los cadetes, donde me dijeron que el general Douglas MacArthur había hecho su última visita a West Point. Había regresado a su querida alma mater en 1962 para dar su famoso discurso «Deber, honor, patria». Al sobrevolar West Point en días de invierno varias décadas después, me encontré pensando en ese discurso, y preguntándome qué estarían haciendo los cadetes actuales en ese momento en particular.

Mi itinerario me lleva desde y hacia LaGuardia unas quince veces al año, por lo que he volado cientos de veces allí. Así que conozco muy bien el panorama general y los puntos de referencia de la zona.

En el corredor de Nueva York, y cuando hace buen tiempo, los controladores a menudo nos dicen que volemos hacia un punto de referencia específico en tierra. Este uso de «puntos de notificación» —que son especialmente importantes cuando los pilotos vuelan visualmente además de utilizar instrumentos— es menos común en otras zonas del país, donde los puntos de referencia no son tan grandes o conocidos.

«Diríjase a la estatua. Siga el río», nos dicen los controladores, lo que significa volar hacia la Estatua de la Libertad y luego seguir el Hudson. O nos pueden señalar también el puente Verrazano-Narrows, en la boca de la bahía superior de Nueva York. «Diríjase a los Narrows».

Si el tiempo lo permite, me tomo un momento para apreciar la belleza física del paisaje de Nueva York. Debajo de mí hay millones de personas en cientos de miles de edificios. Es impresionante.

En un día despejado y con buena visibilidad, cuando puedo ver claramente a «la Dama» —el apodo que utilizamos los pilotos para referirnos a la Estatua de la Libertad—, veo con frecuencia el destello de la llama en su antorcha. Cuando paso por encima de la estatua, me acuerdo que me encantaba leerles un libro con ilustraciones a Kate y a Kelly cuando eran pequeñas. El libro hablaba de la construcción de la estatua, de que el pueblo francés se la regaló a Estados Unidos y de «El Nuevo Coloso», el poema de Emma Lazarus grabado en una placa de bronce en la base de ese monumento. Me gusta ese libro infantil, incluso más que a las niñas, en parte porque ese poema de Emma Lazarus siempre me ha parecido muy conmovedor y evocador. Puedo recitar de memoria buena parte de él: «... y su nombre Madre de los Exiliados. De su mano de faro se desprende el brillo de la bienvenida mundial. Sus calmos ojos dominan el puerto de puentes... ¡Alzo mi lámpara junto a la puerta dorada!».

Cuando mis hijas eran pequeñas y yo estaba de viaje, les enviaba tarjetas postales para que pudieran tener una idea de dónde estaba. Hacía lo mismo con sus maestros para que las compartieran con la clase. Escribía algunas líneas con mis propias observaciones sobre, por ejemplo, la Campana de la Libertad en Filadelfia o las famosas estatuas de patitos en el jardín público de Boston. Cuando les enviaba postales de la Estatua de la Libertad a las niñas, escribía acerca de la emoción que sentía al sobrevolarla, que había pensado en ellas y en el libro que leíamos antes de dormir.

ME HABRÍA gustado haber viajado más por el país con Lorrie y las niñas. Una de las ventajas de trabajar en el sector de las aerolíneas es que nuestras familias siempre han podido viajar de forma gratuita o con tarifa reducida. Podemos volar gratuitamente en clase económica en US Airways si hay plazas disponibles. Pagamos un porcentaje de la tarifa en otras aerolíneas, por lo general entre una cuarta parte y la mitad del precio normal.

En épocas pasadas, los pilotos se iban fácilmente de vacaciones o de turismo con sus cónyuges e hijos. En la actualidad, sin embargo, cuando las tarifas bajas garantizan que los aviones casi siempre están llenos, es mucho más difícil conseguir cupo. Es otra consecuencia de la desregulación de las aerolíneas. Nuestros beneficios de viaje tienen ahora una utilidad limitada.

En 2001, por ejemplo, logré conseguir cuatro sillas en un vuelo a Orlando, por lo que Lorrie y yo pudimos llevar a las niñas a Disney World. Sin embargo, tuvimos problemas para conseguir cupo en el vuelo de regreso a San Francisco. Fuimos a varios aeropuertos en numerosas ocasiones, llevando todo nuestro equipaje, para tratar de encontrar un vuelo en cualquier aerolínea.

Kate, que tenía ocho años, no aguantó más. «¿Por qué no compramos boletos como todo el mundo?», preguntó. Para ella, yo no era un piloto importante y mis beneficios no le importaban; era un padre tacaño y con prisas que le hacía arrastrar su maleta por todo el aeropuerto.

Actualmente, casi siempre compramos boletos normales para volar, porque las molestias e incertidumbres al tratar de usar mis beneficios de viaje como empleado simplemente no valen la pena.

Yo diría que nuestro viaje gratis más memorable en familia fue a Nueva York en diciembre de 2002, cuando las niñas tenían nueve y siete años.

Yo tenía programado un viaje de cuatro días, y cada noche hacía escala en Manhattan. Llamé a Lorrie desde Pittsburgh de manera impulsiva.

«Anda a la escuela por las niñas», le dije. «Puedo conseguirles cupo en el próximo vuelo nocturno a Pittsburgh, y luego nos tomaremos unas pequeñas vacaciones de sorpresa». Era un eco de los buenos y viejos tiempos, cuando mi padre decidía ir a la escuela por mi hermana y por mí para llevarnos a Dallas.

Lorrie y las niñas decidieron viajar. Llegaron temprano en la mañana a Pittsburgh, donde yo las esperaba en la puerta de salida. Fui el piloto del próximo vuelo de US Airways a LaGuardia, y logré conseguirles asientos en mi avión.

Me encantó tenerlas a bordo. Hice mi habitual anuncio de bienvenida, pero con un toque especial. «Damas y caballeros, les habla el capitán Sullenberger; Katie y Kelly, les habla su padre. Nos dirigimos al Aeropuerto LaGuardia de Nueva York...».

Lorrie me dijo después que las niñas se rieron cuando dije eso. Sentían que todo el mundo les estaba sonriendo. Fue un momento agradable.

Llegamos a Nueva York, donde hacía mucho frío, pero lo pasamos increíblemente bien. Tomamos un ferri que pasaba por la Estatua de la Libertad. Habían transcurrido solo quince meses después de los ataques del 11 de septiembre, y la estatua todavía estaba cerrada a los visitantes. Esa noche fuimos a ver *42nd Street* en Broadway.

Al día siguiente piloté un vuelo de ida y vuelta entre LaGuardia y Nueva Orleans, y Lorrie y las niñas permanecieron en Nueva York. Fueron a Macy's y visitaron a Papá Noel. Recorrieron la ciudad en una autobús turístico. Pasaron por la Zona cero.

Regresé por la noche, vimos el árbol de Navidad en el Rockefeller Center y patinamos sobre el hielo. Luego asistimos al espectáculo de Navidad de las Rockettes en Radio City Music Hall. Kate y Kelly estaban impresionadas con el esplendor del teatro y, como habían recibido clases de baile, les encantó la manera en que los bailarines se organizaban perfectamente de acuerdo a su estatura y su forma de cantar con tanta coordinación.

Al día siguiente tenía que pilotear un vuelo desde Nueva York hasta Nassau. Se desató una gran tormenta de nieve cuando salía de LaGuardia. Así que hice que descongelaran el avión y volé hacia las Bahamas, donde la temperatura era de ochenta grados. Como de costumbre, solo pude disfrutar un momento del sol, cuando bajé las escaleras y atravesé la pista. Pocas horas después regresamos a Nueva York.

Durante todo el viaje de regreso revisé los informes meteorológicos de LaGuardia emitidos cada hora; vi que estaba nevando en Nueva York y que la visibilidad se había reducido a un tercio de kilómetro. La predicción decía que las condiciones mejorarían a la hora de nuestra llegada. Pero en la medida que nos acercábamos, parecía que tendríamos que desviarnos a Pittsburgh, nuestro aeropuerto alterno.

Cuando llegamos al área de Nueva York, la visibilidad mejoró ligeramente, lo que nos permitió aterrizar en la pista, que a pesar de haberse limpiado, estaba otra vez cubierta de nieve.

Mientras caminaba por la terminal, me detuve a mirar las pantallas de televisión que muestran las llegadas programadas. En una columna tras otra, en cada vuelo de cada ciudad, y de la A hasta la Z, había el mismo rótulo: «cancelado», «cancelado», «cancelado...». Pero cuando llegué a la letra N, había un vuelo de Nassau, señalando que había llegado a tiempo. Era el vuelo mío.

Resultó que yo estaba en el lugar correcto en el momento adecuado y logré llegar justo cuando el tiempo mejoró. Llegué al hotel mientras Lorrie y las niñas se arreglaban para ir a cenar. Me sorprendió ver a Kate y a Kelly, que estaban en el vestíbulo con sus hermosos abrigos de lana con collares aterciopelados. El de Kelly era rojo y el de Katie era verde. Parecían unas muñecas pequeñas y hermosas, vestidas para un paseo por un Manhattan cubierto de nieve. Me alegré de haber podido regresar a la ciudad y tener esa visión de ellas, caminando por el vestíbulo y luego a la oscuridad de la noche.

Durante el resto de nuestra estadía, Lorrie y yo viajamos en metro y en taxi con las niñas. En todos los sitios a los que fuimos, Kate y Kelly eran dos pequeñas chicas de los suburbios perdidas en un mar de adultos altos y familiarizados con la ciudad. Al final del viaje, Kate nos dijo: «Me lo he pasado muy bien, pero estoy cansada de todo el ajetreo y el bullicio».

Logramos conseguir cuatro plazas en un vuelo de regreso a San Francisco, viajamos en clase económica y todos miramos por la ventana, viendo pasar el continente.

Para un piloto, LaGuardia es un entorno más desafiante que cualquier otro aeropuerto. El volumen del tráfico en la zona de Nueva York lo convierte en un espacio aéreo complicado, en el que muchos aviones compiten por un hueco para despegar o aterrizar. Hay tres aeropuertos principales y cercanos entre sí —John F. Kennedy, Newark y LaGuardia—, además de instalaciones más pequeñas como el Aeropuerto del Condado de Westchester, en White Plains, y Teterboro, en Nueva Jersey. Las frecuencias de radio se mantienen más ocupadas que las de muchos lugares del país. Hay un gran número de voces en tus oídos y pasan muchas cosas a tu alrededor que debes tener en cuenta.

Otro asunto es que las pistas de aterrizaje de LaGuardia son cortas y están rodeadas de agua. Así que, en gran medida, tienes que aterrizar con mucha precisión, ya que no hay mucho espacio adicional para hacer correcciones. Cuando aterrizas, lo mejor es llevar el avión al lugar adecuado de la pista, porque deberás tener espacio suficiente para detenerte. Apuntas a la «zona de contacto», que empieza a trescientos metros más allá del comienzo de la pista.

En el invierno, por supuesto, a menudo hay condiciones climáticas que son motivo de preocupación. Y tienes que estar listo para retrasos en los vuelos mientras esperas tu turno para que descongelen tu avión.

A pesar de todo eso, me gusta volar desde LaGuardia. Me agrada el desafío que supone y, sobre todo, la vista que tengo desde el aire: el Central Park, el edificio Empire State, las magníficas casas y barcos de Long Island. También disfruto de los pasajeros de LaGuardia. Parecen experimentados y son más amables de lo que aparentan.

Es cierto que muchos de los que se embarcan en Nueva York pueden ser muy directos y exprimen la situación. Pero las azafatas veteranas saben que la manera de lidiar con ellos es siendo seguras de sí mismas y conteniéndose un poco. Si demarcan los límites con firmeza, los pasajeros por lo general no tendrán problemas con ellas.

Cuando un pasajero pide dos bebidas a la vez, una azafata podría sonreír y decirle: «Volveré en un minuto. No eres el único en el avión, ¿verdad? ¿Te enseñó eso tu madre?». Si la azafata se comporta de manera correcta y con humor, muchos pasajeros aceptarán sus palabras y le devolverán la sonrisa. Las azafatas me han dicho: «Cuando quieres que alguien apague la computadora antes de aterrizar, se lo puedes pedir con amabilidad o decir: "Ya está bien; ¡basta ya y apaga ese portátil!"».

En los vuelos de US Airways de mediados de semana que salen de «LGA» hay una gran cantidad de viajeros de negocios, por lo que pueden ser pasajeros muy curtidos. Vuelo con frecuencia de LaGuardia a Charlotte, que se ha convertido en un importante centro bancario, así que puedo llevar a una docena o más de banqueros en cada vuelo. Además, siempre hay filas y filas de otros viajeros que vuelan con tanta frecuencia que conocen bien el sector de las aerolíneas, de las responsabilidades de la tripulación y del papel que deben desempeñar los pasajeros durante una emergencia.

En el caso del vuelo 1549, viajar rumbo a Charlotte un jueves por la tarde resultó ser un hecho fortuito.

El 15 de enero de 2009, el día del vuelo 1549, había dejado de nevar en los alrededores de LaGuardia a principios de la mañana. Hacía frío y había nubes dispersas. Los vientos venían del norte, por lo que estábamos preparados para despegar en esa dirección.

Íbamos a bordo de un Airbus A320-214, fabricado en Francia por Airbus Industrie. El avión específico que nos asignaron, entregado a US Airways en 1999, había realizado 16.298 vuelos antes de nuestro despegue. Había estado 25.241 horas en el aire. El motor izquierdo había prestado 19.182 horas de servicio, y el motor derecho 26.466 horas. El trabajo más reciente de mantenimiento, «una revisión» (que se hace cada 550 horas de vuelo) se había realizado cuarenta días antes. El chequeo anual «C» (una inspección completa) del avión había tenido lugar nueve meses atrás. Esas estadísticas son comunes para aviones operados por aerolíneas comerciales en Estados Unidos.

Despegamos de la pista 4 noreste unos cuatro segundos antes de las 3:26 p.m. con el primer oficial Jeff Skiles en los mandos. Además de nosotros dos en la cabina, iban 150 pasajeros a bordo y nuestras tres azafatas: Donna Dent, Doreen Welsh y Sheila Dail.

Tan pronto atravesamos el final de la pista, el controlador local de LaGuardia nos puso en contacto con el controlador de salidas, Patrick Harten, que trabaja en el «Control de aproximación por radar de la terminal de Nueva York» (TRACON, por sus siglas en inglés) en Westbury, Long Island. Catorce minutos antes, Patrick había sido asignado a la posición del radar de salidas de LaGuardia, que se encarga de todos los vuelos que salen de este aeropuerto.

Llamé por radio a Patrick: «Cactus quince cuarenta y nueve, setecientos, subiendo a cinco mil [1.500 metros]». Eso significaba que estábamos a setecientos pies (213 metros) de altura, antes de alcanzar los cinco mil (1.500 metros). Habíamos girado a la izquierda en una dirección de 360 grados, cumpliendo con nuestras instrucciones de salida. Esto es el norte en una brújula magnética.

Patrick respondió: «Cactus quince cuarenta y nueve, contacto con el radar de salidas de Nueva York. Ascienda y manténgase a uno cinco mil». Nos estaba diciendo que subiéramos a quince mil pies (4.500 metros).

«Manteniendo uno cinco mil, Cactus quince cuarenta y nueve», respondí.

Mientras alcanzábamos los trecientos metros de altura, Jeff ordenó: «Y *alerones* a uno, por favor». «*Alerones* a uno», repetí mientras movía la palanca de los alerones de la posición 2 a la 1, en tanto que Jeff bajaba la nariz del avión, manteniéndolo recto en nuestro ascenso en la medida que acelerábamos.

A continuación, Jeff dijo: «*Alerones* arriba, por favor, después lista de control de despegue».

«*Alerones* arriba», respondí. Retraje los *alerones*, verifiqué que se hubieran seguido todas las pautas de la lista de comprobación después del despegue y anuncié: «Lista completa después del despegue».

La parte del despegue ya había concluido, y estábamos pasando a la parte del ascenso del avión al retraer los *alerones*. Estos eran necesarios para despegar, pero producirían una fricción innecesaria durante nuestro ascenso. El avión tenía una configuración adecuada —el tren de aterrizaje y los *alerones* estaban retraídos— y comenzamos nuestra aceleración a 250 nudos.

Continuamos subiendo y acelerando. El increíble paisaje de Nueva York comenzaba a hacerse visible. Todo era completamente rutinario hasta ese momento.

13

SÚBITO, COMPLETO
Y SIMÉTRICO

LEVÁBAMOS UNOS NOVENTA y cinco segundos en el aire y el avión aún no se había elevado a novecientos metros cuando las vi.

«¡Aves!», le dije a Jeff.

Las aves estaban delante de nosotros, en lo que probablemente era una formación en V. Él las había visto una fracción de segundo antes de que yo pronunciara la palabra, pero ninguno de los dos tuvo tiempo para reaccionar. Nuestro avión viajaba a 3,83 millas por minuto; es decir, a noventa y seis metros por segundo. Las aves estaban casi a un campo de fútbol americano de distancia cuando las vi por primera vez. Escasamente parpadeé y ya estaban sobre nosotros.

Había muchas aves grandes, una docena o más, y vi el contorno de las alas desplegadas horizontalmente. Estábamos volando tan rápido en comparación con las aves que parecía como si no se movieran. Simplemente vi, en un instante, las siluetas cilíndricas y oscuras de sus cuerpos. Más tarde supe que eran gansos del Canadá, que pesaban entre tres y ocho kilogramos cada uno, con una envergadura de casi dos metros, con las ala extendidas y, como es su costumbre, tal vez estaban volando a una velocidad de ochenta kilómetros por hora.

Las ventanas de la cabina de mando del Airbus A320 son grandes, por lo que mientras miraba hacia el frente, vi que había aves por todas partes cubriendo el parabrisas. No era una escena muy diferente a *Los pájaros* de Alfred Hitchcock. Posteriormente pensé que debí tratar de agacharme en caso de que el parabrisas se agrietara por el impacto de las aves, pero no tuve tiempo.

La grabadora de voz registró mi conversación con Jeff y los sonidos en la cabina:

Sullenberger (3:27 y 10,4 segundos): «¡*Aves!*».

Skiles (3:27:11): «¡*Ahhh!*».

(3:27:11.4): *Sonido de golpetazos/golpes sordos, seguido del sonido de una sacudida.*

Skiles (3:27:12): «¡*Oh, no!*».

Sullenberger (3:27:13): «*Oh, sí*».

(3:27:13): *Comienza a oírse un sonido similar a la disminución del ruido/ frecuencia en el motor.*

Skiles (3:27:14): «*Ah, oh*».

Mientras las aves golpeaban el avión, sentimos como si estuviéramos siendo azotados por fuertes lluvias o por granizo. Sonó como la peor de las tormentas que hubiera escuchado en Texas. Las aves impactaron muchas partes del avión por debajo del nivel del parabrisas, incluyendo la nariz, las alas y los motores. Los golpes ocurrieron en una sucesión rápida, casi de manera simultánea, pero con una fracción de un segundo aparte.

Más tarde supe que Sheila y Donna, aún con los cinturones abrochados en sus sillas, también sintieron los golpes.

«¿Qué fue eso?», preguntó Sheila.

«Podría ser el golpe de un ave», respondió Donna.

En toda mi carrera había recibido golpes de aves en tres o cuatro ocasiones y ni siquiera le habían hecho una muesca al avión. Habíamos registrado los golpes en nuestros diarios de vuelo, asegurándonos de que todas las partes del avión estuvieran intactas y eso había sido todo. Obviamente, siempre he sido consciente de los riesgos. Alrededor de ochenta y dos mil golpes de animales —incluyendo ciervos, coyotes, lagartos y buitres— se han reportado a la FAA desde 1990. Los investigadores estiman que esta es solo una quinta parte de la cifra real, ya que la gran mayoría no son reportados formalmente por los pilotos. Los estudios han demostrado que aproximadamente el cuatro por ciento de los golpes causan daños considerables a los aviones. En los últimos veinte años, los golpes de animales han ocasionado 182 muertes y destruido 185 aviones, de acuerdo con el Centro Nacional de Investigación sobre la Vida Silvestre en Sandusky, Ohio.

Sin embargo, en ese momento del vuelo 1549, a solo 884 metros por encima de Nueva York, yo no estaba pensando en esas estadísticas. Pero muy pronto concluí que la situación era grave. No se trataba de aves de pequeña envergadura que habían golpeado el parabrisas o chocado con relativa fuerza contra un ala para luego precipitarse a tierra.

Íbamos apenas a más de 200 nudos, es decir, a 370 kilómetros por hora, e inmediatamente después del golpe, sentí, escuché y olí la prueba de que las aves habían entrado a los dos motores y les habían causado graves daños.

Oí el ruido de estos haciéndose añicos por dentro, ese mecanismo equilibrado que giraba rápidamente y estaba en perfectas condiciones se estaba desmoronando con rapidez, y las cuchillas partidas se desprendían. Sentí vibraciones fuertes y anormales. Los motores rugían con todas sus fuerzas. Nunca olvidaré esos ruidos ni esas vibraciones terribles y extrañas. ¡Sonaban y vibraban de mala manera! Luego percibí un olor inconfundible: eran las aves quemadas. El aire delator se estaba propagando desde los motores hasta la cabina.

Pocos segundos después, Jeff y yo sentimos una pérdida de propulsión súbita, completa y bilateralmente simétrica. No era algo que había experimentado en una cabina en mi vida. Fue impactante y sorprendente. No hay otra manera de describirlo. Se produjo de repente un extraño silencio, sin los ruidos normales del motor. Donna y Sheila me dijeron más tarde que en la cabina de pasajeros había tanto silencio como en una biblioteca. El único ruido del motor era una especie de traqueteo y golpes rítmicos, como los de un palo sostenido contra los radios de una bicicleta en movimiento. Era un sonido anormal, semejante al de un molino.

Si tienes más de 18.144 kilos de empuje moviendo tu avión de 68 toneladas elevándose en un ángulo empinado y el empuje desaparece de repente —y por completo—, eso llamará tu atención. Yo sentía que el impulso desaparecía y que el avión desaceleraba. Sentí que los dos motores iban frenando paulatinamente. Si solo un motor hubiera sido destruido, el avión oscilaría, girando ligeramente a un lado, debido al empuje del motor que seguía funcionando. Eso no sucedió, por lo que supe con mucha rapidez que se trataba de una crisis excepcional.

Si hubiéramos perdido un motor, habríamos mantenido el control del avión y seguido los procedimientos para esa situación. Habríamos declarado una emergencia e informado al controlador de la pérdida de un motor, recibiendo permiso para aterrizar inmediatamente en el aeropuerto más cercano y apropiado. Luego habríamos comunicado a las azafatas y a los pasajeros lo que estaba sucediendo. Sería una emergencia, pero casi con seguridad habríamos aterrizado de forma segura, probablemente en el aeropuerto de Newark, donde las pistas son más largas que en LaGuardia.

Nunca antes me había sucedido que un solo motor fallara. Los motores hoy en día son tan seguros que es posible que un piloto profesional de una aerolínea no pierda siquiera uno solo durante toda su carrera. Me estaba acercando a ese registro perfecto antes del vuelo 1549.

Sullenberger (3:27:15): «*Tenemos uno en "roll bak" [potencia irrecuperable en el motor]: los dos están en "roll back"*».

(3:27:18): *Empieza un sonido retumbante.*

Sullenberger (3:27:18.5): «*Encendido, arranque*».

Sullenberger (3:27:21.3): «*Estoy encendiendo la UPA [unidad de potencia auxiliar]*».

Ocho segundos después de los golpes de las aves, tras darme cuenta de que estábamos sin motores, supe que este era el peor reto en materia de aviación que había enfrentado en toda mi vida. Fue una sensación enfermiza, apabullante, sentía un nudo en el estómago y nunca antes me había sentido así.

Supe de inmediato y de manera intuitiva que tenía que encargarme de los mandos, y que Jeff necesitaba ocuparse de la lista de control de emergencia.

«Mi avión», dije a las 3:27:23.2.

«Tu avión», respondió él.

Este importante protocolo garantizaba que los dos sabíamos quién estaba volando la aeronave.

En las emergencias más comunes para las que recibimos entrenamiento, tales como la pérdida de un motor, no teníamos tiempo de repasar nuestras listas de control y pensar en soluciones. En esos casos, se recomienda por lo general que el primer oficial vuele para que el capitán pueda pensar en la situación, tomar decisiones y dar directrices.

Incluso en aquellos segundos iniciales, yo sabía que esa era una emergencia que exigía pensar más allá de lo que normalmente se considera apropiado. En la medida que un torrente de información acudía a mi mente, estaba seguro de que tenía más sentido que yo me encargara de los mandos.

Las razones eran claras para mí. Por un lado, yo tenía más experiencia que Jeff con el A320. Además, todos los puntos de referencia que necesitaba ver para determinar adónde podíamos ir, estaban a mi lado del avión.

También sabía que debido a que Jeff había recibido entrenamiento en el A320, tenía experiencia más reciente en la práctica de los procedimientos de emergencia. Él podía encontrar con mayor rapidez la lista de control adecuada entre las casi 150 listas de control que había en el «Manual de referencia rápida» (MRR). Era el hombre adecuado para esa labor.

Después de tomar el control del avión, dos pensamientos pasaron por mi mente, ambos regidos por la incredulidad: *Esto no puede estar pasando. Esto no me está pasando a mí.*

Me obligué a alejar esos pensamientos casi de inmediato. Dada la gravedad de la situación, sabía que tenía pocos segundos para decidirme por un plan y pocos minutos para ejecutarlo.

Era consciente de mi cuerpo. Podía sentir la descarga de adrenalina. Estoy seguro de que mi presión arterial y mi pulso se dispararon. Pero también supe que tenía que concentrarme en las tareas a mano y no dejarme distraer por las sensaciones corporales.

Jeff parecía estar igualmente concentrado en su tarea. Actuó con eficacia, enfocado en lo que tenía que hacer. Más tarde diría que sentía su cerebro hinchado «como cuando tienes un fuerte resfriado», aunque en ese momento no me pareció que su voz y su actitud estuvieran afectadas. Los dos estábamos muy conscientes de lo terrible que era la situación. Simplemente no perdimos tiempo haciendo comentarios al respecto.

Siempre he recordado algo que dijo el astronauta John Young poco antes del lanzamiento de una misión espacial. Cuando le preguntaron si estaba preocupado por los riesgos, o por la posibilidad de una catástrofe, respondió: «Cualquiera que esté sentado sobre el sistema impulsado por hidrógeno y oxígeno más grande del mundo, sabiendo que la parte inferior estará encendida, y no se preocupa, no entiende por completo la situación».

En nuestro caso, tanto Jeff como yo comprendimos claramente la gravedad de nuestra situación y nos preocupamos mucho. Saldríamos de esta si en cada fracción de los próximos segundos podíamos resolver la sucesión de problemas que se avecinaban. A pesar de todo —del avión averiado, de las sensaciones en mi cuerpo, de la velocidad con la que teníamos que actuar— tuve la confianza de que podíamos salir de esta situación.

Hay tres reglas generales con respecto a cualquier emergencia aérea. Las aprendemos en nuestras primeras lecciones como pilotos. Y para aquellos de nosotros que servimos en el ejército, estas reglas están codificadas.

Mantenga el control del avión.

Asegúrese siempre de que alguien esté volando la aeronave y enfocado en mantener la mejor trayectoria de vuelo. No importa qué otra cosa suceda, usted tiene que acordarse de volar el avión en primer lugar, porque si no la situación puede empeorar con mucha rapidez.

Sentirá el impulso de hacer otras cosas: familiarizarse con las particularidades de la situación de emergencia, la resolución de problemas, encontrar las listas de control adecuadas, hablar con el control de tráfico aéreo. Hay que hacer todas estas cosas, pero sin sacrificar la maniobra del avión.

Analice la situación y tome las medidas adecuadas.

A lo largo de nuestra formación, sabemos que las acciones que debemos considerar dependerán de los sistemas que hayan fallado y de la cantidad de tiempo y combustible que tengamos para hacer frente a la situación. Hay pasos y procedimientos específicos, y tenemos que conocerlos y estar listos para recurrir a ellos.

Aterrice tan pronto como las condiciones lo permitan.

Debemos tener en cuenta el clima y las condiciones de la pista, el viento, la longitud y el ancho de la pista, la emergencia y los equipos de rescate disponibles en el aeropuerto donde podría intentarse un aterrizaje, así como muchos otros factores. Es importante aterrizar rápidamente, pero con la debida consideración. ¿Cuál es la capacidad de respuesta del personal de emergencias del aeropuerto más cercano? ¿Es más sensato volar a otro aeropuerto con mejor clima o mejores instalaciones?

Esas son las tres reglas básicas. Y hay una variación sobre esas reglas que a los pilotos nos parece fácil recordar: «Pilote, navegue, comunique».

Pilote: vuele el avión. *Navegue:* asegúrese de que su trayectoria de vuelo sea apropiada y de no desviarse del rumbo. *Comunique:* deje que quienes estén en tierra le ayuden y los que estén en el avión sepan lo que deben hacer para salvar sus vidas.

En el vuelo 1549, Jeff y yo estábamos haciendo todas esas cosas casi de manera simultánea. No teníamos otra opción. Eso significaba tener que asegurarnos también de que las tareas prioritarias no se vieran afectadas mientras llevábamos a cabo las de menor importancia.

Lo primero que hice fue bajar la nariz del avión para alcanzar la velocidad ideal para planear. El avión tenía que convertirse en un planeador eficiente para que todos los que íbamos a bordo pudiéramos sobrevivir.

En los días que siguieron al acuatizaje en el Hudson, los medios de comunicación conjeturaron que mi formación como piloto de planeadores treinta y cinco años atrás me había sido muy útil en el vuelo 1549. Tengo que descartar esa afirmación. Las características de vuelo, así como también la velocidad y el peso de un Airbus, son completamente diferentes a las características de los planeadores que volé. Son tan distintas como el día y la noche. Así que mi entrenamiento con los planeadores fue de poca ayuda. En cambio, creo que lo que realmente me ayudó fue el hecho de haber volado aviones de reacción durante muchos años y haber prestado mucha atención a la conservación de la energía. Debía encontrar la ruta óptima en miles de vuelos. Creo que eso me ayudó más que cualquier otra cosa en el vuelo 1549. Debía utilizar la energía del Airbus sin sus dos motores, para posarnos en tierra firme... o en algún otro lugar.

Mientras descendíamos y veíamos que la tierra se acercaba a nosotros más rápidamente de lo normal, los pasajeros del vuelo

1549 no supieron de inmediato lo grave que era esa situación. No estaban piloteando un avión ni tenían la formación. Lo más probable era que no pudieran asimilar esas señales dispares y adquirir conciencia de la magnitud de nuestro problema. La naturaleza de la emergencia y la extrema compresión del tiempo nos obligaron a Jeff y a mí a centrar nuestra atención en las tareas prioritarias, por lo que no hubo tiempo para hacer ningún contacto verbal con los que estaban en la cabina de pasajeros, ni siquiera con las azafatas.

Jeff y yo nunca hicimos contacto visual en la cabina de mando pero, a partir de las pocas palabras que dijo y de su comportamiento y lenguaje corporal en general, tuve la clara sensación de que no sentía pánico. No estaba distraído, por lo que trabajaba de manera rápida y eficiente.

Sullenberger (3:27:28): «*Toma el MRR... Pérdida de empuje en ambos motores*».

Jeff cogió el *Manual de consulta rápida* y encontró el procedimiento más adecuado para nuestra emergencia. Ese manual tiene más de tres centímetros de espesor y, en ediciones anteriores, tenía fichas numeradas que sobresalían de los bordes. Eso hacía que fuera más fácil encontrar la página exacta que necesitábamos. Podías sostenerlo en la mano izquierda y utilizarlo como una libreta de direcciones, pasando los separadores numerados con la mano derecha antes de llegar, por ejemplo, a la ficha del procedimiento número 27.

En los últimos años, sin embargo, y debido a la reducción de costos, US Airways comenzó a imprimir esos manuales sin las fichas numeradas. Ahora, el número de cada procedimiento estaba impreso en la página correspondiente, haciendo que los pilotos abrieran el manual y pasaran las páginas hasta encontrar la que buscaban.

Mientras Jeff pasaba rápidamente las hojas del manual en el vuelo 1549, es probable que tardara unos segundos adicionales en encontrar la página que necesitaba con el procedimiento adecuado. Le dije eso a la Junta Nacional de Seguridad en el Transporte en mi testimonio después del accidente.

Sobrevolábamos el Bronx en ese momento y podía ver el norte de Manhattan por mi ventana. La mayor altura que habíamos alcanzado era de poco más de 914 metros y ahora, siguiendo en dirección noroeste, estábamos descendiendo a un ritmo de más de cinco metros por segundo. Eso sería equivalente a un ascensor que bajara dos pisos por segundo.

Habían pasado veintiún segundos y medio desde la colisión con las aves. Yo necesitaba informarle al controlador sobre nuestra situación y encontrar un sitio para aterrizar rápidamente el avión, ya fuera en LaGuardia o en otro lugar. Comencé a girar a la izquierda, en busca de ese sitio.

«¡SOS! ¡SOS! ¡SOS!...».

Ese fue el mensaje —la angustiosa señal de emergencia— que le envié al controlador Patrick Harten, justo después de las 3:27:32.9. Lo dije de un modo profesional, pero con una sensación de urgencia.

Sin embargo, Patrick nunca escuchó esas palabras, pues me estaba transmitiendo algo mientras yo le hablaba. Cuando alguien habla por su micrófono, no puede oír lo que le dicen en la misma frecuencia. Mientras Patrick me daba una orientación rutinaria —«Cactus quince cuarenta y nueve, gire a la izquierda en dirección dos siete cero»—, mi mensaje de «SOS» no salió de nuestra cabina.

Yo no sabía que Patrick no me había escuchado, ni que yo tampoco lo había escuchado a él. Ese es un asunto frecuente y problemático en las comunicaciones entre los controladores y los pilotos. Cuando dos personas transmiten simultáneamente, no solo se bloquean entre sí, sino que a veces también impiden que quienes estén cerca escuchen ciertas transmisiones. Los dispositivos «antibloqueo» se inventaron para que la radio de las aeronaves detectase el momento en que alguien está transmitiendo. Así, una vez que una radio detecta otra transmisión, puede impedir que tu radio transmita para no bloquear a otra persona. Nosotros podíamos utilizar esos dispositivos o una tecnología similar en nuestras cabinas. Todos los pilotos tienen sus propias anécdotas. Se han dado circunstancias en las que un piloto presiona el botón de su radio y, durante unos minutos, los que estamos en aviones con la misma frecuencia escuchamos solamente el ruido de fondo de su cabina. No podemos escuchar al controlador. Es una situación de riesgo potencial que no se ha resuelto porque las aerolíneas y otros operadores han decidido no adoptar una tecnología antibloqueo, y la FAA no ha hecho que sea obligatoria.

La transmisión de Patrick duró unos cuatro segundos y, cuando soltó el botón para transmitir, escuchó el resto de mi transmisión: «... Este es Cactus quince treinta y nueve. Chocamos con aves. Hemos perdido empuje en ambos motores. Estamos volviendo a LaGuardia».

Yo había dado mal el número de nuestro vuelo. Más tarde, cuando escuché la grabación, detecté un mayor nivel de estrés en mi voz; era ligeramente ronca y con un timbre más alto. Tal vez nadie podría haber notado eso, pero yo lo oí.

PATRICK, UN controlador que tenía treinta y cuatro años, había atendido varios miles de vuelos en sus diez años de trabajo, y tenía fama de ser cuidadoso y diligente.

Había ayudado a unos pocos aviones con averías en uno de los motores, aunque no hasta el extremo en que la aeronave hubiera tenido que planear. Su trabajo consistía en hacer que los aviones volvieran a tierra lo más rápido posible y, en cada caso, que aterrizaran sin incidentes.

Al igual que otros controladores, Patrick se enorgullecía de no haber fracasado nunca en sus intentos por ayudar a un avión en apuros a llegar sin inconvenientes a una pista de aterrizaje.

Había mantenido la calma y actuado de manera inteligente en anteriores situaciones de emergencia.

Una vez interactuó con un avión que venía de otro país. Hacía mal tiempo y la aeronave había sido puesta en espera. Solo le quedaba combustible para treinta minutos más. El avión estaba a casi veinte minutos del aeropuerto y podía quedarse sin combustible si las condiciones del tiempo se complicaban, o si se producían demoras en el tráfico aéreo. Patrick, sabiendo que no había margen de error, tuvo que decirle a otro avión que no hiciera su aproximación final, para darle el turno al que tenía poco combustible. Supervisó la reorganización de una especie de rompecabezas en el cielo y logró ayudar a que el avión aterrizara sin incidentes.

Unas quince veces en su carrera, los pilotos le habían dicho a Patrick que sus aviones simplemente habían colisionado con aves. El peor impacto al que había asistido antes del vuelo 1549 resultó en un parabrisas agrietado. Patrick había ayudado a ese avión a aterrizar de nuevo en LaGuardia de manera segura.

Él tenía ciertamente experiencia en emergencias. Pero como casi todos los controladores que trabajan en el mundo actual, nunca había estado en una situación en la que guiara a un avión sin ninguna capacidad de empuje.

En el caso del vuelo 1549, Patrick sabía que tenía que actuar de manera rápida y decisiva. Tomó la decisión inmediata de ofrecernos la pista 13 de LaGuardia, que era la más cercana a nuestra posición. Pero en ese momento, nos estábamos alejando de LaGuardia y descendiendo rápidamente.

Obviamente, él no hizo ningún comentario sobre la gravísima situación de nuestro avión. Simplemente reaccionó.

«De acuerdo», respondió por el radio. «Necesita regresar a LaGuardia. Gire a la izquierda en dirección, eh, dos dos cero».

«Dos dos cero», dije, porque conocía todas las opciones que tenía a mi izquierda. Al girar a ese lado, yo tendría que elegir una opción, y la que elegí determinaría la última dirección en la que volaría.

De la grabadora de voz de la cabina de mando:

Skiles (3:27:50): «*Si te queda combustible, enciende el selector de modo del motor*».

Sullenberger (3:27:54): «*Encendido*».

Skiles (3:27:55): «*Palancas de empuje, confirmar inactivas*».

Sullenberger (3:27:58): «*Inactivas*».

Skiles (3:28:02): «*Reencendido de velocidad* óptima. *Trescientos nudos. No tenemos eso*».

Computadora de alerta de vuelo (3:28:03): *Sonido de un solo timbre*.

Sullenberger (3:28:05): «*Nosotros no...*».

Inmediatamente, Patrick se puso en contacto con la torre de LaGuardia y dijo que despejaran todas las pistas. «Torre, detenga sus salidas. Tenemos una emergencia regresando».

«¿Quién es?», preguntó el controlador de la torre.

«El quince veintinueve», señaló Patrick, que también dijo el número incorrecto del vuelo en la tensión del momento. «Chocó con aves. Perdió todos los motores. Perdió empuje en los motores. Está regresando de inmediato».

La pérdida de empuje en ambos motores es tan poco común que el controlador de LaGuardia no entendió por completo lo que Patrick le acababa de decir. «Cactus quince veintinueve. ¿*Cuál* motor?», preguntó.

«Perdió empuje en *ambos* motores», respondió Patrick.

«Entendido», señaló el controlador de LaGuardia.

Esto no se oye en la cinta, pues ninguno de los controladores lo dijo en voz alta, pero ellos pensaban que estaban trabajando con un vuelo que probablemente tendría un final trágico.

A nivel mundial, es tan raro que los aviones pierdan empuje en todos los motores que puede pasar una década para que eso suceda. Por lo general, las aeronaves pierden empuje en todos los sistemas solo cuando vuelan a través de una nube de ceniza volcánica o cuando tienen problemas de combustible. Y en el caso de la ceniza volcánica, los pilotos han tenido el tiempo suficiente para reiniciar sus motores cuando se han alejado de la nube. Al estar a una altitud considerable —muy por encima de los nueve mil metros—, tienen tiempo para revisar sus procedimientos y trabajar en una solución, encendiendo al menos un motor.

En el caso del vuelo 1549, sin embargo, incluso si hubiéramos estado a la altura de la luna, nunca habríamos logrado prender de nuevo los motores porque estaban irreparablemente dañados. Dadas las vibraciones que sentimos provenir de los motores y la pérdida inmediata de empuje, era casi seguro que nunca lograríamos hacer funcionar los motores de nuevo. Y, sin embargo, yo sabía que teníamos que intentarlo.

Por lo tanto, mientras Jeff trabajaba diligentemente para reiniciar al menos un motor, me concentré en encontrar una solución. Sabía que teníamos muy pocos minutos antes de que nuestra trayectoria de vuelo se cruzara con la superficie terrestre.

Yo tenía una comprensión conceptual de que, a diferencia de cualquier otro vuelo que había piloteado en cuarenta y dos años, probablemente este no terminaría en una pista con el avión intacto.

14

LA GRAVEDAD

Había pasado menos de un minuto desde que el encuentro con las aves arruinara los motores en el vuelo 1549. Desde su posición en el radar en Long Island, Patrick aún tenía la esperanza de poder llevarnos a una pista de aterrizaje en LaGuardia.

Los controladores guían a los pilotos hacia las pistas de aterrizaje. Eso es lo que hacen. Eso es lo que mejor saben hacer. Así que él no iba a renunciar a su esfuerzo hasta agotar todas las opciones. Se imaginó que incluso en una situación tan grave como esa, la mayoría de los pilotos habrían intentado regresar a LaGuardia. Supuso que esa sería también mi decisión.

Cinco segundos después de las 3:28 p.m., tan solo treinta y dos segundos luego de comunicarle la situación de emergencia, Patrick me preguntó: «Cactus quince veintinueve, ¿quiere tratar de aterrizar en la pista tres en caso de que podamos conseguirla?». Patrick nos estaba ofreciendo la pista de LaGuardia a la que se podía llegar por la ruta más corta.

«No podemos», respondí. «Podríamos terminar en el Hudson».

Supe de manera intuitiva y rápida que el río Hudson podría ser nuestra única opción, y así se lo dije. Me pareció casi anormal decir esas palabras, pero de todos modos las dije. Jeff, que estaba a mi derecha, me escuchó y no hizo comentarios. Estaba ocupado tratando de reencender los motores. Pero más tarde me dijo que había aceptado mis palabras en silencio, pensando que yo podía haber estado en lo cierto. El Hudson podía ser nuestra única esperanza.

Ambos sabíamos que nuestra situación nos dejaba pocas opciones. Estábamos a poca altura, e íbamos a baja velocidad en una aeronave de sesenta y ocho toneladas y sin motores. En pocas palabras: estábamos demasiado bajo, demasiado lentos, demasiado lejos, en la dirección equivocada y a mucha distancia de los aeropuertos cercanos.

Si hubiera habido una autopista interestatal importante sin pasos a desnivel, señales de tránsito, o tráfico pesado, podría haber considerado aterrizar allí. Pero realmente hay muy pocos tramos sin esos obstáculos, y en verdad ninguno de ellos está en Nueva York, la metrópolis más grande del país. Y, por supuesto, yo no tenía la opción de encontrar una granja que fuera lo suficientemente larga y plana. No en el Bronx. No en Queens. Ni tampoco en Manhattan.

Pero, ¿estaba realmente dispuesto a descartar completamente LaGuardia?

Vi la rapidez con que descendíamos al mirar por la ventana. Tendría que decidir en un instante: ¿Teníamos suficiente altitud y velocidad para girar de nuevo hacia el aeropuerto y llegar antes de precipitarnos a tierra? No había tiempo para calcular, así que no estaba haciendo cálculos de altitud-descenso en mi mente.

Pero estaba juzgando lo que veía por la ventana y creando, con mucha rapidez, un modelo mental y tridimensional del lugar en el que estábamos. Fue un proceso conceptual y visual, algo que hice mientras piloteaba el avión y le respondía a Jeff y a Patrick.

También pensé rápidamente en los obstáculos que había entre nosotros y LaGuardia: los edificios, los barrios, los cientos de miles de personas debajo de nosotros. No puedo decir que pensé en todo eso con mucho detalle. Yo estaba repasando rápidamente una serie de hechos y observaciones que había reunido a lo largo de los años, y que me daban un sentido amplio de cómo tomar esa decisión, la más importante de mi vida.

Sabía que si decidía dar marcha atrás a través de esa zona densamente poblada, tenía que estar seguro de que podíamos hacerlo. Una vez que diera la vuelta en dirección a LaGuardia, sería una opción irrevocable; implicaría descartar cualquier otra alternativa. Y el intento por llegar a una pista de aterrizaje que era inalcanzable podría haber tenido consecuencias catastróficas para todos los pasajeros del avión, y quién sabe para cuántas personas en tierra. Incluso si llegábamos a LaGuardia y aterrizábamos a pocos metros de la pista, el resultado sería desastroso. Era probable que el avión se partiera y quedara envuelto en llamas.

También consideré el hecho de que, pasara lo que pasara, probablemente sería necesario un gran esfuerzo en materia de rescate. Yo sabía que los recursos de rescate acuático en LaGuardia eran una pequeña fracción de los que están disponibles en el río Hudson entre Manhattan y Nueva Jersey. Los equipos de rescate de LaGuardia tardarían mucho más tiempo en ir a ayudarnos si no lográbamos aterrizar en la pista.

E incluso si podíamos permanecer en el aire hasta alcanzar la pista, había peligros potenciales. Jeff habría tenido que dejar de tratar de prender los motores y centrar su atención en prepararnos para aterrizar en la pista. Yo tendría que controlar de forma adecuada nuestra velocidad y altitud para tratar de aterrizar de manera segura.

Teníamos potencia hidráulica para mover las superficies de control de vuelo, pero no sabíamos si podríamos bajar el tren de aterrizaje y mantenerlo en posición. Tendríamos que utilizar un método alterno —en el que la gravedad hiciera bajar el tren de aterrizaje— y eso requería que Jeff repasara otra lista de control.

Tendríamos que lograr alinear la trayectoria de vuelo de la aeronave exactamente con una pista de aterrizaje relativamente corta, tocar tierra con la velocidad de descenso adecuada, y mantener el control direccional durante todo el aterrizaje para asegurarnos de no salirnos de la pista. Luego tendríamos que asegurarnos de que los frenos funcionaran. Aun así, ¿permanecería intacto el avión? Podría presentarse un incendio, inhalación de humo y lesiones traumáticas.

Yo sabía también que si girábamos hacia LaGuardia y no podíamos llegar al aeropuerto, no habría ningún cuerpo abierto de agua debajo de nosotros hasta Flushing Bay. Y aunque nos viéramos obligados a acuatizar en esa bahía cerca de LaGuardia y lo hiciéramos de manera segura, temí que muchos pasajeros perecerían después. Los equipos de rescate que están allá solo tienen acceso a unas pocas embarcaciones con motores fuera de borda, probablemente habrían tardado demasiado tiempo en llegar a la aeronave, y habrían tenido que hacer demasiados viajes para llevar a los sobrevivientes a la orilla.

El Hudson, incluso con todos los riesgos inherentes, parecía más acogedor. Era bastante largo, lo suficientemente ancho, y ese día estaba lo suficientemente tranquilo para que un jet comercial acuatizara indemne. Y yo sabía que podía volar hasta allá.

Yo estaba familiarizado con el *Intrepid*, el famoso portaviones de la Segunda Guerra Mundial que está en el Intrepid Sea-Air-Space Museum. Está atracado en el muelle 86 North River del Hudson, en la calle cuarenta y seis en el lado oeste de Manhattan. Durante mi visita a ese museo unos años atrás, vi que había muchos recursos marítimos cercanos. Había visto un gran tráfico de barcos. Entonces se me ocurrió que si podíamos llegar con seguridad al Hudson cerca del *Intrepid*, habría ferris y otras embarcaciones de rescate cerca de allí, por no hablar de grandes contingentes de flotas de la policía y la ambulancia de la ciudad a pocas cuadras.

Patrick fue menos optimista con el acuatizaje forzoso en el Hudson. Supuso que nadie en el avión sobreviviría. Después de todo, los simuladores de vuelo en los que practican los pilotos ni siquiera tienen la opción de posarse en el agua. El único lugar donde recibimos instrucción sobre los acuatizajes forzosos es en el aula.

Patrick tuvo que atender otro avión antes de poder comunicarse conmigo de nuevo. «Jetlink veintisiete sesenta», dijo, «gire a la izquierda, cero siete cero». Luego me dijo de nuevo, tratando todavía de dirigirme a LaGuardia: «Muy bien, Cactus quince cuarenta y nueve, habrá menos tráfico en la pista tres uno».

Me mantuve firme. «No puedo».

Yo ya había tomado mi decisión a partir de todo lo que veía, sabía y sentía: LaGuardia estaba descartada. El deseo de tener una esperanza no nos iba a ayudar.

Dentro de la cabina, oí la voz sintética del sistema para evitar la colisión de tráfico emitir una advertencia acústica: «Tráfico. Tráfico».

«Bien, ¿qué necesita para aterrizar?», preguntó Patrick

Yo estaba mirando por la ventana, sopesando todavía nuestras opciones. No respondí, por lo que Patrick me ofreció ir a LaGuardia de nuevo. «Cactus quince veintinueve, la pista cuatro está disponible si quiere dirigirse a la izquierda hacia la pista cuatro».

«No estoy seguro de que podamos llegar a ninguna pista», dije. «¿Qué tenemos al lado derecho? ¿Algo en Nueva Jersey? ¿Quizá Teterboro?».

El Aeropuerto Teterboro en el condado de Bergen, Nueva Jersey, es llamado un «aeropuerto de relevo», y maneja una gran cantidad de tráfico corporativo y de jets privados de la zona de Nueva York. Situado a diecinueve kilómetros del centro de Manhattan, cuenta con más de quinientas operaciones aéreas por día.

«¿Quiere tratar de ir a Teterboro?», preguntó Patrick.

«Sí», dije. Eran las 3:29 y tres segundos, menos de un minuto después de informarle nuestra situación.

Comenzó a trabajar de inmediato. El osciloscopio de su radar tenía una pantalla táctil, lo que le daba la posibilidad de llamar a cualquiera de los casi cuarenta teléfonos fijos de vital importancia. Podía hablar con la torre de control de tráfico aéreo de Teterboro con un movimiento de su dedo. «Salida de LaGuardia», dijo presentándose, «tiene una emergencia de llegada». Más tarde, al escuchar la grabación de la conversación, Patrick pudo notar la angustia en su voz. Sin embargo, fue claro y mantuvo una actitud profesional.

El controlador en Teterboro respondió: «Bien, adelante».

Patrick vio en la pantalla de su radar que yo estaba a unos 274 metros sobre el puente George Washington. «Cactus quince veintinueve sobre el puente George Washington quiere ir al aeropuerto ahora mismo», dijo.

Teterboro: «Él quiere ir a nuestro aeropuerto. Comprobado. ¿Necesita ayuda?». El controlador de Teterboro estaba preguntando si los camiones de bomberos y los servicios de emergencia debían salir inmediatamente de sus puestos.

Patrick respondió: «Ah, sí, él, ah, chocó con aves. ¿Puedo colocarlo para la pista uno?».

Teterboro: «Pista uno, de acuerdo».

Estaban coordinando para que aterrizáramos en la pista de llegada porque era la que tenía más facilidades para despejar el tráfico con rapidez.

Patrick estaba haciendo varias cosas inteligentes y útiles con nuestro vuelo, algo que, en retrospectiva, agradezco mucho. Para empezar, no hizo las cosas más complicadas y difíciles al sobrecargarnos a Jeff y a mí.

Se supone que los controladores les hacen muchas preguntas básicas a los pilotos en situaciones de emergencia: «¿Cuánto combustible le queda?». «¿Cuál es el número de "almas a bordo"?». Se trata de una cuenta de los pasajeros y tripulantes para que los socorristas puedan saber a cuántas personas deben atender.

«No quería molestarte», me dijo Patrick posteriormente. «No quería seguirte preguntando, "¿qué está pasando?". Yo sabía que tenía que dejarte pilotear el avión».

Además, con el fin de ahorrar segundos y no tener que repetir, Patrick dejó las líneas telefónicas abiertas cuando llamó a los controladores de otros aeropuertos para que pudieran escuchar lo que él me decía y lo que yo le decía a él. Así, Patrick no tendría que repetir. La improvisación que hizo fue ingeniosa.

Los esfuerzos deliberados de Patrick para no molestarme me permitieron concentrarme en mi tarea. Él vio la rapidez con la que descendíamos. Sabía que no tenía tiempo para suministrarle información sobre los pasajeros o para responder preguntas que no fueran absolutamente cruciales.

Las transcripciones de nuestra conversación también muestran que la manera en que Patrick me habló me fue muy útil. En lugar de decirme el aeropuerto al que yo tenía que dirigirme, me preguntó cuál aeropuerto quería. Sus palabras me dejaron saber que él entendía que esas decisiones difíciles las debía tomar yo y que tratar de dictarme un plan no serviría de nada.

A LO LARGO de todos mis años como piloto comercial, nunca había olvidado el estudio de los procedimientos de eyección aéreos que aprendí en mi vida militar. ¿Por qué los pilotos esperan tanto tiempo antes de eyectarse de los aviones que están a punto de estrellarse? ¿Por qué malgastan tiempo tratando de reparar lo irreparable? La respuesta es que muchos pilotos fallecidos temían represalias si perdían esos aviones que valían varios millones de dólares. Por lo tanto, decidían tratar de salvar la nave, muchas veces con resultados desastrosos.

Nunca he olvidado los recuerdos que tengo de mis compañeros pilotos en la Fuerza Aérea que no sobrevivieron a esos intentos. Y tener los detalles de ese conocimiento en los recovecos de mi cerebro me sirvió para tomar esas decisiones rápidas en el vuelo 1549. En el instante en que las aves golpearon el avión, pude haber intentado un retorno a LaGuardia para no arruinar una aeronave de US Airways al tratar de aterrizar en otro lugar. Podría haberme preocupado por el hecho de que mi decisión de acuatizar el avión fuera cuestionada por mis superiores o por los investigadores. Sin embargo, decidí no preocuparme.

Tuve la oportunidad de hacer un cambio mental en las prioridades. Había leído lo suficiente sobre seguridad y teoría

cognitiva, y conocía también el concepto de «sacrificar metas».
Cuando no es posible lograr todas tus metas, sacrificas las menos
prioritarias. Haces eso con el fin de ejecutar y alcanzar metas
más altas. En este caso, al intentar un acuatizaje, yo sacrificaría la
«meta del avión» (tratar de no destruir una nave valorada en 60
millones de dólares) por la meta de salvar vidas.

Yo sabía de manera instintiva e intuitiva que sacrificar una
meta era de suma importancia si habíamos de preservar vidas en
el vuelo 1549.

Transcurrieron veintidós segundos desde el momento en que
pensé en Teterboro y lo sugerí, hasta el instante de descartar ese
aeropuerto por ser inalcanzable. Podía ver la zona alrededor de
Teterboro elevarse por el parabrisas, una señal innegable de que
nuestra trayectoria de vuelo no se prolongaría hasta allá.

—Cactus quince veintinueve, gire a la derecha dos ocho cero
—me dijo Patrick a las 3:29 y veintiún segundos—. Puede aterrizar en la pista uno en Teterboro.

—No podemos hacerlo —respondí.

—Está bien, ¿qué pista le gustaría en Teterboro? —preguntó.

—Vamos a estar en el Hudson —dije.

Patrick me había oído bien, pero me pidió que lo repitiera.

—Lo siento, dígalo otra vez, Cactus—, dijo.

«Simplemente no podía procesar esas palabras en mi mente»,
explicaría Patrick más tarde en un testimonio ante el Congreso.
«Las personas no sobreviven a los acuatizajes en el río Hudson.
Pensé que era su propia sentencia de muerte. En ese momento creí que sería la última persona de ese avión con la que yo
hablaría».

Mientras me hablaba, Patrick no podía dejar de pensar en el
vuelo 961 de Ethiopian Airlines, secuestrado en 1996. El Boeing

767-260ER se quedó sin combustible y trató de aterrizar en el océano Índico frente a la costa de las islas Comoras. La punta de un ala del avión golpeó contra el agua, y la aeronave giró violentamente, por lo que se rompió en pedazos. De las 175 personas a bordo, 125 murieron, ya fuera por el impacto o por ahogamiento. Las fotos y videos del Boeing 767-260ER dando volteretas son fáciles de encontrar en Internet. «Esa es la imagen que tenía en mi mente», dijo Patrick.

Él siguió hablando conmigo, pero yo estaba demasiado ocupado para responder. Yo sabía que me había ofrecido toda la ayuda que podía, pero en ese momento tenía que centrarme en la tarea en cuestión. Así que no le respondí.

Salimos de su radar en la medida que descendíamos hacia el Hudson, precipitándonos por debajo de las cimas de los rascacielos de Nueva York. Los edificios estaban bloqueando las transmisiones.

Patrick trató desesperadamente de encontrar una solución que nos mantuviera fuera del agua. A las 3:29:51: «Cactus, eh, Cactus cuarenta y nueve, se perdió el contacto por radar. También tiene el aeropuerto de Newark a sus dos en punto a unas siete millas».

A las 3:30:14: «Cactus quince veintinueve, eh, ¿está ahí todavía?».

Él temía que ya hubiéramos chocado, sin embargo aparecimos de nuevo en la pantalla de su radar. Estábamos a una altura muy baja, pero habíamos regresado a la cobertura del radar, por lo que él esperaba a toda costa que tal vez hubiéramos recuperado uno de nuestros motores.

A las 3:30:22 dijo: «Cactus quince veintinueve, si puede, eh, tiene, eh, la pista dos nueve disponible en Newark. Estará a las dos en punto y siete millas».

No había manera de responderle. Para entonces, estábamos a 21,7 segundos de acuatizar en el río.

Si hubiéramos perdido un motor en lugar de dos, Jeff y yo habríamos tenido más tiempo para analizar la situación y comunicarnos con los tripulantes y los pasajeros. Podríamos haber hecho que las azafatas prepararan la cabina. Podríamos haber pedido al control de tráfico aéreo que nos ayudara a determinar el mejor plan para nuestro regreso. Pero en el vuelo 1549 hubo muchas cosas que no pudimos hacer porque todo estuvo terriblemente comprimido en el tiempo.

Muchos de los pasajeros habían sentido el impacto de las aves. Oyeron el sonido cuando golpearon contra el avión y los golpetazos inquietantes que precedieron a la falla de los motores. Vieron un poco de humo en la cabina y, al igual que yo, pudieron sentir el olor de las aves incineradas. En realidad, y más exactamente, las aves fueron licuadas en lo que se conoce como «papilla de ave».

He oído las historias de lo que vivieron los pasajeros mientras yo estaba muy ocupado en la cabina. Muchos me escribieron notas posteriormente, compartiendo sus recuerdos personales. Otros dieron entrevistas a los medios que me parecieron conmovedoras e inquietantes.

Andrew Gray, un excapitán del ejército estadounidense que había completado dos períodos de servicio en Afganistán, se encontraba a bordo del vuelo 1549 con Stephanie King, su prometida. Mientras el avión descendía, Andrew y Stephanie se besaron y se dijeron «Te amo». Tal como afirmaron, «aceptaron morir juntos».

John Howell, un consultor de gestión de Charlotte, pensó que era el único hijo de su madre en seguir con vida. Su hermano, un bombero, murió en el World Trade Center el 11 de septiembre de

2001. John dijo a los periodistas que mientras el vuelo 1549 descendía, «Lo único que pensé fue: "Si nos estrellamos, mi madre no sobrevivirá a esto"».

En la silla 12F, al lado de la ventana e inmediatamente detrás de la salida de emergencia del ala, Eric Stevenson, de cuarenta y cinco años, estaba experimentando una terrible sensación de *déjà vu*. El 30 de junio de 1987 había abordado el vuelo 810 de Delta Air Lines, un Boeing 767 que iba de Los Ángeles a Cincinnati. Poco después del despegue, cuando el avión estaba ascendiendo sobre el océano Pacífico antes de girar al este, uno de los pilotos apagó accidentalmente los dos motores. Había hecho eso debido a la forma en que estaba diseñado el panel de control del motor y a la cercanía de los interruptores de control del motor que eran similares. La nave comenzó a descender desde una altura de 518 metros mientras los pasajeros se ponían rápidamente los chalecos salvavidas y esperaban lo peor. Al escuchar el llanto de algunos pasajeros, Eric decidió sacar una de sus tarjetas de negocios y escribir las palabras «Los amo» a sus padres y a su hermana. La guardó en el bolsillo, pensando que probablemente moriría y que la nota sería encontrada con su cuerpo. Entonces, y solo a 153 metros del agua, los pasajeros sintieron una fuerte ráfaga de empuje y el avión se sacudió hacia adelante con todas sus fuerzas. Los pilotos habían reencendido los motores. El avión continuó su vuelo a Cincinnati mientras los salvavidas quedaban esparcidos por toda la cabina. Después de ese incidente, Boeing rediseñó el panel de control del motor para prevenir que se repitiera el incidente.

Esa experiencia cercana a la muerte llevó a Eric a tomarse un año sabático y a viajar por el mundo, y cada año encontró la manera de celebrar con solemnidad el aniversario del incidente. Dijo que había sembrado las semillas para su ocasional traslado a

París, donde continúa trabajando como gerente de marketing de Hewlett-Packard. Fue durante su visita a Estados Unidos en enero de 2009 que terminó como pasajero en el vuelo 1549. Sentado en la silla 12F, mientras miraba por la ventana, no podía creer que estuviera en otro avión sin los motores funcionando.

Y una vez más sacó una tarjeta y escribió «Madre y Jane, las amo». La guardó en el bolsillo delantero derecho y pensó: «Probablemente terminará lejos de mi cuerpo si la cabina se desintegra». Pero sintió un poco de consuelo al saber que había dado ese paso. «Era todo lo que podía hacer», me dijo más tarde. «Todos estábamos completamente a merced de ustedes dos en la cabina. Fue una sensación de impotencia saber que no podíamos hacer nada con respecto a la situación. Así que hice lo único que podía. El avión estaba descendiendo, y quise que mis familiares supieran que había pensado en ellos en el último instante».

Eric no sintió pánico mientras el avión descendía, pero sí la misma tristeza que experimentó a los veintitrés años en aquel Boeing 767 sobre el Pacífico. En nuestro vuelo, recordó él, tuvo el mismo pensamiento: «Este podría ser el final de mi vida. En diez o veinte segundos estaré al otro lado, lo que quiera que sea ese otro lado».

La cabina estaba muy tranquila. Unos pocos pasajeros hicieron llamadas telefónicas o enviaron mensajes de texto a sus seres queridos. Me han dicho que algunos oraron. Otros dirían que estaban haciendo las paces con la situación. Si iban a morir, dijeron, no había nada que pudieran hacer, por lo que trataron de aceptarla.

Algunos pasajeros me dijeron más tarde que se alegraban de que no les hubiera dado demasiados detalles. Eso los habría asustado aún más.

Me comuniqué con los pasajeros unos noventa segundos antes de posarnos en el agua.

Mi intención era ser muy directo. No quería parecer agitado o alarmado; más bien, deseaba actuar como un profesional.

«Les habla el capitán. ¡Prepárense para el impacto!».

Yo sabía que tenía que decirles a los pasajeros que se prepararan. Nos enseñaron a usar esa palabra: «¡Prepárense!». Decirla no solo puede ayudar a proteger a los pasajeros de una lesión en el momento del acuatizaje, sino que es también una señal a las azafatas para que comiencen a dar órdenes. En medio de la intensidad del momento, yo sabía que tenía que escoger mis palabras con mucho cuidado. No había tiempo para darles a las azafatas una imagen más completa de la situación que enfrentábamos. Así que mi mayor prioridad era evitar que los pasajeros sufrieran lesiones tras el impacto. No sabía aún qué tan suave podría ser el acuatizaje. Dije «prepárense» y luego escogí la palabra «impacto» porque quería que los pasajeros estuvieran preparados para la posibilidad de un fuerte acuatizaje.

Las azafatas —Sheila, Donna y Doreen— recurrieron de inmediato a su experiencia. Todas las puertas de las cabinas de mando fueron reforzadas desde los ataques del 11 de septiembre, por lo que es difícil escuchar lo que sucede en su interior. Aun así, a través de la gruesa puerta, pude oír a Donna y a Sheila, que estaban adelante, gritar sus órdenes en respuesta a mi anuncio, casi al unísono, una y otra vez: «¡Prepárense, prepárense! ¡Las cabezas abajo! ¡Permanezcan abajo! ¡Prepárense, prepárense! ¡Las cabezas abajo! ¡Permanezcan abajo!».

Me sentí consolado y animado al oír sus palabras mientras dirigía el avión hacia el río. Saber que las azafatas estaban haciendo exactamente lo que se suponía que debían hacer significaba

que estábamos sincronizados. Comprendí que si podía acuatizar con la aeronave intacta, Donna, Doreen y Sheila sacarían a
los pasajeros por las puertas de salida, dando paso al proceso de
rescate. Su dirección y profesionalidad serían clave para nuestra
supervivencia, y yo tenía fe en ellas.

Desde la grabadora de voz de la cabina de mando:

Sullenberger (3:29:45): «*Está bien, despleguemos los alerones, despleguemos
los alero...*».

Voz sintética del sistema avanzado de advertencia en caso de aproximación al
suelo (3:29:55): «*Suba. Suba. Suba. Suba. Suba. Suba*».

Skiles (3:30:01): «*¡Alerones afuera!*».

Skiles (3:30:03): «*250 pies [76 metros] en el aire*».

El avión continuó descendiendo, y fue como si los acantila-
dos a lo largo del Hudson y los rascacielos a ambos lados de la
orilla estuvieran recibiéndonos. Como lo describiría más tarde
Jeff: «Parecía como si nos estuviéramos hundiendo en una bañe-
ra». El río debajo de nosotros parecía frío.

Voz sintética del sistema de advertencia en caso de aproximación al suelo
(3:30:04): «*Demasiado bajo. Terreno*».

Sistema de advertencia en caso de aproximación al suelo (3:30:06):
«*Demasiado bajo. Prepararse*».

Skiles (3:30:06): «*170 nudos*».

Skiles (3:30:09): «*Ninguno funciona. Prueba el otro*».

Radio de otro avión (3:30:09): «*Dos uno cero, eh, cuarenta y siete dieciocho.
Creo que dijo que está entrando al Hudson*».

Sistema avanzado de advertencia en caso de aproximación al suelo
(3:30:15):

«¡*Precaución, terreno!*».

Skiles (3:30:16): «*150 nudos*».

Skiles (3:30:17): «*Tengo dos alerones, ¿quieres más?*».

Sullenberger (3:30:19): «*No, quedémonos con los dos*».

Sullenberger (3:30:21): «*¿Tienes más ideas?*».

Skiles (3:30:23): «*En realidad, no*».

Voz sintética del sistema avanzado de advertencia en caso de aproximación al suelo (3:30:23): «*Precaución, terreno*».

Voz sintética del sistema avanzado de advertencia en caso de aproximación al suelo (3:30:24): «*Terreno, terreno. Suba. Suba*». [*Se repite* «*suba*» *hasta el final de la grabación*].

Sullenberger (3:30:38): «¡*Nos vamos a preparar!*».

No pensé que iba a morir. Basado en mi experiencia, tuve la confianza de que podía hacer un acuatizaje de emergencia que nos permitiera sobrevivir. Esa confianza fue más fuerte que cualquier temor.

Tampoco pensé en Lorrie, en Kate ni en Kelly. Creo que eso fue acertado. Era vital que me concentrara y que no me permitiera ninguna distracción. Mi conciencia servía únicamente para controlar la ruta de vuelo.

Mientras nos acercábamos para acuatizar sin empuje en los motores, el único control que yo tenía arriba de nuestra trayectoria vertical era subir o bajar la nariz del avión. Mi objetivo era mantener una actitud de cabeceo que me diera la velocidad de planeo adecuada. En esencia, yo estaba usando la gravedad de la tierra para que el avión se moviera hacia adelante, cortando el aire con las alas para ocasionar un ascenso.

Mis instrumentos de vuelo todavía estaban encendidos. Pude ver la indicación de la velocidad aérea. Si volaba más lento de lo necesario, bajaría ligeramente la nariz del avión. Si sentía que estábamos yendo demasiado rápido, la alzaría.

Como el Airbus funcionaba con señales electrónicas, tenía algunas protecciones envolventes de vuelo, lo que significa que las computadoras de control de vuelo interpretan las entradas del *sidestick* del piloto. A diferencia de los aviones más convencionales, el Airbus no le proporciona al piloto señales naturales ni la «sensación» de que la velocidad cambia, lo que normalmente le ayudaría a mantener una velocidad constante. Pero una de las protecciones de las señales electrónicas cuando vuelas a bajas velocidades es que, independientemente de la fuerza con que el piloto tire del *sidestick*, las computadoras de control de vuelo no permitirán que bloquees las alas y pierdas ascenso.

En comparación con un aterrizaje normal, nuestra velocidad de descenso fue mucho mayor, ya que no teníamos empuje en los motores. Nuestro tren de aterrizaje estaba levantado y traté de mantener las alas niveladas para no dar volteretas cuando hiciéramos contacto con el agua. Mantuve la nariz del avión hacia arriba.

En la medida que descendíamos, me concentré solo en dos lugares: en la vista del río que tenía directamente adelante, y en la pantalla de velocidad aérea en la cabina de mando. Afuera-adentro-afuera-adentro.

Habían transcurrido apenas unos tres minutos desde el impacto de las aves, de modo que la superficie terrestre y el río ya se apresuraban hacia nosotros. Yo estaba evaluando visualmente nuestra velocidad de descenso y altitud. En ese instante, me pareció que era el momento adecuado. Comencé a enderezar el avión para el acuatizaje. Llevé el *sidestick* completamente hacia atrás y lo sostuve allí mientras tocábamos el agua.

Acuatizamos y nos deslizamos a lo largo de la superficie con la nariz ligeramente hacia arriba. La parte trasera del avión chocó con mucha más fuerza que la parte delantera. Los pasajeros que estaban atrás sintieron un impacto violento. Los que iban adelante lo sintieron más como un aterrizaje forzoso.

Redujimos la velocidad, nos estabilizamos y luego nos detuvimos mientras el agua del río salpicaba las ventanas de la cabina. Más tarde supe que había logrado la mayoría de los parámetros que intenté: el avión se había posado con la nariz a 9,8 grados por encima del horizonte, las alas estaban completamente niveladas y volamos a 125,2 nudos (64,4 metros por segundo), justo por encima de la velocidad mínima para esa configuración. Sin embargo, no pude detener la tasa de descenso tanto como me hubiera gustado, a pesar de que tenía la palanca completamente hacia atrás para que la nariz del avión estuviera totalmente hacia arriba.

En el lapso de uno o dos segundos, la nariz subió ligeramente y el avión ya estaba flotando. El horizonte de Nueva York se hizo visible desde el nivel del mar.

Jeff y yo nos miramos y, casi al unísono, dijimos lo mismo.

«No fue tan malo como pensaba».

Sabíamos que la parte más complicada de esa emergencia podría estar por venir. Había 155 pasajeros y miembros de la tripulación en un avión que pronto podía hundirse.

15

CIENTO CINCUENTA Y CINCO

EL ACUATIZAJE NO fue tan malo como Jeff y yo sabíamos que podría haber sido. No dimos volteretas cuando acuatizamos. El avión permaneció intacto. El combustible no se encendió. Nuestra certeza de que todo había salido bien calmó un poco nuestra tensión. Supongo que fue una certeza sutil de que podíamos hacer que todos los que iban a bordo salieran con vida.

Por supuesto, no había tiempo ni ganas para celebrar.

Sí, fue un alivio que uno de los mayores problemas que enfrentamos ese día hubiera sido resuelto: habíamos llevado el avión al agua y lo detuvimos intacto. Pero todavía no estábamos fuera de peligro. Aún no era un resultado triunfante.

Sentí que el avión estaba intacto todavía, a pesar de que se había presentado una fuerte sacudida en el momento del impacto, especialmente en la parte posterior del avión. Supuse que los pasajeros estarían bien. Más tarde supe que a algunos se les cayeron las gafas durante el acuatizaje. Otros se golpearon la cabeza contra el respaldo de la silla que tenían adelante. Sin embargo, muy pocos resultaron con heridas de consideración. No oí gritos ni alaridos en la cabina de pasajeros después de que el avión se detuvo en el agua. Solo escuché conversaciones apagadas a través de la puerta de la cabina de mando. Yo sabía que, tal vez, los pasajeros miraban el color verde oscuro del río y se sentían aturdidos.

Segundos después de que el avión se detuviera, Jeff se ocupó de la lista de evacuación. Esta se divide entre el capitán y el primer oficial, pero las tareas del capitán —incluyendo los ajustes del freno de estacionamiento— solo son útiles en tierra, o en caso de que los motores estuvieran funcionando. Decidí no perder tiempo en cosas que no nos serían de ayuda en nuestra situación. Jeff tardó diez o quince minutos en repasar la lista de control. Comprobó que la aeronave estuviera despresurizada y que los botones de alarma contra incendio del motor y de la APU (unidad de potencia auxiliar, por sus siglas en inglés) estuvieran hundidos.

Mientras hacía eso, abrí la puerta de la cabina y dije una palabra en voz alta: «¡Evacúen!».

Donna y Sheila —que se encontraban en las puertas a ambos lados de la parte delantera de la cabina de pasajeros— estaban listas para cumplir con mi orden. No había tenido tiempo de informarles durante el descenso que íbamos a acuatizar. Pero tan pronto vieron en dónde estábamos, inmediatamente supieron qué hacer. Ordenaron: «Pónganse los chalecos salvavidas; ¡vengan por aquí!».

Ellas sabían cómo analizar las salidas. Tenían que asegurarse de que la puerta del otro lado no estuviera en llamas y que no hubiera pedazos de metal afilados. Sabían que no debían abrir una puerta si esa parte del avión estaba bajo el agua. La buena noticia era que la posición del avión nos permitía saber que las puertas delanteras estaban por encima de la línea de flotación. Por tanto, las abrieron.

Se supone que las balsas se deben inflar cuando las puertas se abren. Eso ocurrió debidamente con la que estaba en el lado derecho del avión. La del lado izquierdo, sin embargo, no se infló automáticamente y tuvo que ser desplegada en forma manual.

Un asunto mucho más peligroso: la parte trasera del avión se estaba llenando rápidamente con el agua helada del río. Posteriormente supimos que la parte inferior del extremo posterior del fuselaje se había desprendido por completo tras el contacto con el agua. Una puerta trasera de salida se abrió parcialmente por muy poco tiempo, no se pudo cerrar por completo, y por allí también entró agua a la cabina. La cola del avión se iba hundiendo gradualmente.

Doreen, que estaba en la parte trasera del avión, tenía una herida profunda en la pierna, causada por un fragmento metálico de la bodega de equipaje que había atravesado el piso del avión cuando cayó al río. Aunque el nivel del agua subió rápidamente, logró avanzar entre cubos de basura y jarras de café, instando a los pasajeros a dirigirse a las salidas habilitadas. Después de subir a la balsa del lado frontal derecho —y que en realidad era un tobogán inflable que se dobla como una balsa—, un médico y una enfermera que iban como pasajeros le pusieron un torniquete alrededor de la pierna.

Debido a que la línea de flotación estaba por encima de la parte inferior de las puertas traseras, las balsas de emergencia que estaban allí no se podían usar. Eso significaba que teníamos que utilizar las dos salidas de las alas, que normalmente no se abren cuando un avión está en el agua. Un pasajero intentó abrir una

El vuelo 1549 de US Airways acababa de despegar del aeropuerto de LaGuardia de Nueva York cuando chocamos con las aves, produciendo un daño permanente en los dos motores y obligándonos a un aterrizaje de emergencia en el río Hudson. *(Associated Press)*

Una dramática secuencia fotográfica del vuelo 1549 amerizando en el Río Hudson, tomada por una cámara de seguridad. *(Associated Press)*

Amerizamos cerca de las terminales del ferry, por lo que los primeros en responder pudieron llegar rápidamente a la aeronave y rescatar a los pasajeros y a la tripulación. *(Associated Press)*

A pesar de mis esfuerzos por contar a los pasajeros durante el rescate, no recibí una cuenta final hasta después de varias horas: no había víctimas mortales, y los 155 pasajeros y la tripulación estaban a salvo. *(Associated Press)*

Los acontecimientos del 15 de enero de 2009 no habrían terminado del modo en que lo hicieron si no fuera por la gran labor de las primeras personas que acudieron a nuestro rescate. El primer transbordador estuvo en el lugar de los hechos en menos de cuatro minutos, garantizando así la supervivencia de todos los pasajeros a bordo. *(Associated Press)*

Siempre estaré agradecido con las primeras personas que acudieron a nuestro rescate por su coraje, habilidad, determinación y acciones rápidas. *(Associated Press)*

La temperatura del aire ese día era de veintiún grados (-6 °C), y la del agua era de treinta y seis (2,2 °C). *(Associated Press)*

El lunes 9 de febrero de 2009, Michael Bloomberg, alcalde de la ciudad de Nueva York, honró a la tripulación del vuelo 1549 con las llaves de la ciudad. *(Associated Press)*

El avión, todavía en el río Hudson al anochecer, a la espera de ver lo que podría recuperarse. *(Associated Press)*

La tripulación del vuelo 1549 de US Airways (de izquierda a derecha):
Doreen Welsh, asistente de vuelo; Jeffrey Skiles, primer oficial; el capitán
Chesley Sullenberger, y las asistentes de vuelo Donna Dent y Sheila Dail.
(Nigel Parry/CPI Syndication)

El 24 de febrero de 2009, me reuní con el controlador de tráfico
aéreo Patrick Harten (en el centro), cuando ambos testificamos ante
el Subcomité de Aviación del Comité de Transporte e Infraestructura
Doméstica. Su rapidez de pensamiento y enfoque decidido fueron
fundamentales para ayudarnos a lograr tal hazaña el 15 de enero.
(Associated Press)

El 22 de junio, visité a algunos de los capitanes y de la tripulación del NY Waterway, quienes participaron en el rescate de los pasajeros. El quinto de izquierda a derecha es Arthur Imperatore, Sr., propietario del NY Waterway. Las tres personas con camisa blanca son (de izquierda a derecha) el capitán Manuel Liba, del *Moira Smith*; la capitana Brittany Catanzaro, del *Governor Thomas H. Kean*; y el capitán Vince Lombardi, del *Thomas Jefferson*. *(Daniel H. Birman)*

El avión se encuentra almacenado en J. Supor & Son Trucking and Rigging en Nueva Jersey. *(Daniel H. Birman)*

El 15 de abril de 2009, fui honrado por la Academia de la Fuerza Aérea de los Estados Unidos con el Premio Jabara a la destreza aeronáutica. Mi compañero de clase, el superintendente teniente general John Regni, me entregó el premio. *(Foto de la Fuerza Aérea / Mike Kaplan, DenMar Services Inc.)*

Cuento con muchas experiencias memorables desde ese 15 de enero, pero pocas lo son tanto como la recepción que se me otorgó a mi regreso a mi alma mater. *(foto de la Fuerza Aérea/dave Ahlschwede, DenMar Services Inc.)*

La Academia hizo los preparativos para que yo piloteara un planeador durante mi visita. *(Foto de la Fuerza Aérea/Dave Ahlschwede, DenMar Services Inc.)*

La próxima generación de cadetes de la Academia es un grupo excepcional de hombres y mujeres jóvenes cuya dedicación y servicio a su país son inspiradores. Como muestra de agradecimiento, el cadete y comandante de ala C1C, Jonathan Yates, me entregó un halcón tallado a mano, la mascota de la Academia. *(Foto de la Fuerza Aérea/Dave Ahlschwede, DenMar Services Inc.)*

Desde el 15 de enero, he realizado el primer lanzamiento para los Gigantes de San Francisco, los Atléticos de Oakland, y los Yankees de Nueva York. Esto requirió un poco de práctica, pero me las arreglé para lanzar la pelota hasta el receptor las tres veces. Aquí, Lorrie y las niñas disfrutan de nuestra visita al Parque AT & T de San Francisco. *(Alex Clemens)*

Lorrie y Diane Sawyer antes de nuestra grabación del programa *Good Morning America*, el 9 de febrero de 2009. *(Alex Clemens)*

La vida desde el 15 de enero ha sido una aventura constante para Lorrie y yo, y nos ha llevado a la Cena de Corresponsales de la Casa Blanca, al palacio de Buckingham, e incluso a una fiesta de premios de la Academia. Aquí estamos en Tampa, Florida, para el Súper Tazón XLIII. *(Alex Clemens)*

La Liga Nacional de Fútbol (NFL) honró a la tripulación del vuelo 1549 durante la celebración previa al partido antes del Súper Tazón XLVII, el 1 de febrero de 2009. *(Alex Clemens)*

Lorrie y yo siempre hemos sido firmes partidarios del Hospital de Investigación Infantil St. Jude, y estoy agradecido de poder desempeñar ahora un papel más significativo en pro de su labor. En esta foto aparezco con Darcy y su madre, Cathy, el 29 de mayo de 2009. *(Hospital de Investigación Infantil St. Jude, BMC, Ann-Margaret Hedges)*

A mi regreso a California desde Nueva York, Danville –ciudad en la que vivo– celebró una fiesta en mi honor. Me sentí impresionado y conmovido por el número de amigos y vecinos que fueron para darme la bienvenida.

(Arriba: Departamento de bomberos del Valle San Ramón; abajo: Departamento de policía de Danville)

La familia Sullenberger con el presidente Obama y la primera dama en un baile inaugural, el 20 de enero de 2009. *(Colección del autor)*

Siempre sentiré una profunda conexión con los habitantes de Nueva York y Nueva Jersey, quienes se comportaron tan admirablemente el 15 de enero y me dan una bienvenida tan cálida cada vez que regreso. *(Alex Clemens)*

ventana de salida que había encima del ala. Otro sabía que debía *tirar* de la palanca hacia dentro de la cabina, y así lo hizo. Ese pasajero venía en la fila de salida de emergencia y, por suerte, tuvo ánimo para leer las instrucciones después de chocar con las aves. Él sabía que podía ser llamado a actuar y se preparó.

Al comenzar la evacuación, los pasajeros parecían comprensiblemente tensos y serios —algunos estaban muy agitados, saltando a toda prisa sobre las sillas— pero la mayoría mantuvo la compostura. Algunos lo llamaron más tarde «un pánico controlado».

Las salidas traseras no se podían utilizar, por lo que todos se estaban agrupando en las de las alas. Aún había espacio en las balsas que estaban adelante, por lo que Donna, Sheila y yo seguimos diciéndoles a los pasajeros que subieran. No vi personas tratando de recuperar su equipaje, pero más tarde supe que algunas lo hicieron, contrariando la opinión de los demás pasajeros. Una mujer que había recogido su bolso y su maleta se resbaló posteriormente por un ala y su maleta cayó al río. Otro hombre sostuvo su bolsa mientras estaba parado en el ala, un objeto que era innecesario en semejante situación.

Jeff notó que algunos pasajeros tenían problemas para encontrar sus chalecos salvavidas, pues estaban debajo de los asientos y no eran fáciles de ver, por lo que les dijo dónde estaban. Algunos pasajeros salieron a las alas con los cojines de las sillas porque no sabían que había chalecos salvavidas disponibles para ellos.

Mientras los pasajeros salían, Jeff y yo, con la ayuda de algunos pasajeros jóvenes, reunimos más chalecos salvavidas, chaquetas, abrigos y mantas para entregárselos a los que temblaban de frío en las alas. La temperatura exterior era de menos seis grados Celsius aproximadamente, pero con el viento era de menos once. El agua estaba a unos dos grados. Los pasajeros apretujados en las alas tenían el agua por encima de los tobillos y, posteriormente, a algunos les llegó casi hasta la cintura. Eric Stevenson tuvo que arrodillarse para mantener el equilibrio, porque en los últimos momentos del rescate, el ala izquierda se había levantado del agua en la medida que el avión se inclinaba hacia la derecha. La superficie superior era «como una pista de hielo», pensó él.

Las azafatas reciben entrenamiento para desocupar un avión de pasajeros en noventa segundos. Ese es el estándar de certificación de la FAA. Pero hacerlo en un hangar de aviones con 150 voluntarios calmados es muy diferente a intentarlo a temperaturas bajo cero en medio del río Hudson.

Yo estaba orgulloso de la rapidez con que la tripulación había sacado a todos los pasajeros del avión. El último abandonó la aeronave casi tres minutos y medio después del inicio de la evacuación, aunque las puertas traseras de salida estaban inutilizables y el agua estaba entrando a la parte posterior de la cabina.

Una vez que el avión quedó vacío, caminé por el pasillo central, gritando: «¿Hay alguien ahí? ¡Venga acá!».

Caminé hasta el fondo y luego regresé adelante. Volví a inspeccionar el avión. La segunda vez, el nivel del agua en la parte trasera era tan alto que me llegó casi hasta la cintura. Tuve que apoyarme en las sillas mientras regresaba a la parte delantera. La cabina se veía normal. Los compartimentos superiores estaban cerrados, a excepción de unos pocos en la parte de atrás. Todas las sillas seguían en su lugar.

Cuando regresé a la parte delantera del avión, Sheila estaba en la balsa del lado derecho con el cupo completo de pasajeros. Donna, Doreen y Sheila habían reaccionado con rapidez y seguridad, evacuando a todos los pasajeros. Ahora habíamos resuelto el segundo gran problema del día.

Jeff, Donna y yo éramos las últimas tres personas en el interior del avión. Donna me habló en términos muy claros mientras yo terminaba de recorrer el pasillo. «¡Es hora de irnos!», me dijo. «¡Tenemos que salir de este avión!».

«Ya voy», respondí.

Siguiendo el protocolo, agarré el transmisor de localización de emergencia (ELT, por sus siglas en inglés) de la parte delantera de la cabina y se lo entregué a un pasajero que iba en la balsa del lado frontal izquierdo. Donna subió a la balsa y fui a la cabina para recoger mi abrigo y el cuaderno de bitácora de mantenimiento. Dejé todo lo demás. Me acordé de llevarle a Jeff su chaleco salvavidas; ya tenía el mío. Le di mi abrigo a un pasajero de la balsa del lado frontal izquierdo que tenía mucho frío.

Después de que Jeff salió, miré una última vez por el pasillo del avión, que comenzaba a hundirse. Yo sabía que todos los pasajeros habían logrado salir, pero no sabía si podrían haber caído al agua casi congelada. ¿Cómo puedo describir mi estado de ánimo en aquel momento, como un capitán que abandona su avión? Supongo que aún estaba tratando afanosamente de mantenerme al frente de la situación: anticipando, planeando y comprobando. No había tiempo para sumirme en mis propios sentimientos. Las 154 personas que estaban afuera de la aeronave eran responsabilidad mía, aunque yo sabía que los equipos de rescate se esforzarían para recogernos a todos.

En el momento en que subí a la balsa ya había botes alrededor del avión. Las balsas tienen un cupo máximo de cuarenta y cuatro personas, con una capacidad máxima de sobrecarga de cincuenta y cinco individuos. Sin embargo, había menos de cuarenta personas en la balsa del lado izquierdo del avión, aunque se veía muy llena. No vi a nadie llorar o sollozar. No hubo gritos ni alaridos. Los pasajeros estaban relativamente tranquilos, aunque conmocionados por la magnitud de nuestra experiencia. Estábamos muy apretujados pero nadie empujó. Todos estaban esperando ser rescatados, no se escuchaba casi ninguna conversación. Todo el mundo tenía mucho frío, estábamos tiritando. Yo estaba mojado luego de caminar entre el agua en la parte posterior de la cabina, pero recuerdo que el piso de nuestra balsa estaba muy seco.

Acuatizar en el río cerca de la calle cuarenta y ocho, mientras varios ferris catamarán de alta velocidad se preparaban para la hora pico de la tarde, fue algo fortuito. Al otro lado del río en Nueva Jersey, en la terminal NY Waterway Port Imperial/Weehawken, los capitanes y marineros de los barcos se sorprendieron al ver que nuestro avión se posaba en el agua. Les impactó ver a los pasajeros salir del avión casi de inmediato. Y en ese instante, sin ser contactados por las autoridades y por iniciativa propia, se dirigieron rápidamente a nosotros. Catorce barcos terminaron ayudándonos, con sus tripulaciones y sus pasajeros haciendo todo lo posible para ponernos a salvo.

Obviamente, los ferris no están diseñados como barcos de rescate, pero los marineros estuvieron a la altura de los desafíos. Muchos habían recibido entrenamiento y realizado simulacros para una emergencia como esa. Otros se adaptaron a las circunstancias y recurrieron a su ingenio.

El primer buque en llegar al avión, tan solo tres minutos y cincuenta y cinco segundos después de detenernos en el agua, fue el *Thomas Jefferson*, bajo el mando del capitán Vince Lombardi, de NY Waterway. Comenzó a rescatar a los pasajeros que estaban en el ala derecha. Su buque rescató a cincuenta y seis personas, más que cualquier otro navío ese día.

El *Moira Smith*, comandado por el capitán Manuel Liba y el segundo buque en llegar, se acercó a nuestra balsa. «¡Rescaten primero a las personas que están en las alas!», les grité a los miembros de la tripulación de ese barco. Obviamente, esos pasajeros estaban en una situación más precaria. Ninguno de los ocupantes de nuestra balsa protestó mientras el barco se alejaba. Realmente parecían comprender toda la magnitud de la situación antes que sus necesidades individuales, por lo que agradecí su gesto de buena voluntad. Aquellos que temblaban en nuestra balsa entendieron claramente que los que estaban en las alas ligeramente cubiertas de agua tenían que ser rescatados primero.

Yo quería hacer un recuento. Sabía que el avión llevaba 150 pasajeros y cinco tripulantes. ¿Podríamos contar los ocupantes de las balsas y los que estaban en las alas para ver si llegábamos a 155?

Pedí a los que estaban en mi balsa que contaran: «Uno, dos, tres, cuatro...».

Luego le grité a un pasajero del ala izquierda que contara a las personas que estaban con él. Lo intentó, pero el curso de los acontecimientos le impidió hacerlo y, además, los pasajeros ya estaban siendo evacuados de las alas y las balsas. Yo no podía ver la balsa ni el ala del otro lado del avión ni comunicarme con los que estaban allá. Así que no pudimos hacer un recuento mientras estuvimos en el río.

Nuestra balsa permaneció atada a la parte izquierda del avión y Jeff expresó su preocupación de que cuando entrara más agua y el avión se fuera hundiendo, la balsa podría volcarse y arrojar a los pasajeros al río. Así que pasó varios minutos tratando de separarnos del avión.

«¡No puedo hacerlo!», dijo mientras el avión se hundía lentamente en el agua. En cada balsa hay un cuchillo, pero no sabíamos en dónde estaban, pues había muchas personas muy apretujadas y pasaban muchas cosas. Yo sabía que los marineros en los barcos suelen llevar cuchillos, de modo que le grité a alguien que estaba en la balsa más cercana al ferri que pidiera un cuchillo. Nos lanzaron una navaja (una pasajera la atrapó), y Jeff logró soltar la balsa del avión.

MÁS TARDE, cuando a los pasajeros les preguntaron cuánto tiempo habían esperado a que llegaran los botes de rescate, algunos dijeron que quince minutos o más. En realidad, el primer ferri llegó menos de cuatro minutos después. Estar en el agua helada después del trauma que supone una emergencia en la que la vida está en peligro, es algo que puede alterar la sensación cronológica de una persona. Luego de permanecer solo unos minutos en el agua, muchos de los pasajeros que estaban en el ala no dejaban de temblar. Un rescate rápido era imperativo para minimizar la hipotermia.

Un pasajero saltó al agua y comenzó a nadar hacia la orilla de Nueva York. No tardó en pensarlo de nuevo debido a la temperatura del agua y se volvió. Otros pasajeros lo subieron a nuestra balsa y vimos que no dejaba de temblar.

Derek Alter era un pasajero que trabajaba como primer oficial en Colgan Air. «Señor, tiene que quitarse esa ropa y tiene que hacerlo ya», le dijo. Entonces se quitó la camisa de su uniforme, se la dio al hombre y luego pasó su brazo alrededor de él para mantenerlo caliente. (Derek dijo más tarde que su formación como Boy Scout le ayudó a saber que el hombre necesitaba quitarse la ropa mojada de inmediato).

El tercer barco en llegar, el ferri *Yogi Berra* del NY Waterway, capitaneado por Vincent LuCante, rescató a veinticuatro personas.

Una mujer resbaló del ala en la que estaba y cayó al río, y otros dos pasajeros estuvieron a punto de correr la misma suerte mientras la sacaban. Cuando llegó el momento de llevarla a una escalera, no pudo mover las piernas debido al frío, por lo que se cayó y tuvieron que ayudarla de nuevo. Otros pasajeros también cayeron al agua cuando intentaban subir las escaleras. Fue muy angustioso. Poco después, los pasajeros dieron rienda suelta a sus emociones. Algunos abrazaron a los marineros cuando estuvieron por fin en los ferris.

Brittany Catanzaro era capitana de un ferri. Tenía apenas diecinueve años y su trabajo habitual consistía en transportar pasajeros desde Weehawken y Hoboken, Nueva Jersey, hacia Manhattan. Su barco, el *Governor Thomas H. Kean*, el cuarto en llegar, estaba lejos de nosotros cuando acuatizamos, pero dio la vuelta y se acercó. Ella y sus tripulantes rescataron a veintiséis pasajeros que estaban en las alas. Todos los ferris debían tener cuidado en cuanto a ir despacio, especialmente cuando se acercaban a los pasajeros refugiados en las alas. Ellos podían caerse al agua si los ferris hacían una estela demasiado grande. Era difícil hacer maniobras cerca del avión, especialmente por la fuerte corriente, y había que manejar los barcos con destreza para que no chocaran contra la aeronave.

Un helicóptero de la policía de Nueva York se aproximó y vi a un buzo que iba en él lanzarse al río. El torbellino de los rotores era fuerte; el rocío de la superficie del agua se alojó en nuestros ojos. Era agua helada mezclada con viento frío. El buzo de la policía rescató a un pasajero que estaba en el agua, cerca de una de las alas.

Varios dispositivos de salvamento marítimo semejantes a hamacas, con correas de tela y similares a escaleras con peldaños, fueron bajados desde los barcos a las balsas, y los pasajeros comenzaron a subir por ellos. En un momento dado, nos preocupó que una de las balsas fuera perforada por la popa de un ferri cercano, el cual se alejó y cambió de posición. Una pasajera anciana no tuvo fuerzas para subir a la cubierta de la embarcación. Entonces, levantaron con poleas el dispositivo semejante a una hamaca para subirla al ferri.

Cuando el *Athena*, un ferri de Block Island utilizado por NY Waterway y capitaneado por Carlisle Lucas se acercó para rescatar a los ocupantes de mi balsa, grité: «¡Primero los heridos, las mujeres y los niños!». Algunos ocupantes de nuestra balsa transmitieron el mensaje a los marineros. Parecía que todos estábamos sincronizados.

Yo no estaba siendo caballeroso. Las mujeres y, en especial los niños, son más susceptibles a la hipotermia porque pesan menos que los hombres. También pierden fuerza física con mayor rapidez. Por lo tanto, era más sensato que fueran los primeros en abordar los barcos.

Sin embargo, tal como resultaron las cosas, no era fácil en términos logísticos hacer que las mujeres y los niños abordaran primero. Debido a que la balsa estaba muy llena y que moverse dentro de ella era tan difícil, los que estaban en la parte más cercana al ferri fueron los primeros en ser evacuados.

A pesar de la tensión, había una especie de orden eficiente que me pareció absolutamente impresionante. También vi ejemplos de humanidad y de buena voluntad adondequiera que miraba. Me conmovió mucho cuando los marineros de los ferris se quitaron sus camisas, sus abrigos y sus sudaderas para abrigar a los pasajeros.

Cuando era niño, me disgustó la historia de Kitty Genovese y los testigos que la habían ignorado. Ahora que era adulto, veía a decenas de testigos actuar con gran compasión y valentía, y con un sentido del deber. Parecía como si todo Nueva York y Nueva Jersey vinieran para abrigarnos.

MIENTRAS ESTÁBAMOS en el río, Patrick, el controlador que había supervisado nuestro vuelo desde su estación en Long Island, fue relevado de su posición y se le indicó que fuera a la oficina en el edificio del sindicato. Al igual que sus superiores, él sabía que debía dar por terminado su turno. A los controladores siempre se les pide que se retiren de sus funciones cuando han ocurrido incidentes de consideración.

Patrick estaba comprensiblemente angustiado. Supuso que nos habíamos estrellado y que todos los ocupantes del avión habíamos fallecido. «Fue el punto más deprimente de mi existencia», me dijo posteriormente. «Me pregunté: ¿qué otra cosa podría haber hecho? ¿Podría haberte dicho algo diferente?».

Quería hablar con su esposa, pero temía desmoronarse si lo hacía, entonces le envió un mensaje de texto: «Hubo un accidente. No estoy bien. No puedo hablar ahora». Ella pensó que había tenido un accidente automovilístico. «En realidad, sentí como si me hubiera golpeado un autobús», me dijo. «Tuve una sensación de conmoción e incredulidad».

Patrick permaneció en la oficina con un representante sindical que le hizo compañía y habló con él para calmarlo. No había televisión allí, por lo que no pudo ver la cobertura del rescate. Si las cosas salían mal, su representante sindical creía que Patrick no necesitaba verlas en ese instante.

Una y otra vez, Patrick repitió en su mente las últimas palabras que intercambió conmigo, suponiendo que eran las últimas que yo había dicho. Había oído la angustia en las voces de pilotos durante emergencias menores que había atendido en el pasado. Como lo describiría posteriormente, sus voces se transformaron «casi en un estremecimiento». Patrick pensó en mi voz y en que parecía «extrañamente tranquila».

En ese momento, él no me conocía ni sabía nada de mí. Solo sabía que habíamos pasado unos cuantos minutos conectados, y ahora suponía que yo había fallecido.

Le dijeron que no podía abandonar el edificio hasta que fueran a tomarle una muestra de orina para detectar consumo de drogas y le hicieran una prueba de alcoholemia. Ese es un procedimiento normal para los controladores —y también para los pilotos— involucrados en accidentes. Es parte de la investigación.

Patrick permaneció sentado en aquella oficina del sindicato, consolado por el representante en lo que le parecieron varias horas. Luego, un amigo suyo asomó la cabeza y dijo: «Parece que lo van a lograr. Están en las alas del avión».

Patrick me dijo más tarde que su alivio fue indescriptible.

Un pasajero estaba sentado a nuestro lado. Al igual que muchos otros, estaba agotado y emotivo. Sin embargo, quería que yo supiera que apreciaba lo que la tripulación y yo habíamos hecho para acuatizar el avión de forma segura.

Me tomó del brazo. «Gracias», dijo.

«De nada», respondí.

Fue un intercambio simple entre dos hombres en un momento extraordinario, pero comprendí que decir eso significaba mucho para él. Aprecié sus palabras, y sé que también Jeff y Donna, quienes estaban cerca.

Al comienzo, el aire frío y el viento no nos afectaron mucho. Sin embargo, había varios pasajeros que no se sentían bien mientras esperábamos que nos rescatara el ferri *Athena Euchos*, y no dejaban de temblar.

Me aseguré de ser la última persona en abandonar la balsa, así como había querido ser la última en salir del avión. No creo que haya normas escritas estipulando que el capitán sea el último en abandonar un avión o cualquier otro medio de transporte durante una emergencia. Yo era consciente de la tradición marítima, pero no fue esa la razón por la que hice eso. La razón era obvia para mí: yo no debía ser rescatado hasta que todos los pasajeros bajo mi cuidado estuvieran a salvo.

El rescate fue rápido considerando las circunstancias. La cubierta del ferri estaba a unos tres metros por encima de la balsa, por lo que los pasajeros tuvieron que esforzarse un poco para poder subir. Yo tenía tanto frío cuando llegó mi turno de subir la escalera que no pude mover las manos. Tuve que meter los antebrazos en los peldaños. No podía agarrar nada con los dedos.

Miré el avión desde la cubierta del ferri mientras permanecía al lado de diecisiete sobrevivientes del vuelo 1549, incluyendo a Jeff. La aeronave seguía hundiéndose lentamente mientras la corriente la arrastraba poco a poco hacia el sur, en dirección a la Estatua de la Libertad, rodeada por un pequeño rastro de escombros y combustible de avión.

Me di cuenta de que todavía tenía mi teléfono celular en el cinturón. Mis pantalones estaban empapados, pero el teléfono estaba seco y funcionaba. Era la primera oportunidad que tenía para llamar a Lorrie.

Tenemos dos teléfonos fijos en casa y ella tiene un teléfono celular, pero no pude comunicarme con ninguno. Lorrie no contestaba porque estaba hablando con un socio comercial. Vio mi número en su teléfono celular, pero inicialmente lo ignoró.

El teléfono repicó varias veces, por lo que le dijo a su inter-
locutor:

«Sully está llamando a todas las líneas de la casa. Veré qué
quiere».

Respondió la otra línea diciendo:

—Hola.

Al oír su voz, sin saber si ella sabía o no del accidente, lo primero que le dije tenía como fin tranquilizarla:

—Quería llamar para decirte que estoy bien.

Ella pensó que yo me refería a que estaba programado para
volar de regreso a San Francisco esa misma noche.

—Qué bueno —me dijo. Suponía que mi vuelo 1549 ya había
aterrizado en Charlotte. Comprendí que necesitaba explicarle.

—No —dije—. Ha ocurrido un incidente.

Ella seguía sin entender. No tenía el televisor encendido, así
que no estaba al tanto de la cobertura ininterrumpida del incidente que transmitían todas las redes nacionales por cable. Suponía
que yo estaba tratando de decirle que mi vuelo se había retrasado
y que tal vez no iría esa noche a casa.

Entonces se lo dije sin rodeos, casi como si estuviera recitan-
do una lista.

—Chocamos con unas aves. Perdimos el empuje en ambos
motores. Acuaticé el avión en el Hudson.

Era mucho para digerir. Hizo una pausa y me planteó la primera pregunta.

—¿Estás bien?

—Sí —le dije.

—¿Seguro? —preguntó. Obviamente, yo había sobrevivido.
Ella me estaba preguntando si yo estaba bien en un sentido más
amplio.

—Sí —dije—. Pero no puedo hablar ahora. Voy hacia el muelle. Te llamaré desde allá. Podría haber hecho uso de sus palabras consoladoras. A la misma vez, tenía muchas cosas que decirle, pero no el tiempo para hacerlo. También quería que mis hijas supieran que yo estaba bien. Se enterarían de todo por las noticias de la televisión hasta que yo estuviera con ellas. Pero al menos las contacté.

Lorrie se acostó después de mi llamada. No lloró, pero se puso a temblar. Mi llamada la asustó. Llamó a una amiga cercana y le dijo: «Sully acaba de estrellarse en un avión y no sé qué hacer». Su amiga respondió: «Ve a buscar a las niñas». Lorrie fue por ellas a la escuela y las llevó a casa.

COMENCÉ A repasar mi lista mental de otras cosas que debía hacer mientras estaba en el ferri. Yo sabía que US Airways ya se había enterado del incidente por medio del Control de Tráfico Aéreo, pero pensé que sería mejor darle mi versión de los hechos a la aerolínea.

Cada vuelo tiene un despachador asignado para hacer su seguimiento. Los despachadores trabajan con sus computadoras en una sala grande y sin ventanas en el «Centro de control de operaciones» de US Airways en Pittsburgh, y cada uno supervisa muchos vuelos de manera simultánea.

Llamé a Bob Haney, que ese día estaba de guardia como director de operaciones aéreas de US Airways, y contestó la llamada después de que el teléfono sonara varias veces.

—Habla Bob —dijo. Con voz intensa y entrecortada.

—Habla el capitán Sullenberger —dije.

—No puedo hablar ahora —replicó—. ¡Hay un avión en el Hudson!

—Lo sé —respondí—. Soy el piloto. Por un momento permaneció mudo. No podía creer que el piloto del avión en el Hudson, una escena que estaba viendo en la televisión en ese momento, lo estuviera llamando a su oficina. Teniendo en cuenta la gravedad de la situación, comenzamos a discutir rápidamente los asuntos en cuestión. Posteriormente sonreí al recordar que él había tratado de interrumpirme al principio de nuestra conversación con las últimas noticias. «¡Hay un avión en el Hudson!». Sí, yo lo sabía.

El *Athena*, que estaba atracado en el muelle 79 de Manhattan, nos dejó allí y luego regresó al avión para asegurarse de no haber dejado a ningún pasajero. Reanudó sus operaciones normales a las 6:15 p.m., transportando pasajeros de un lado al otro del Hudson, con sus asientos todavía mojados por los sobrevivientes empapados del vuelo 1549.

Tan pronto pisé el muelle de la terminal del ferri, fui recibido por el capitán Dan Britt de US Airways, nuestro representante sindical en LaGuardia. Había visto la cobertura del incidente por televisión en su casa de Nueva York, se puso el uniforme, y vino para estar conmigo y con Jeff.

Le pedí que me ayudara a obtener respuestas y actualizaciones, y comenzamos a hacer llamadas, verificando que los heridos estuvieran recibiendo atención médica. Me acerqué a Doreen, que recibía tratamiento en una camilla por parte de un equipo de emergencias médicas. Había sufrido la herida de mayor seriedad, un corte en la pierna, por lo que permaneció hospitalizada varios días. Yo había reunido al resto de la tripulación y a dos pilotos de otras aerolíneas que viajaban como pasajeros, Susan O'Donnell, primer oficial de American Airlines, y Derek Alter, de Colgan Air, quien le había dado su camisa a otro pasajero.

Algunos pasajeros habían sido llevados a la orilla del río en Nueva Jersey y el resto a Nueva York, así que era difícil dar cuenta de todos. Yo quería a toda costa hacer un recuento de todos los pasajeros que habían sido rescatados, pero no había podido obtener ningún tipo de confirmación hasta el momento. Las autoridades me seguían preguntando por el manifiesto, aunque ninguna tripulación lo recibe en vuelos nacionales. US Airways podría tardar algún tiempo en elaborar uno a partir de los registros electrónicos del vuelo.

La policía estaba en todas partes y un oficial de alto rango me dijo que el alcalde Michael Bloomberg y el comisionado de la Policía Raymond Kelly querían que me reuniera con ellos en otro lugar. Tuve que declinar la invitación. «Tengo responsabilidades aquí», dije. Entonces, el alcalde y el comisionado se dirigieron a la terminal del ferri para hacerme algunas preguntas. Yo estaba muy preocupado por los pasajeros como para tener una conversación seria con ellos. Les di una breve actualización y eso fue todo. «Me aseguré de que todos hubieran salido del avión», dije. «Estamos tratando de contarlos a todos».

Se discutió mucho sobre el lugar al que deberíamos ir los miembros de la tripulación. Finalmente nos llevaron al hospital para una evaluación médica y comprobar nuestros signos vitales. Todo el tiempo me pregunté: «¿Cuántas personas han contado?».

Después de examinarnos en la sala de emergencias y decirnos que estábamos bien, permanecimos allí esperando una confirmación, a la espera de noticias y para saber adónde iríamos a continuación. No había sillas para todos en la sala médica, pero tampoco tenía deseos de sentarme. Fue estresante esperar sin saber el desenlace, allí de pie con mi uniforme y mis medias mojadas. Solo pude cambiarme de ropa a medianoche.

En el par de horas siguientes llegaron tres médicos más. En realidad, no tenían ninguna razón profesional para hacerlo. Tal vez, simplemente sentían curiosidad por echarnos un vistazo, pues estábamos en todas las noticias. Un médico de cuarenta y tantos años se detuvo y me miró directamente a los ojos. Me di cuenta de que estaba tratando de evaluarme, de saber cómo me sentía. Permaneció callado durante quince o veinte segundos. Finalmente habló. «Estás muy tranquilo», dijo, «es increíble». Estaba equivocado, pues no estaba tranquilo en absoluto. En ese momento, me sentía entumecido y de mal humor. Simplemente no podía relajarme hasta saber que hubiera 155 sobrevivientes.

Al fin, a las 7:40 p.m., más de cuatro horas después de haber acuatizado en el Hudson, el capitán Arnie Gentile, representante del sindicato, entró y me dio la noticia. «Es oficial», dijo.

Sentí la más intensa sensación de alivio que había experimentado en toda mi vida. Sentí como si el peso del universo hubiera sido levantado de mi corazón. Probablemente dejé escapar un largo suspiro. No estoy seguro de haber sonreído. Estaba demasiado exhausto para celebrar.

Había sido el día más angustioso de mi vida, pero estaba increíblemente agradecido por ese final. No habíamos salvado el Airbus 320. El avión había quedado inservible. Pero los pasajeros regresarían al lado de sus familias. Todos ellos.

16

HISTORIAS OÍDAS,
VIDAS CONMOVIDAS

Y A ESTOY ACOSTUMBRADO.

Abro una carta y caen cinco billetes de un dólar. «¡Buen trabajo, señor Sullenberger! Me gustaría invitarlo a una cerveza, aunque sea nacional y barata».

Recibo un fax: «En este mundo loco, es bueno saber que el azar todavía favorece a las mentes preparadas. ¡Buen trabajo, capitán!».

Llega una carta con una ilustración de Snoopy en una eufórica posición de danza. El pie de foto dice: «¡Oh, feliz día!». Quien escribe la carta es una mujer de Nueva Jersey. «En la costa este todavía sufrimos las secuelas del 11-S (11 de septiembre de 2001). Parecía que todos los habitantes del área que comprendía los tres estados perdieron a un familiar, un amigo, un vecino o un compañero de trabajo. ¡Su chapuzón en el río nos hizo sentir eufóricos, serenos y felices!».

Me han enviado miles de mensajes como estos desde el vuelo 1549. He recibido diez mil correos electrónicos de personas que han visitado mi negocio de consultoría de seguridad en la red. Tengo otros cinco mil en mi cuenta personal. No sé mucho acerca de Facebook, pero mis hijas me dicen que tengo más de 635.000 seguidores.

Me han contactado personas de todos los continentes, salvo de la Antártida. Y casi siempre que estoy en un centro comercial o un restaurante, las personas se acercan para decirme que no quieren molestarme, que simplemente quieren darme las gracias.

Algunos de esos corresponsales tenían seres queridos o amigos en el vuelo 1549, aunque no era el caso de la gran mayoría. Lo que sucedió en ese avión los conmovió tanto que se sintieron obligados a ponerse en contacto conmigo y con mi familia. Algunos me dicen que después de enterarse de nuestro vuelo, se encontraron reflexionando sobre un momento fundamental de sus vidas, o pensando en una persona que las inspirara. Otros terminaron repasando los sueños que tenían para sus hijos, o sintiendo un duelo renovado por las pérdidas que seguían tratando de entender.

Me he convertido en un receptor de reflexiones de muchas personas porque soy la cara pública de un momento edificante e inesperado que continúa teniendo eco. Saber de tantas personas y prestar atención a sus historias es parte de mi nuevo trabajo.

Considero su agradecimiento como un regalo generoso, pues no quiero restarle importancia a sus palabras amables al negarlas. A pesar de que al principio me sentí incómodo, he tomado la decisión de aceptar amablemente el agradecimiento de las personas. Al mismo tiempo, no me esfuerzo por tomarlo como propio. Reconozco que se me ha dado un papel que desempeñar y tal vez el resultado sea positivo.

No es un papel que haya tenido antes. Toda mi vida la he pasado en el anonimato. Estaba orgulloso de mi esposa y de mis hijas, pero llevaba una vida tranquila y hogareña. Mi vida laboral también estaba casi oculta, transcurría al otro lado de la puerta de una cabina cerrada.

Pero ahora me reconocen en todas partes, y la gente se me acerca con lágrimas en los ojos. No están seguros de por qué están llorando. Sus sentimientos con respecto a lo que representa el vuelo y la sorpresa de encontrarse conmigo simplemente les producen una oleada de emociones. Cuando la gente parece estar muy agradecida conmigo, mi sentimiento más importante es que no merezco su atención o su agradecimiento efusivo. Me siento un poco como un impostor. Y, sin embargo, también siento que tengo la obligación de no decepcionarlos. No quiero desestimar su gratitud o sugerir que no deban sentirse de la manera en que lo hacen.

Por supuesto, todavía no me siento cómodo con el apelativo de «héroe». Como le gusta decir a Lorrie, un héroe es alguien que arriesga su vida entrando a un edificio en llamas. El vuelo 1549 fue diferente, porque se trató de algo que mi equipo y yo encontramos sin buscarlo. Hicimos lo que pudimos, recurrimos a nuestra formación, tomamos las decisiones adecuadas, no nos dimos por vencidos, valoramos la vida de todos los pasajeros y obtuvimos un buen resultado. No sé si eso pueda considerarse «heroico». Esto es más tener una filosofía de vida, y aplicarla a las cosas que hicimos ese día y muchos otros días antes del incidente.

Tal como yo lo veo, más que a un acto de heroísmo, la gente está respondiendo a esa filosofía.

También abrazaron la noticia del vuelo 1549 porque se produjo en un momento en que mucha gente se sentía muy deprimida.

El 15 de enero de 2009, el día de nuestro vuelo, el mundo estaba en transición. La presidencia de Estados Unidos estaba a punto de cambiar de manos, algunas personas se sentían esperanzadas y otras se sentían nerviosas por el camino que había adelante. Era un momento de gran incertidumbre, con dos guerras en curso y la economía mundial desmoronándose. En muchos aspectos, la gente se sentía confundida y temerosa. Se preguntaban si nuestra sociedad se había extraviado o desviado del camino. Algunas personas habían cuestionado incluso nuestra competencia básica.

Se enteraron del vuelo 1549, lo cual era diferente a la mayoría de las historias que se emitían a través de los medios, en el sentido de que la noticia era positiva. El avión se había posado sin contratiempos. Los pasajeros y los equipos de rescate se habían ayudado mutuamente. Todos los ocupantes del avión habían sobrevivido. Eran noticias positivas (a menos que, por supuesto, fueras el dueño del Airbus A320, o la compañía de seguros; en ese caso, la noticia no sería completamente buena).

Eso les pareció notable a las personas que vieron los reportes del vuelo 1549 en sus televisores. Les permitió reafirmar que todos los ideales en los que creemos son verdaderos, aunque no siempre sean evidentes. Decidieron que el carácter estadounidense todavía existe y que aquello que pensamos que representa nuestro país aún está ahí.

He sentido una mayor apreciación por la vida —y también por Estados Unidos— a través de mis interacciones con tantas personas desde ese incidente. Ellas me dicen que se sintieron conmovidas por mi historia pero, muy a menudo, me siento aún más conmovido por las suyas.

CUANDO EL vuelo 1549 acuatizó en el Hudson, Herman Bomze, de ochenta y cuatro años, vio el rescate desde su apartamento en el piso treinta de Manhattan con vista al río.

El señor Bomze, un exmarine e ingeniero civil jubilado, se sintió muy conmovido mientras los pasajeros se apresuraban a refugiarse en las balsas y en las alas. Le preocupaba que todos los pasajeros no hubieran salido del avión y que los ferris no llegaran a tiempo para rescatarlos a todos. Llamó a su hija, Bracha Nechama, y le dejó un mensaje para decirle que todo eso le había afectado. Ella, a su vez, me envió una carta contándome la historia de su padre.

En 1939, cuando Herman tenía quince años, él y su hermana vivían en Viena con sus padres y trataban por todos los medios de salir de Austria. Eran judíos y su apartamento había sido saqueado por los nazis. Sabían de las deportaciones masivas de judíos y habían oído los rumores de asesinatos en masa.

La familia de Herman esperaba venir a Estados Unidos, donde vivían varios parientes que estaban dispuestos a firmar papeles para responder por ellos. En aquellos días, Estados Unidos tenía cuotas estrictas sobre el número de refugiados europeos que podían ser admitidos. La embajada estadounidense en Viena informó a la familia que solo había tres visas disponibles: para Herman, su madre y su hermana. Debido a que el padre de Herman tenía un pasaporte polaco y había cuotas diferentes para esos ciudadanos, no habría ningún visado para él.

«Por favor», suplicó la madre de Herman. «Permitan que nuestra familia permanezca unida».

«Pueden hacerlo si desean», dijo el secretario de la embajada. «Si quieren quedarse aquí en Austria, pueden estar juntos. Si ustedes tres quieren irse, pueden hacerlo. Es su decisión».

La familia tomó una decisión. El padre de Herman se quedaría en Austria. Herman, su hermana y su madre escaparían a Estados Unidos, donde la vida sería más segura para ellos.

Los tres llegaron en agosto de 1939 y, no mucho después, el padre de Herman fue trasladado al campo de concentración de Buchenwald, donde fue ejecutado en febrero de 1940.

Casi setenta años después, Herman vio los pormenores del rescate del vuelo 1549 y, en buena parte, sus dolorosos recuerdos lo llevaron a llamar a su hija Bracha. Posteriormente, Bracha pensó en las conexiones que había entre su padre y yo, por lo que decidió escribirme.

Me habló de la gran reverencia que Herman sentía por la vida, forjada por el Holocausto. También me escribió que su padre tuvo la suerte de que nuestro vuelo hubiera terminado de manera segura en el río, en lugar de chocar contra los edificios de Manhattan.

«Si usted no hubiera sido tan hábil y tan amante de la vida», escribió, «mi padre u otros como él, en sus edificios elevados hasta el cielo, podrían haber perecido junto con sus pasajeros. Como sobreviviente del Holocausto, mi padre me enseñó que salvar una vida es salvar al mundo».Ella me explicó la visión judía de que si salvas a una persona, nunca sabrás lo que pueda lograr en la vida, o la manera en que su descendencia podría contribuir a la paz y a la salvación del mundo. «Espero que sienta la alegría de haber salvado a generaciones de personas», escribió Bracha, «permitiéndoles la posibilidad de un humanitarismo como el suyo. Dios lo bendiga, capitán Sullenberger».

Su carta me sigue conmoviendo e inspirando. Me siento honrado de que viera el acuatizaje del avión en el Hudson como «un poderoso compromiso con la vida». Ella tiene razón: aún desconozco las cosas que puedan lograr los 154 pasajeros de mi vuelo. No puedo imaginar qué contribuciones podrían hacer al mundo sus hijos, nietos y bisnietos que no han nacido todavía.

HUBO QUIENES me escribieron para decirme que estaban de acuerdo conmigo: que no soy un héroe. Me gustó la forma en que me hablaron. Me escribieron para decir que la preparación y la diligencia no son lo mismo que el heroísmo.

«Usted parecía incómodo al ser llamado héroe en las entrevistas», me escribió Paul Kellen, de Medford, Massachusetts. «Yo también considero el título inapropiado. Veo a un héroe como alguien que decide participar en una situación peligrosa para un propósito más elevado, pero usted no tuvo otra opción. Esto no quiere decir que no sea virtuoso, pero veo que su virtud es el producto de las decisiones que tomó en otros momentos. Está claro que usted se toma en serio sus responsabilidades profesionales. Está claro que muchas de las opciones en su vida lo prepararon para ese momento cuando los motores fallaron.

»Hay personas entre nosotros que son éticas, responsables y diligentes. Creo que son muchas. Tal vez usted habría tenido que trabajar en el anonimato si no fuera por un encuentro inoportuno con una bandada de aves.

»Espero que su historia anime a muchas personas que desempeñan sus responsabilidades en el anonimato a comprender que su recompensa es simple: estar listos cuando llegue el momento de la prueba. No quiero restarle importancia a su logro. Solo quiero señalar que cuando se presentó el desafío, usted se había preparado a conciencia. Espero que su historia anime a otros a imitarlo».

He sabido de varias personas que perdieron seres queridos en accidentes o que sobrevivieron a ellos; algunos fueron de carácter aéreo.

La gente me contó cómo habían encontrado el valor para volver a volar, sobre todo porque habían decidido confiar en los profesionales de la cabina.

Karen Kaiser Clark, de Saint Paul, Minnesota, me escribió acerca del vuelo 191 de Delta Airlines que se estrelló en Dallas el 2 de agosto de 1985, «arrebatándoles la vida a 139 personas, todas ellas con familias, amistades y un lugar en el mundo que nadie podrá reemplazar. La causa fue una ráfaga de viento, y mi madre, Kate, fue una de las últimas siete personas en ser identificadas. Quince amigos suyos también murieron. Apenas cinco meses antes, habíamos desconectado a nuestro padre del soporte vital. Era su primer viaje como viuda».

Karen dijo que, después de la tragedia, pudo encontrar un camino a la aceptación y un nuevo aprecio por la vida. «Después del funeral de mi madre en la Florida», escribió, «volamos con sus cenizas y las de mi padre para enterrarlas en Toledo, Ohio. Sin embargo, nuestro vuelo se vio atrapado en medio de una terrible turbulencia. Todos estábamos aterrorizados, pero en esos momentos prometimos que si lográbamos aterrizar, yo encontraría una forma de: (1) crecer a través de esos tiempos terribles y no volverme amargada, y (2) seguir volando, pues doy conferencias a nivel internacional».

Bart Simon, que es propietario de una empresa de productos capilares en Cleveland, me dijo que iba en el vuelo 405 de USAir cuando intentó despegar de LaGuardia la noche del 22 de marzo de 1992 y se estrelló en Flushing Bay. «Fui uno de los afortunados que sobrevivió, solo recibí un pequeño corte en la cabeza», me escribió. Veintisiete personas murieron y nueve de los veintitrés sobrevivientes sufrieron lesiones graves. La Junta de Seguridad Nacional en el Transporte dijo más tarde que las causas probables fueron hielo en las alas, el hecho de que la FAA y el sector de las aerolíneas no tuvieran procedimientos adecuados para evitar la formación de hielo, los retrasos, así como la decisión de la tripulación de vuelo de despegar sin saber con certeza si no había hielo en la alas.

«Yo había logrado alejar esa noche de mi mente y seguir adelante con mi vida», me dijo Bart, «pero las imágenes de su acuatizaje el mes pasado y la similitud de las circunstancias —US Airways, LaGuardia, el agua— hicieron que los recuerdos se agolparan de nuevo en mi mente». Bart dijo que cuando vio a nuestra tripulación en la televisión, parecía como si nosotros resumiéramos lo que los pasajeros esperan encontrar cuando suben a los vuelos: profesionales que son «tranquilos, calmados y, sobre todo, que tienen el control, sin importar lo terribles que sean las circunstancias». Dijo que me escribía para agradecerme «en nombre de los millones de nosotros que confiamos nuestras vidas a usted y a sus colegas todos los años».

Él había abordado un avión en LaGuardia con destino a Cleveland la misma mañana después de aquel accidente en 1992. «Los restos carbonizados del vuelo 405 eran claramente visibles en Flushing Bay mientras mi avión se desplazaba por la pista, pero esa mañana me sentí calmado al saber que un profesional experto estaba al mando y que yo regresaría a casa en poco tiempo».

Los pilotos sentimos a veces que los pasajeros no son conscientes de nosotros. Es como si simplemente estuvieran pasando a un lado de la cabina para buscar un espacio en los compartimentos superiores. Pero luego del vuelo 1549, he tenido la oportunidad de saber de personas como Karen Kaiser Clark y Bart Simon; por eso, ver la fe y la confianza que ellos y otras personas depositan en nosotros es algo que me sobrecoge.

THERESA HUNSICKER, directora de una guardería infantil en Luisiana, se enteró del vuelo 1549 mientras veía Fox News. Ella, que tiene cuarenta y tres años y es madre de una niña de nueve, me vio en *60 Minutes* y se sintió obligada a escribirme para decir cómo la había afectado mi entrevista.

«Me llamo Theresa Hunsicker», comenzaba su carta, «y soy hija de Richard Hazen, el copiloto del vuelo 592 de ValuJet, que cayó en los Everglades de la Florida el 11 de mayo de 1996 con 110 personas a bordo».

El vuelo 592 había despegado del Aeropuerto Internacional de Miami rumbo a Atlanta, con la capitana Candalyn Kubeck en los mandos. Cuando habían transcurrido unos seis minutos de vuelo, ella y el primer oficial Hazen reportaron fuego en el interior del avión y humo en la cabina de mando. En la grabación de la cabina se escuchó gritar una voz femenina en su interior: «¡Fuego, fuego, fuego, fuego!».

El primer oficial Hazen llamó por radio al controlador, pidiendo volver al aeropuerto. El avión se estrelló en los Everglades unos minutos más tarde, mientras volaba a ochocientos kilómetros por hora. Quedó completamente destruido tras el impacto.

Una investigación reveló que el jet llevaba generadores de oxígeno en el compartimiento de carga, lo que probablemente detonó o alimentó el fuego. Los generadores de oxígeno habían sido etiquetados como «vacíos» y no tenían las tapas protectoras que podrían haber evitado el fuego. Después del vuelo 592, se instalaron detectores de humo y sistemas de extinción de fuego en las bodegas de carga, y se hicieron cambios en el transporte de sustancias peligrosas.

En su carta, Theresa me dijo que lloró al ver las noticias del vuelo 1549. Recordó que había deseado con todas sus fuerzas que el vuelo de su padre hubiera podido tener el mismo desenlace positivo y acuatizar de manera segura. Esperaba que él y los 109 pasajeros del DC-9-32 hubieran podido refugiarse en las alas del avión o en las balsas en las aguas de los Everglades.

«Durante muchos años me he preguntado cómo habrán sido los últimos minutos que vivió mi padre», escribió Theresa. «Yo había asumido que sintió mucho miedo, y que lamentó no ver más a su familia. Pensar que muriera en un momento de pánico y de tristeza fue abrumador para mí».

Greg Feith, el investigador principal de la Junta de Seguridad Nacional en el Transporte, le había dicho que su padre se había concentrado en aterrizar el avión. Las palabras del investigador fueron un poco tranquilizadoras para ella. Pero en los trece años que habían transcurrido desde entonces, Theresa no había logrado aceptarlas plenamente, porque el investigador nunca había estado en la cabina de un avión en una situación angustiosa. ¿Cómo podía saber él en qué estaba pensando realmente un piloto en un momento tan terrible?

Es por eso que mi aparición en *60 Minutes* fue tan importante para Theresa. Me vio explicar que no tuve pensamientos superfluos cuando nos quedamos sin motores. Mi mente nunca divagó. Pensé únicamente en la forma en que Jeff y yo podíamos aterrizar de manera segura. Mis comentarios le proporcionaron todo tipo de epifanías.

«Oírlo decir lo concentrado que estaba usted y que tenía un trabajo por hacer... me da tranquilidad, porque fue alguien que vivió eso», escribió. «Ahora sé que Greg tenía razón. Mi padre no dejó este mundo en un momento de profunda tristeza. Solo estaba tratando de hacer su trabajo. No puedo agradecerle lo suficiente, capitán Sullenberger. Escuchar su historia ha sido una verdadera bendición».

La carta de Theresa conmovió hasta las lágrimas a Lorrie. No podía apartarla de su mente, por lo que decidió llamarla. Hablaron una hora; la esposa y la hija de un piloto compartiendo recuerdos. «Fue catártico para las dos», me dijo Lorrie más tarde.

Theresa habló de cosas inapropiadas que le dijeron personas bien intencionadas. «La gente me dice que mi padre murió haciendo lo que amaba», le dijo a Lorrie. «Oír eso no ha sido de gran ayuda para mí. Sería diferente si él hubiera muerto de un ataque al corazón en su jardín; habría sido morir haciendo algo que amaba. Pero murió en un incendio a 1.648 grados de temperatura. Y no era eso lo que amaba».

La búsqueda de los restos de las víctimas del vuelo 592 tardó dos meses; Theresa le dijo a Lorrie lo traumático que fue eso para sus familias. El avión se había desintegrado en pedazos muy pequeños, que fueron sacados del lodo en lugares remotos de los Everglades. Mientras los trabajadores caminaban entre las hojas de los juncos, los francotiradores estaban listos para disparar a los caimanes antes de que se acercaran. La mitad de las víctimas no pudieron ser identificadas. Theresa recordó hablar con una mujer que recibió el tobillo de su hijo. Pudieron identificarlo debido a un tatuaje.

El padre de Theresa fue identificado únicamente por un dedo, que le fue entregado a la familia en una caja pequeña. Había un registro de sus huellas digitales, pues había estado en la Fuerza Aérea. «El forense nos preguntó qué queríamos hacer con él», dijo Theresa. «Dijimos: "Queremos que lo dejen de nuevo en los Everglades con lo que quedó de él"».

Un consejero de salud mental y un agente de vida silvestre y pesca fueron con la familia al lugar del accidente durante un servicio memorial, y arrojaron al agua el dedo del primer oficial Hazen, que estaba en un pequeño sobre. Fue un momento surrealista y difícil para la familia; sin embargo, les ofreció un poco de consuelo.

Ha habido todo tipo de incidentes aéreos desde el accidente de ValuJet en 1996, pero Theresa dijo que el vuelo 1549 la impactó de un modo diferente a los demás. Señaló que el vuelo 1549 y el 592 eran similares. Los dos tuvieron un grave problema minutos después del despegue y no pudieron regresar a una pista de aterrizaje. Ambos terminaron en el agua.

A Theresa le ofrecieron oír las grabaciones de voz de la cabina de mando, pero no quiso oírlas. El padre de una azafata decidió oírlas y dijo que tuvo que recibir terapia. La puerta de la cabina estaba abierta y los gritos de los pasajeros se podían oír con mucha claridad en la grabación. «Sería muy difícil para mí oír eso», dijo ella.

En 2006, en el décimo aniversario del accidente, Theresa se armó de valor para contactar a Greg Feith, el investigador: «Puedo hacerlo», le dijo. «Por favor, dígame: ¿Gritó mi padre?». Feith respondió: «Por supuesto que no. Su padre estaba repasando la lista de verificación. Él y la capitana Kubeck hicieron todo lo que se suponía que debían hacer hasta que estuvieron incapacitados».

Theresa le dijo a Lorrie lo que pensó cuando ella me vio en *60 Minutes*: «Pensé: "ojalá que ese fuera mi padre. Ojalá que hubiera podido tener el mismo éxito, que todo el mundo estuviera a salvo, y que él fuera el héroe y concediera entrevistas"».

También le dijo lo siguiente: «Creo que celebro mucho más el vuelo 1549 porque viví el peor desenlace. Mi alegría por los pasajeros y la tripulación es mucho más profunda».

En su carta, Theresa me explicó que había pasado mucho tiempo en los últimos años pensando en los «posibles escenarios» en relación con su padre, que tenía cincuenta y tres años al momento de su muerte. Falleció cuatro años antes de que naciera Peyton, la hija de Theresa. «Esa es la parte más difícil de la pérdida», escribió ella, «que nunca conocerá a su nieta».

Theresa adjuntó una foto en la que aparecían ella, su marido y su hija «para que usted pueda ver a quiénes ha conmovido». Son una familia muy linda, están muy unidos y son todo sonrisas. Ella le dijo a Lorrie que ahora siente que su padre y yo estamos conectados; dos pilotos que hicieron todo lo posible por salvar vidas. Aunque su padre nunca verá a su nieta, Theresa se sentía consolada al saber que yo lo haría.

Y así, tuve el honor de sostener la foto de la hermosa Peyton en mis manos mientras pensaba en el primer oficial Hazen y en todas las cosas que se ha perdido.

17

UN VIAJE DESENFRENADO

Los primeros días después del vuelo 1549 solo podía dormir un par de horas por la noche. No dejaba de cuestionarme a mí mismo. La primera noche le dije a Lorrie: «Espero que sepan que hice todo lo posible». Ese pensamiento permaneció en mi mente.

Tardé un par de meses en procesar lo que había sucedido y en superar el estrés postraumático. El sindicato de pilotos tiene un equipo voluntario llamado «Programa de respuesta a incidentes críticos», que empezó a ayudarnos a la tripulación y a mí un día después del acuatizaje en el Hudson. Les pedí un panorama de lo que podía esperar. Me dijeron que dormiría menos, tendría pensamientos que me distraerían, perdería el apetito, tendría recuerdos traumáticos, me cuestionaría mucho y pensaría en casos hipotéticos.

No se equivocaron en nada. Durante las dos semanas iniciales, no pude leer un libro o un periódico de forma continuada sin pensar en el vuelo 1549.

«Es posible que tengas dificultades para borrarlos de tu pensamiento», me dijeron, lo cual describía exactamente lo que estaba viviendo. Me despertaba en medio de la noche mientras me devanaba los sesos: ¿qué pude haber hecho de un modo diferente? ¿Qué pensaban otros pilotos sobre lo que había hecho yo? ¿Podría haber sacado un tiempo para decirles a las azafatas que íbamos a posarnos en el agua? ¿Por qué no había dicho: «¡Prepárense para acuatizar!» la última vez que hablé por el sistema de megafonía? ¿Podría haber hecho algo más o mejor?».

Con el tiempo, confronté lo que había en mi psique y pude dormir de nuevo. Repasé todos los escenarios. Por ejemplo, si hubiera dicho: «Prepárense para acuatizar», los pasajeros podrían haber comenzado a caminar a tientas, buscando desesperadamente chalecos salvavidas en lugar de prepararse. Tal vez hubieran entrado en pánico. La investigación demostraría más tarde que antes de despegar, solo doce de los 150 pasajeros habían leído la tarjeta de seguridad que estaba en el bolsillo del asiento frente a ellos.

Al final, me sentí animado por el hecho de que los investigadores determinaran que Jeff y yo tomamos las decisiones adecuadas en cada instancia. Pero incluso después de sentirme cómodo con mis decisiones apropiadas el 15 de enero, añoré mi vida antes de ese día.

Durante varios meses, si pudiera haber chasqueado los dedos y borrar todo el incidente, lo habría hecho. Lorrie y las niñas también desearon que no hubiera sucedido. Aunque nunca pensé que iba a morir, a ellas ciertamente les pareció como si me hubieran perdido el 15 de enero. Tuvieron dificultades para deshacerse del horror de ese sentimiento.

Con el tiempo, sin embargo, mi familia vio que nuestra nueva realidad era manejable, por lo que nos esforzamos mucho para encontrar aspectos positivos en nuestras nuevas vidas. Mis colegas me han pedido que sea defensor público de los pilotos y de la seguridad aérea, y creo que se trata de un llamado más importante. En un testimonio ante el Congreso, pude hablar con honestidad y sin rodeos acerca de los problemas importantes que tiene el sector de las aerolíneas. Ahora sé estoy en una posición en la que puedo influir positivamente en los asuntos de aviación y tengo la intención de utilizarla con prudencia.

Mientras tanto, la notoriedad que obtuve tras el vuelo 1549 le ha permitido a mi familia tener más de un par de experiencias y encuentros memorables que de otra forma habrían estado fuera de nuestro alcance.

Hemos salido del anonimato, y todos los días suena el teléfono con una invitación a una nueva aventura: el palacio de Buckingham, un concierto de los Jonas Brothers, cenas con anfitriones que anteriormente nunca hubieran reparado en nosotros. Nos estamos acostumbrando a eso, pero Lorrie y yo todavía nos miramos y decimos: «¿Cómo llegamos aquí?».

Nuestras vidas se volvieron bastante irracionales pocos minutos después de que el mundo tuviera noticias del vuelo 1549 ese jueves por la tarde.

Mi uniforme todavía estaba mojado cuando Lorrie y yo comenzamos a recibir noticias de dignatarios, políticos y de los nombres más importantes de los medios de comunicación. No solo nos llamaban los productores, sino también los locutores: Diane Sawyer, Katie Couric, Matt Lauer. Mientras caminaba por la terminal del transbordador con mis zapatos llenos de agua, nuestras dos líneas telefónicas, la del fax y el celular de Lorrie sonaban simultáneamente. El reportero de un periódico consiguió incluso el número del teléfono celular de Kate y la llamó para preguntar por mí.

La mañana después del incidente, mientras yo estaba todavía en Nueva York, docenas de reporteros y estaciones móviles se habían estacionado afuera de nuestra casa en Danville. Algunos permanecieron diez días allí.

Lorrie estaba lista, aunque comprensiblemente emotiva, cuando salió con las chicas el viernes por la mañana para hacer un comentario a los medios de comunicación. «Nos han pedido... ahora voy a llorar. He estado llorando todo el tiempo», dijo, y empezó a hablar de nuevo. «En US Air nos han pedido que no digamos nada, así que no haremos muchas declaraciones. Pero nos gustaría decir que estamos muy agradecidas de que todos hayan podido salir del avión y estén a salvo. Eso fue lo que mi esposo nos pidió transmitir realmente a todo el mundo».

Un periodista le preguntó cómo estaba yo, y Lorrie respondió: «Hoy se está sintiendo mejor. Ya sabes, es piloto. Es muy controlado y muy profesional... Durante mucho tiempo he dicho que es un piloto entre pilotos y que le encanta el arte de volar».

Los medios de comunicación retomaron esa descripción y la incluyeron en cientos de historias posteriores. Amigos y extraños me dijeron que Lorrie no solo era una esposa bella y amorosa. En medio de la emotividad del momento, también resultó ser muy buena portavoz.

Asimismo, le preguntaron cómo estaba asumiendo la familia los crecientes comentarios de que yo era un héroe nacional. «Es un poco extraño y abrumador», respondió ella. «Es decir, las chicas se fueron a dormir anoche y pude oírlas decir en su habitación: "¿Es esto extraño o qué?"».

No pude ver la cobertura de la improvisada conferencia de prensa de Lorrie afuera de nuestra casa. De hecho, estaba demasiado ocupado para ver cualquier cobertura de los medios.

Solo pude dormir dos horas la noche del acuatizaje. Había muchas cosas que hacer esa noche y al día siguiente. Necesitaba estar lúcido durante las entrevistas con la Junta Nacional de Seguridad en el Transporte. Tenían una gran cantidad de preguntas. ¿Cuántas horas había dormido el miércoles por la noche? ¿Qué había desayunado, almorzado y cenado? ¿Tenía bajos niveles de azúcar en la sangre? ¿Cómo me había sentido en el vuelo antes del incidente? ¿Estaba cansado? ¿Distraído? ¿Hacía cuántos días antes había tomado la última bebida alcohólica? Hacía más de una semana. Fue una cerveza.

También hubo algunos momentos más leves. Aún teníamos la ropa húmeda cuando llegamos al hotel la noche del incidente. Obviamente, todas nuestras pertenencias se habían quedado en el avión. Un colega salió a conseguirnos artículos de primera necesidad. Jeff y yo no teníamos ropa seca, y nos compró las mismas prendas: sudaderas negras, medias negras y ropa interior de cintura baja talla 34 del mismo color. Le dije una semana después: «A mi esposa le gustó esa ropa interior. Más sensual que la blanca que uso normalmente». Jeff respondió: «Tal vez a tu esposa le hayan gustado, pero mi cintura es mucho más grande que la tuya. Parece que nos trajo calzoncillos de la misma talla. A mí se me ven como un tanga».

Todo el viernes estuve en reuniones y me sentí muy estresado. Estaba agotado. Seguía tratando de procesarlo todo, y quería recordar con claridad lo que había sucedido en la cabina de mando para poder ayudar a los investigadores a resolver los detalles.

Luego me enteré de que el presidente George W. Bush, a quien solo le quedaban cinco días para terminar su mandato, quería hablar conmigo. Llamó al teléfono celular de Mike Cleary, el vicepresidente de nuestro sindicato que me había acompañado durante las últimas veinte horas. Mike me pasó el teléfono.

—¿Capitán Sullenberger?

—Sí, Señor Presidente —dije.

Fue muy amable desde el comienzo.

—Sabes —dijo—, Laura, el personal y yo estábamos comiendo algo y hablando de ti. Estoy admirado de tu habilidad para volar.

Le agradecí, luego me hizo una pregunta importante.

—¿No eres de Texas?

—Sí, Señor Presidente —dije.

—¡Bueno, eso lo explica todo! —comentó él como un verdadero tejano.

Tuve que sonreír.

Me hizo otra pregunta:

—¿No volaste bombarderos?

—Sí —dije—. F-4 Phantoms.

—Eso pensé —dijo—. Pude notarlo.

No le pregunté por qué podía notarlo exactamente, pero me gustó su conversación informal y su punto de vista centrado en Texas en torno al incidente. Fue una conversación agradable y amistosa, y me aseguré de decirle que el vuelo y el rescate habían sido producto del esfuerzo de un equipo. Mencioné la labor de Jeff, Donna, Sheila, Doreen y de las tripulaciones de los ferris, lo cual él agradeció.

A pesar de todo lo que había sucedido en el Hudson la noche anterior, colgué el teléfono y me maravillé de la manera en que funcionan las cosas en Estados Unidos. Veinte horas atrás, yo era simplemente un piloto anónimo que esperaba terminar el último vuelo de mi viaje de cuatro días antes de regresar discretamente a casa. Y ahora estaba hablando con el presidente como si fuéramos viejos amigos tejanos.

Unos noventa minutos más tarde recibí otra llamada. Era el presidente electo Barack Obama. También fue muy amable, aunque un poco más formal en sus comentarios y preguntas. Me invitó a la inauguración presidencial, supe de inmediato cuál debía ser mi respuesta. Le dije: «Señor Presidente, me siento honrado, pero, ¿puedo tomarme el atrevimiento de pedir, que en caso de poder asistir, sea bajo la condición de que toda mi tripulación y sus familias me acompañen?». Me dijo que sí.

Todos asistimos y terminamos reuniéndonos en privado con el nuevo presidente en uno de los bailes inaugurales. A pesar de que era su gran noche, el presidente fue muy amable y generoso al compartir su tiempo con nosotros. Bromeó con Lorrie.

—No vas a dejar que todo esto se le suba a la cabeza de tu marido, ¿verdad? —le preguntó.

—La gente puede pensar que es un héroe, pero él sigue roncando —respondió Lorrie.

El presidente Obama se rio.—Tienes que decírselo a mi esposa —comentó—. Eso es lo que ella dice sobre mí.

La señora Obama estaba a unos tres metros de distancia, y él la llamó:

—Oye, Michelle, ven acá, ¡tienes que escuchar esto!

Le dijo a Lorrie que repitiera el comentario sobre mis ronquidos habituales, y las dos se rieron mucho a expensas del presidente y del piloto.

Seguimos recibiendo invitaciones a raíz del vuelo 1549, y aceptamos algunas porque, bueno, eran experiencias para toda la vida. ¿Cómo podríamos rechazarlas? La tripulación del vuelo 1549 fue invitada al Super Bowl, y pudimos ver el juego desde un lugar perfecto. Lorrie y yo asistimos a la fiesta de los Academy Awards, donde ella se sentó al lado de Michael Douglas y yo hablé largamente con Sidney Poitier.

Me invitaron a hacer el primer lanzamiento en el segundo juego celebrado en el nuevo estadio de los Yankees. Me aseguré de estar preparado —no quería avergonzarme frente a cincuenta y dos mil aficionados de los Yankees— por lo que practiqué lanzamientos un par de días a la semana durante más de un mes en un diamante de béisbol cerca de mi casa. Uno de mis vecinos, Paul Zuvella, ex jugador de béisbol de las grandes ligas que jugó en cuatro equipos, entre ellos los Yankees, tuvo la amabilidad de entrenarme. Yo pensé que lo estaba haciendo bien, pero cuando llegó el momento de mi gran lanzamiento, salió un poco desviado hacia afuera. Por lo menos la bola no rebotó. En la costa oeste también me pidieron hacer el primer lanzamiento en un partido entre los Gigantes de San Francisco y los Atléticos de Oakland.

Aunque recibí la mayor atención por ser el capitán del vuelo, me alegré cuando Jeff, Donna, Sheila y Doreen fueron reconocidos por todo lo que hicieron. Inicialmente fueron reacios a recibir la atención de los medios, pero pronto comprendieron que podrían divulgar lo que significa trabajar en el sector de las aerolíneas. Jeff también fue homenajeado —hizo el primer lanzamiento en el juego inicial de los Cerveceros de Milwaukee como local— y le fue muy bien en las entrevistas. Las personas vieron también que nuestras tres azafatas eran muy experimentadas y que habían recibido buena formación: ayudaron a salvar muchas vidas ese 15 de enero. Su historia les recordó a todos que las azafatas no solo van a bordo para servir café y maní. Están con los pasajeros, garantizando su seguridad mientras que los pilotos estamos encerrados en la cabina. A pesar de su reticencia inicial, Doreen, Sheila y Donna sintieron la obligación con sus colegas de ser portavoces muy eficaces de su profesión. Siempre estuvieron a la altura de las circunstancias. Estuve muy orgulloso de ellas.

En Danville se organizó una ceremonia de bienvenida muy agradable, a la que asistieron varios miles de residentes. Más tarde, fui invitado a hablar en la ceremonia de graduación en mi alma mater, la Escuela Secundaria Denison en Texas. Me sentí más que encantado al ver a Evelyn Cook, la viuda de noventa y un años de L. T. Cook, que me había enseñado a volar en su pista de hierba. Fue un gran honor reconocer públicamente la influencia del señor Cook en mi vida y hacerlo frente a una multitud tan grande en mi ciudad natal. También fue divertido poder decir, delante del gobernador de Texas, antiguos compañeros de clase, y dignatarios de la ciudad: «¿Cómo es que no fueron tan amables conmigo en la secundaria?».

No creo que hubiera aceptado ninguna de esas invitaciones si hubiera muerto una sola persona en el vuelo 1549. Todo el incidente me habría parecido mucho más sombrío. Pero el hecho de que todos los que estábamos en el avión hubiéramos sobrevivido hizo que la gente quisiera celebrar, y vi que participar en esos eventos tenía mucho significado para las personas, como también para mí.

Igualmente, eso me permitió reírme del vuelo. El cómico Steve Martin apareció en *The Late Show with David Letterman* y afirmó haber estado a bordo con nosotros. Letterman mostró entonces presuntas imágenes de Steve Martin caminando por las alas y empujando a otros pasajeros al río Hudson para poder recibir un rescate VIP (especial) de algún barco. Su pequeña aparición fue muy divertida, incluso para quienes habíamos vivido el incidente.

Me hizo gracia cuando las compañías empezaron a aprovecharse de todo el alboroto sobre el vuelo. Varios empresarios imprimieron gorras de béisbol que decían: «Sully es mi chico volador» y camisetas que decían «Sully es mi copiloto»; uno de ellos explicó que lo hizo «porque el vuelo era una señal de que siguen sucediendo cosas buenas en el mundo». Las camisetas me parecieron un poco embarazosas, pero no vi ningún problema en ellas. Y, en cualquier caso, mi actual copiloto, Lorrie, estaba siempre ahí para impedir que las cosas se me subieran a la cabeza.

Un día en Los Ángeles, entramos a un ascensor y la gente me reconoció. Cuando salimos, una joven sacó su teléfono celular y oímos que le dijo a una amiga: «¡Es genial! ¡Acabo de encontrarme con el piloto Sully!».

Mientras hablaba animadamente por teléfono sobre nuestro encuentro, Lorrie estaba un paso adelante de ella y no pudo evitar darse vuelta al oír mi nombre.

La joven creyó que Lorrie era otra persona más en el ascensor.

—¿No fue genial encontrarnos así con Sully? —dijo.

Lorrie respondió:

—Bueno, soy su esposa.

La joven se sintió un poco avergonzada.

—Ah, lo siento. Es solo que la historia de Sully nos hace sentir muy bien a todos. ¡Lo que hizo en ese vuelo fue muy impresionante!

Lorrie sonrió, le aseguró que yo era una persona normal, y que no siempre era tan impresionante.

—Escucha esto —dijo Lorrie—, esta mañana lo vi caminar alrededor de la habitación del hotel en ropa interior.

La mujer se alejó, hablando por su teléfono celular. Supongo que le contó a su amiga todo lo que Lorrie le dijo sobre nuestra habitación.

En las semanas posteriores al vuelo 1549, pude leer finalmente algunas historias de los periódicos y ver algunas de las retransmisiones televisivas. En su mayor parte, los medios de comunicación hicieron muy buen trabajo.

Hubo una descripción incorrecta de mí en la historia de un periódico que terminó siendo repetida en todo el mundo. Una «fuente de la policía» fue citada diciendo: «Después del accidente, el señor Sullenberger estaba sentado en la terminal del ferry con su gorra, tomando café y comportándose como si no hubiera pasado nada». Un rescatista fue citado diciendo: «Se veía absolutamente impecable. Parecía David Niven con uniforme de piloto: se veía imperturbable. Su uniforme estaba impecable».

Sí, yo tenía puesto mi uniforme, pero llevar gorra ya es opcional para los pilotos de mi aerolínea. Desde hace varios años dejó de ser obligatoria y no hago alarde al llevarla. De hecho, ese 15 de enero la tenía guardada en el armario de mi habitación en California. También refutaría la referencia elegante a David Niven. Me sentía en verdad mojado, desaliñado y ligeramente conmocionado (sin embargo, aprecié la comparación con él, especialmente debido a su servicio en la Segunda Guerra Mundial durante la invasión a Normandía.)

Debido al gran interés de los periodistas —la semana después del vuelo recibimos 350 solicitudes diarias de los medios de comunicación—, finalmente acepté conceder algunas entrevistas. No me sentía especialmente cómodo con la televisión. Ni siquiera ahora. No se me da con naturalidad. Pero ya me he acostumbrado.

Sin embargo, y a pesar de mi malestar inicial ante las cámaras, me ha ido bien. Hay una gran cantidad de cosas que ignoro, pero hay otras de las que estoy muy seguro, incluyendo muchos temas relacionados con la aviación. La mayor parte de lo que me han preguntado los medios son cosas que conozco, así que no siempre me siento desorientado.

También decidí desde un comienzo que no debía obsesionarme ni preocuparme por los medios de comunicación, pues me hacen preguntas personales y, por supuesto, sé más sobre mí que cualquier otra persona. Rara vez me han hecho preguntas que fueran especialmente técnicas, en cuyo caso he procurado no utilizar un lenguaje demasiado especializado.

Muchas publicaciones me pidieron hacer la primera entrevista impresa conmigo y, en lugar de elegir, por ejemplo, entre el *Wall Street Journal*, el *Washington Post* y el *New York Times*, decidí que sería divertido si lo hacía con el *Wildcat Tribune*. Es el periódico estudiantil de la Escuela Secundaria Dougherty Valley, a la que asiste Kate. Jega Sanmugam, estudiante de segundo año y editor de la primera página, me hizo la entrevista. Estaba preparado. Fue agudo. Me hizo preguntas maravillosas. Y no me hizo sentir nervioso. También me gustó la idea de aparecer en un periódico que Kate lee realmente. Si yo aparecía en el *Wildcat Tribune*, tal vez ella pensara incluso que yo era un poco genial.

Mientras yo concedía algunas entrevistas en Nueva York, Lorrie, las niñas y yo hicimos una pausa y fuimos a ver *South Pacific* en el Lincoln Center. Cuando nos sentamos entre el público durante la llamada a escena, la protagonista Kelli O'Hara habló del vuelo 1549 y mencionó que yo estaba en la audiencia. El centro de atención se concentró en nosotros cuatro y el público nos ovacionó de pie durante noventa segundos, lo que hizo llorar a Lorrie. Fue un ejemplo gráfico para ella de la enormidad de la historia del vuelo 1549.

Se sintió muy conmovida porque le pareció que no nos estaban felicitando a la tripulación y a mí. Tal como ella lo veía, se alzaron en ovación porque el éxito del vuelo 1549 les había dado un significado positivo en cuanto a las posibilidades de la vida, especialmente en aquellos tiempos difíciles.

Un gran número de personas habían perdido sus empleos. Las ejecuciones hipotecarias aumentaron. Los ahorros de toda una vida se habían diezmado. Muchas personas se sentían como si hubieran colisionado con una bandada de aves en sus propias vidas. Pero el vuelo 1549 les había mostrado que siempre se pueden emprender nuevas acciones. Hay maneras de salir de las situaciones más apremiantes. Nosotros, como individuos y como sociedad, podemos encontrarlas.

Así que en esa función de *South Pacific*, Lorrie pensó que el público se puso de pie no como un tributo al vuelo 1549, sino a lo que representaba: a la esperanza.

Saludé a la multitud mientras Lorrie se secaba las lágrimas. Entonces la abracé y saludé de nuevo al público.

No mucho tiempo después del acuatizaje en el Hudson, Jeff, Doreen, Donna, Sheila y yo nos reunimos en Charlotte con decenas de pasajeros del vuelo 1549 y con sus familias. Como podrán imaginar, fue un día lleno de gran emoción para todos los que estuvimos allí: la tripulación, los pasajeros y sus parientes. «Gracias por no haberme dejado viuda», me dijo una mujer. Otro señaló: «Gracias por permitir que mi hijo de tres años tenga un padre». Y una joven que había estado en el avión se acercó y me dijo: «Ahora puedo tener hijos».

Algunos pasajeros se tomaron el tiempo para presentarme a toda su familia. «Esta es mi madre, este es mi padre, este es mi hermano, mi hermana...».

Eso se prolongó por casi dos horas.

En términos abstractos, 155 es solo un número. Pero ver las caras de todos los pasajeros —y las de todos sus seres queridos— me hizo recordar cuán profundamente maravilloso era que el vuelo 1549 hubiera tenido un desenlace tan afortunado.

Al final de la reunión, agradecí a todos por haber asistido. «Creo que el día de hoy fue tan agradable e importante para mí y para mi tripulación como lo fue para ustedes», dije. «Estaremos unidos para siempre en nuestros corazones y en nuestras mentes a causa de los acontecimientos del 15 de enero».

Unos días antes había recibido una carta de un pasajero llamado David Sontag. Un escritor, productor de cine y antiguo ejecutivo de estudios cinematográficos de setenta y cuatro años, David es actualmente profesor en el departamento de estudios de comunicación en la Universidad de Carolina del Norte en Chapel Hill. Iba en el vuelo 1549 y regresaba del funeral de su hermano mayor. Vio las llamas en el motor desde su asiento 23F. Decidió elevar una oración mientras descendíamos: «Dios, mi familia no necesita dos muertes en una semana».

Nos envió cartas de agradecimiento a mí y a la tripulación, y expresó las palabras que había pronunciado en el servicio memorial de su hermano: «Dejamos un poco de nosotros mismos con todas las personas con las que entramos en contacto». También me dijo que nuestra tripulación viviría «como una parte de todos los que íbamos a bordo del vuelo y de todos los que hemos conmovido con nuestras vidas».

Me sentí sobrecogido al pensar en las conexiones que tengo actualmente con cada uno de los pasajeros del avión, así como con sus cónyuges e hijos. Fue un honor pasar un tiempo con todos ellos.

Son muchas las personas que han entrado a mi vida gracias al vuelo 1549: capitanes de ferris, agentes de policía, investigadores, periodistas, espectadores, testigos.

Una y otra vez, vuelvo a pensar en Herman Bomze, el anciano de ochenta y cuatro años sobreviviente del Holocausto que estaba sentado en su apartamento con vista al río Hudson, creyendo de corazón que salvar una vida puede salvar al mundo. Y entonces pienso en los que iban en el avión; en pasajeros como David Sontag, que han prometido preservar ese hermoso pensamiento por el resto de sus vidas.

La carta que me escribió David era inquietante y conmovedora, por lo que más tarde le respondí para agradecerle sus amables palabras. Le dije: «Mientras yo viva en su vida, usted vivirá en la mía».

18

EN CASA

E S ALGO QUE se aplica para todos nosotros.

Todas las personas que hemos conocido y amado, todas las experiencias que hemos vivido, todas las decisiones que hemos tomado, todos las decepciones que hemos tenido que afrontar y aceptar; todo eso nos hace lo que somos. Toda mi vida adulta he sabido esto. Sobrevivir al vuelo 1549 solo ha reforzado mi comprensión de aquello que define nuestras vidas.

He pensado en todas mis relaciones importantes luego de ese vuelo: mi madre, mi padre, mi hermana, Lorrie, las niñas, los amigos cercanos, los colegas.

Mi padre, especialmente, permanece en mi mente.

Aprendí muchas cosas de él sobre la importancia de ser un hombre de palabra, de servir a la comunidad, de valorar a la familia, y sobre el tiempo precioso que dedicas a tus hijos. Sus cálidos recuerdos me hacen sonreír, incluyendo esos días en que cerraba su consultorio dental y nos decía que no fuéramos a la escuela porque nos llevaría a Dallas.

Estoy muy agradecido por la fe que tuvo en mí. Desde el momento en que yo tenía unos doce años me dejaba ir al bosque para practicar el tiro con un rifle. Él sabía que la mejor manera de aprender a ser responsable era recibir la oportunidad de serlo, y a una edad tan temprana como fuera posible.

Mi padre se sintió contento con varios aspectos de su vida. Estuvo contento con sus modestos ingresos, contento con llevar una vida rural en Texas, contento con una casa que estaba lejos de ser perfecta, pero que le agradaba porque la habíamos construido con nuestras propias manos. Pienso en él cuando oigo a Sheryl Crow cantar «Soak Up the Sun». Él hizo suya una línea de esa canción: «No es tener lo que quieres. Es querer lo que tienes».

Pero también tengo recuerdos menos agradables cuando pienso en mi padre. No le gustaba hablar mucho acerca de su depresión —que él desestimaba como su «malestar»— y mi familia nunca supo de las profundidades a las que lo arrastraron sus demonios internos.

A mediados de la década de 1990, mi padre comenzó a tener problemas en la vesícula biliar, pero solo fue al médico cuando el dolor era bastante agudo. La vesícula se le reventó y tuvieron que practicarle una cirugía. Pasó varias semanas en cuidados intensivos y fue sometido a un fuerte tratamiento con antibióticos. Algunos de sus órganos comenzaron a fallar. Mi padre estaba adolorido, sabía que tardaría muchos meses para recobrar sus fuerzas, pero se esperaba que se recuperara por completo.

Cuando finalmente le dieron de alta del hospital, el 7 de diciembre de 1995, mi madre lo instaló en su habitación. Lo dejó solo mientras iba a la cocina en el otro extremo de la casa para llevarle un poco de jugo. Oyó un ruido, un estallido apagado. Creyó haber reconocido el ruido, y luego comprendió de qué se trataba con exactitud. Soltó el vaso de jugo dejando que se rompiera contra el suelo y corrió a la habitación.

Mientras corría, esperó y deseó que se hubiera equivocado en cuanto al ruido. Entró a la habitación y gritó: «¡Oh, no! ¡Oh, no!». Era demasiado tarde.

Mi padre se había pegado un tiro con una pistola.

Tenía setenta y ocho años y no había dado ningún indicio de haber planeado hacer eso. No dejó ninguna nota.

Fue muy angustiante que mi madre fuera la persona que lo encontrara sin vida y tuviera que llamar al servicio de emergencias 911. Fue ella quien lavó la colcha, quitó la mancha de sangre de la alfombra y llamó al vidriero para colocar de nuevo el cristal que había roto la bala.

No puedo imaginar el dolor de mi padre ni por qué tomó esa decisión. Supongo que al igual que muchos que sufren de depresión, no pudo evitar el hecho de consumirse interiormente. Su visión del mundo era sesgada y probablemente tenía «visión de túnel», viendo solo sus problemas, incapaz de tener una perspectiva más amplia. Creo que tenía tanto dolor psíquico que no pudo soportarlo.

Tal vez haya creído que le estaba evitando a mi madre el hecho de tener que cuidar de un hombre de edad, probablemente por mucho tiempo. Tal vez pensó que estaba actuando con nobleza al ahorrarle esa responsabilidad. Era un hombre orgulloso. Tuvo dificultades para imaginar que no era autosuficiente.

Yo tenía cuarenta y cuatro años en el momento de su suicidio. Naturalmente, me sentí angustiado, enojado y disgustado conmigo mismo. Pensé que debí haberle prestado más atención a él. Racionalmente, mi madre, mi hermana y yo comprendíamos la situación. Al igual que con otros suicidios, no creo que ninguno de quienes lo amábamos pudiera haber evitado que hiciera lo que hizo.

Mi madre decidió no hacer un servicio en memoria de mi padre. Probablemente le preocupaba lo que pudieran pensar sus amigos y vecinos, y además, estaba avergonzada por lo que había hecho él. Intenté persuadirla con delicadeza, pero comprendí que la decisión era suya. Y así, Lorrie, mi hermana, su marido y yo, además de mi madre y un joven ministro, nos reunimos después de su muerte en nuestra propiedad frente al lago Texoma para esparcir sus cenizas.

Era un día desapacible, frío y gris. En Texas, la hierba se adormece en invierno y se vuelve de color café. Todo parecía desolado.

Dije algunas palabras. Mi hermana pronunció otras. Lo mismo hizo el ministro, que había conducido desde la Iglesia Metodista Unida Waples Memorial en Denison. Cuando fue el turno de mi madre, sus palabras fueron simples: «Tuve la oportunidad de decirle todo lo que tenía que decir cuando estaba vivo. No queda nada que agregar». Ella guardó la compostura; y se mantuvo fuerte y estoica.

Ninguno de nosotros habló demasiado. Supongo que estábamos impactados y enojados de que mi padre hubiera tomado esa decisión. Me sentí particularmente molesto de que hubiera optado por marginarse de la vida de mis hijas. No podía creer que hubiera hecho eso.

Después del vuelo 1549, la gente me escribió para decirme que podían sentir lo mucho que yo valoraba la vida. Francamente, una de las razones por las que pienso que le he dado un valor tan grande es porque mi padre se quitó la suya.

No pensé en el suicidio de mi padre cuando estaba en la cabina del vuelo 1549 ni pensé en él. Pero su muerte tuvo un efecto en la manera en que he vivido y como veo el mundo. Me hizo más comprometido con el hecho de preservar la vida. Tengo más cuidado en mis responsabilidades profesionales. Estoy dispuesto a trabajar muy duro para proteger la vida de las personas, para ser un buen samaritano, y para no ser un espectador indiferente, en parte porque no pude salvar a mi padre.

Después de su muerte, mi madre logró asumir su pena y su culpa, de modo que se reinventó a sí misma. Yo estaba muy orgulloso de ella. Viajó, y después de algunos años conoció incluso a un buen hombre y comenzó a salir con él en serio. Ella realmente floreció.

Creo que mi madre hubiera seguido llevando una vida intensa y ajetreada si no hubiera sido diagnosticada con cáncer de colon en diciembre de 1998.

El día que me dieron esa noticia, mi vuelo a Pittsburgh a bordo de un MD-80 estaba terminando y volé de inmediato a Dallas. Mi madre sabía que su cáncer era terminal y así nos lo dijo. Fue impactante para nosotros. Tenía apenas setenta y un años y nunca en su vida se había enfermado de gravedad. Venía de una familia muy longeva. Su padre vivió hasta los noventa y cuatro años y su madre hasta los 102.

Sin embargo, aceptamos el destino que le había tocado en suerte, y en sus últimas semanas de vida tuve la oportunidad de conversar largamente con ella acerca de nuestras vidas y de nuestros deseos para Kate y Kelly. Dijo que tenía pocos remordimientos. A diferencia de mi padre, tuve la oportunidad de decirle adiós. Mi madre vivió solo un mes después de su diagnóstico. Y así, por segunda vez en tan solo unos años, experimentamos una pérdida desgarradora. Sentí todas las cosas que había sentido después de la muerte de mi padre, excepto la ira.

He recibido varias lecciones.

En los tres años que transcurrieron entre el suicidio de mi padre y la muerte de mi madre, ella tuvo que pasar una dura prueba. Pero esa maestra jubilada de escuela se enseñó a sí misma a sacar el máximo provecho de la vida y a ser tan feliz como fuera posible. La admiré aún más por la vida que llevó al quedar viuda.

No pensé en ella cuando estaba en la cabina del vuelo 1549, pero su voluntad de vivir ya me había servido de inspiración.

LORRIE y yo quisiéramos que mis padres estuvieran vivos para presenciar los acontecimientos resultantes del vuelo 1549. El incidente habría sido aterrador para mi madre y muy conmovedor. Obviamente, estaría muy contenta por el desenlace y habría llorado. Mi padre habría estado orgulloso.

Cuando me hice piloto, mi madre siempre me decía que tuviera cuidado. «Vuela bajo y lento», me decía. Yo ponía los ojos en blanco. Era como una comedia rutinaria entre nosotros.

Yo le recordaba que volar bajo y lento no era tan seguro como volar alto y a una velocidad apropiada. Ella entendía eso. Pero la expresión «vuela bajo y lento» se convirtió en su forma de invitarme a ser cuidadoso. Era su pequeña admonición práctica.

Ciertamente estábamos volando bajo sobre el Hudson el 15 de enero. Y sin motores, también volamos lento. Puedo imaginar que mi madre habría hecho un comentario como: «Bajo y lento te resultó bien, ¿verdad?».

Supongo que mi padre habría resumido el vuelo 1549 diciéndome algo semejante a: «Parece que aprendiste bien tus lecciones. Te volviste bueno en algo que era importante para ti y te dio sus frutos. Marcaste la diferencia».

No sé si él se hubiera creído algunos de los elogios que me han hecho como héroe. En su generación, las personas eran sometidas a situaciones difíciles y se comportaban a la altura. Sus contemporáneos ganaron la Segunda Guerra Mundial y, en su mayor parte, lo hicieron con humildad y sin engrandecimiento personal. Creo que mi padre habría estado orgulloso de mis logros, pero habría puesto los acontecimientos en perspectiva: hice bien mi trabajo, pero también muchas otras personas antes que yo.

Mi padre y yo éramos afectuosos y cercanos a pesar de nuestra frialdad relativa, pero no teníamos una relación tan cercana como me hubiera gustado. Así era su temperamento y el mío. Los dos éramos callados y muy estoicos. Nunca expresábamos muchos sentimientos personales. Éramos muy reservados.

Realmente nunca hubo gritos ni alaridos en nuestra casa; todos éramos muy corteses y reservados. Eso hizo que tuviéramos una infancia tranquila, pero también había una desventaja. Aunque todos disfrutábamos de nuestra compañía mutua, no expresábamos mucha emotividad. No hablábamos de muchas cosas personales. En la medida que fui creciendo, una parte de mí envidiaba y admiraba a esas típicas familias grandes y étnicas en las que la gente discute todo el tiempo, casi como una forma de mostrar su amor. No crecí en una familia en la que todos nos sintiéramos ofendidos siempre e hiciéramos pronunciamientos fuertes y dramáticos. No me malinterpreten. Fue maravilloso tener un hogar pacífico. Pero a veces también podía parecer un poco falto de pasión.

Creo que la tendencia a una dinámica familiar formal está en mi ADN. He tratado de abrirme y de romper el molde con mis hijas para ser más emotivo exteriormente. Sigo trabajando en ello.

KATE y Kelly eran pequeñas cuando mis padres murieron, pero quisiera que ellos estuvieran presentes para ver a las jóvenes encantadoras en que se han convertido. He tratado de transmitirles los valores de mis padres y veo que han adoptado muchos de ellos.

Ellas también tienen atributos y dones que provienen de su interior. No es que Lorrie y yo se los hayamos enseñado o mostrado a través del ejemplo. Y después del vuelo 1549, algunos de esos atributos se han vuelto más claros para mí.

Kate, por ejemplo, es muy segura de sí misma. Cuando Lorrie y yo pensamos en lo cómoda que Kate se siente consigo misma, a veces decimos que quisiéramos ser como ella. Actualmente tiene dieciséis años, es muy centrada y divertida, y también una estudiante consciente. Siempre ha querido ser veterinaria, nunca lo ha dudado.

Sus amigos dicen que es tal vez la chica más segura que conocen. Tienen historias para demostrar su afirmación. Una vez, cuando Kate estaba en la escuela secundaria, una niña le dijo que no le gustaba la camisa que llevaba puesta. «Lamento que no te guste», respondió Kate, «pero a mí me encanta».

Lorrie dice que muchas chicas se sienten mal tras un comentario despectivo de sus compañeros. Pero no Kate.

También se siente cómoda con los chicos. Una vez, cuando tenía nueve años, estábamos de vacaciones en un complejo hotelero de esquí y vio a un montón de chicos mayores haciendo un muñeco de nieve. «Iré a jugar con ellos», nos dijo.

Nosotros le advertimos. No conocía a ninguno. Eran unos pocos años mayores que ella. Pero Kate se dirigió sin miedo al círculo de muchachos y les dijo que quería jugar con ellos. Lo hizo con firmeza.

Al principio, los chicos la miraron impresionados. Y luego, como era tan segura de sí misma, la dejaron estar con ellos por el resto de la tarde. Lorrie y yo nos sentimos maravillados con su seguridad.

Unas semanas después del vuelo 1549, vi de nuevo su seguridad cuando hizo la prueba para obtener la licencia de conducir en el Departamento de Vehículos Motorizados (DMV, por sus siglas en inglés) de California. Lorrie y yo la acompañamos, estábamos nerviosos por ella. Kate se había preparado bien y confié en su desempeño como conductora, aunque nunca se sabe cómo se desempeñará una chica bajo la tensión del momento.

Lorrie y yo permanecimos en la sala de espera del DMV mientras Kate hacía el examen práctico. Nos pareció que habían pasado casi veinticinco minutos cuando regresó con una gran sonrisa. Había aprobado el examen.

—¿Fue difícil? ¿Te preocupó no pasarlo? —tenía que preguntarle.

—Yo sabía que podía hacerlo —nos dijo.

Lo que Kate quería decir era lo siguiente: ella estaba segura porque se había preparado muy bien. Había trabajado, estudiado y practicado.

Cuando dijo eso, me recordó lo que sentí cuando los motores dejaron de funcionar en el vuelo 1549. De hecho, ella había usado exactamente las palabras que empleé yo cuando Katie Couric me preguntó si me sentía seguro mientras descendía en el Hudson. Kate no recordaba mis palabras en la televisión. Simplemente, tenía la misma confianza que yo en su preparación.

Ella siempre ha visto las cosas en blanco y negro. Es sí o no. Es o no es. Lorrie dice que se parece a mí en ese sentido. Kate siempre ha sido muy controlada con sus emociones y es muy intelectual. Entiendo eso en ella y, aunque somos muy parecidos, no siempre es fácil conectarnos emocionalmente.

Desde hace un par de años, la creciente independencia de Kate me ha resultado difícil. Estuvo menos inclinada a confiar en mí en la medida que entraba a la adolescencia. Seguía acudiendo a Lorrie, pero yo me sentía a veces como un extraño. Su viejo padre.

El vuelo 1549 cambió un poco esa dinámica. Actualmente, ella tiene una mayor tendencia a ser más afectuosa en términos físicos. El amor entre nosotros es tácito a menudo, pero ambos sentimos nuestra conexión con intensidad.

A diferencia de Kate, Kelly —que ahora tiene catorce años— siempre ha sido muy sensible y afectuosa. Se acurrucaba con nosotros cuando estaba pequeña. Lorrie le decía «nuestra conejita mimosa» y era una sensación maravillosa. También era más propensa a llorar cuando me iba de viaje. Se le salían las lágrimas cuando, con tres o cuatro años, me veía poner el uniforme.

Kelly siempre ha tenido una empatía innata. Si hay una nueva chica en la escuela o un niño con alguna discapacidad, ella es la primera en ir a jugar con ellos o decirles: «¿Por qué no almuerzas con nosotros?». Siempre siente la necesidad de acercarse a esos niños, lo cual puede ser una carga emocional para ella.

Teniendo en cuenta la intensidad con que siente las cosas, también es sensible a las palabras hirientes. No se involucra en las conversaciones a veces fuertes que son normales para los adolescentes. Tiene un mayor cuidado con sus palabras. Expresa incluso algo negativo en términos más suaves. No le gusta herir los sentimientos de las personas.

Recuerdo cuando Kelly llegaba de la escuela en tercer o cuarto grado, y Lorrie y yo le preguntábamos: «¿Cómo te fue hoy?».

Invariablemente nos hablaba acerca de un compañero de clase que había tenido un mal día en la escuela. Ella podía saber cuándo alguien tenía problemas. Sentía la necesidad de acercarse a esa persona. Sé que eso puede ser una carga emocional para Kelly.

Desde el primer día después del vuelo 1549, Kelly sintió de lleno el incidente. Comenzó a llorar en el instante en que Lorrie le contó lo que había sucedido, a pesar de que sabía que yo estaba a salvo. Sus sentimientos obedecían parcialmente a la idea de que mi vida había estado en peligro. Pero también creo que sintió profundamente lo que debió ser esa experiencia para mí, por lo que su corazón estaba conmigo. Enterarse de los detalles fue muy perturbador para ella.

Las notas académicas de Kelly y de Kate se vieron afectadas luego del vuelo 1549, y Kate no pudo mejorarlas del todo. Al principio, fue un momento estresante para todos nosotros. Ellas dejaron de ir a la escuela y luego, tan pronto regresaron, tomaron varios exámenes para los que no estaban preparadas. Se vieron en aprietos para mejorar sus promedios cuando estaban en esa situación difícil. Nuestra rutina se vio interrumpida durante varias semanas y el aspecto de «figuras públicas» de nuestras nuevas vidas —el tener que actuar de cierta manera cuando estábamos en público— fue difícil para ellas.

Después del vuelo, nos sentamos juntos en familia para leer algunos de los montones de correos que recibíamos de todos los lugares del mundo. Eso nos ayudó a procesar el incidente juntos y a ver la manera en que otras personas se conectaban emocionalmente con él. Nos hizo valorar los vínculos entre nosotros, porque nada es seguro. Creo que ahora las chicas tienen una mejor comprensión de eso.

Como adolescentes, Kate y Kelly son mucho menos propensas a acurrucarse con Lorrie y conmigo que antes. Extrañamos eso. Sin embargo, lo hacen a veces, cuando no se sienten bien.

Nos abrazamos un poco más después del vuelo 1549. Soy más propenso a besar a las chicas antes de salir de la ciudad, así sea a primera hora de la mañana o estén durmiendo en sus camas.

Unas semanas después del vuelo 1549, Lorrie escribió una carta de agradecimiento a todos los amigos y extraños que se habían puesto en contacto con ella para expresarle su preocupación. «Todavía me cuesta digerir todas mis emociones», escribió. «Los acontecimientos del 15 de enero han sido como una cebolla, que tiene varias capas, y pelarlas ha tomado tiempo y tomará más. Para mí, estaba lo del accidente en sí mismo, el enorme interés de los medios y luego las cartas.

»Es interesante ver la forma en que nuestros cerebros nos protegen de los traumas, porque no sentí pánico cuando Sully me dio la noticia. Solo sentí una extraña sensación de estar fuera de mi cuerpo y de que no era real. Seguía los hechos, pero no podía creer que las imágenes que estaba viendo en la televisión fueran las del avión de mi marido.

»Sé racionalmente, y creo de todo mi corazón, que la aviación comercial es la manera más segura de viajar, así que nunca he temido por Sully. ¿Qué tan probable era que mi marido se viera involucrado en un accidente de aviación? Casi imposible, aunque realmente no».

El vuelo 1549 ha tenido un impacto en nuestro matrimonio. Las emociones que hemos sentido han sido abrumadoras y a veces confusas, por lo que no hemos podido estar lo suficiente el uno para el otro en cada instancia.

Lorrie me dijo una mañana cinco meses después del incidente: «Quería llorar toda la mañana». Y entonces caminó sola a nuestra colina favorita; allí donde «todo es posible». Permaneció sola en la cima y lloró. ¿Por qué lo hizo?

«El accidente y las consecuencias todavía me parecen increíbles», me dijo. «Siento que no he sido capaz de procesarlo todo por completo».

No es solo que el vuelo 1549 le haya hecho comprender que podía perderme. «Siempre he sabido que podía perderte», dice ella. «Como todos nosotros, estás a merced de los que conducen en la carretera, de lo que comes en un restaurante o de una enfermedad desconocida. Así que no me parece que estuvieras burlando la muerte cada vez que volabas».

Más bien, Lorrie siente como si el incidente en el Hudson, y sus consecuencias, le hubieran producido confusión mental. Eso afectó la dinámica de nuestra familia.

Durante todo nuestro matrimonio, Lorrie ha pasado largos períodos como madre soltera. Mientras yo estaba de viaje, ella tenía que encargarse de todas las tareas del hogar. Parecía que las cosas siempre se rompían cuando yo no estaba en casa: el auto, la lavadora o el horno. En cierta ocasión, mi celular sonó cuando me disponía a retirarme de la puerta de embarque. Era Lorrie en estado de pánico. El agua caía por una de las ventanas de nuestra casa. Inicialmente pensó que era una fuerte tormenta, pero luego se dio cuenta de que el sello de la bomba de nuestra piscina se había roto, y el agua manaba en el aire como una boca de incendios.

—¡Ay, Dios mío! —dijo Lorrie—. ¡Hay un daño en la piscina! Se ha secado casi una cuarta parte del agua, ¡y están cayendo cientos de galones en la ventana!

—Estoy a punto de retirarme de la puerta de embarque —le dije, lo que significaba que tenía que suspender la llamada—. Apaga la bomba del filtro y llama al técnico de la piscina. Tengo que irme. Lo siento.

Y entonces apagué el teléfono, rodé hacia la pista, y ella se quedó sola tratando de contener el agua.

Ninguna mujer que tenga una emergencia como esa quiere que su marido le cuelgue el teléfono. Una y otra vez, mi profesión como piloto ha tenido un costo.

He estado aún más ocupado y fuera del alcance después del vuelo 1549. Me han pedido hacer apariciones, dar testimonios, responder solicitudes de los medios de comunicación, y viajar como vocero de los pilotos. No volé aviones de US Airways durante los primeros siete meses después del incidente en el Hudson. Sin embargo, algunas semanas estuve fuera de casa con mayor frecuencia que cuando estaba en la cabina de mando.

«No tendrás otra oportunidad con las chicas», me ha dicho Lorrie. «Si esperas hasta el próximo año o hasta el de más allá para vivir en familia, te perderás muchas cosas. El tiempo que has perdido se ha ido para siempre».

Me doy cuenta de eso, y he tratado de hacer ajustes en mi vida.

Un incidente estresante como el vuelo 1549 acerca a una pareja o la separa un poco más. Lorrie y yo hemos visto ambos extremos. Permanecimos muy unidos al principio. Hubo una avalancha de atención, nos aferramos el uno al otro como si fuera el fin del mundo.

A veces, Lorrie se siente frustrada conmigo cuando soy «Sully, la figura pública». Casi a todos los lugares a los que voy, la gente me reconoce y quiere interactuar conmigo, que les dé un autógrafo o que reflexione sobre algún aspecto de sus vidas. Soy cordial y amable con todos, y me intereso genuinamente en sus historias. A veces, cuando llego a casa, puedo estar cansado, agotado y de mal genio. Puedo ser impaciente con las chicas.

«Tus prioridades están equivocadas, Sully», me ha dicho Lorrie con firmeza. «Tienes que ser tan amable conmigo y con las chicas como lo eres con las personas desconocidas».

Ella tiene toda la razón en eso, soy afortunado al tener una esposa que me ama lo suficiente como para decírmelo directamente.

A ESO DE las ocho de la mañana, unos meses después del vuelo 1549, Lorrie y yo estábamos en el garaje mirando hacia la calle. Kate acababa de salir en el auto y se dirigía a la escuela. Era una mañana hermosa y radiante, pero nos encontrábamos en la oscuridad del garaje. Estábamos tomados de la mano, viendo a Kate alejarse.

Kate comenzó a girar y se detuvo un momento después de retroceder, mientras trataba de avanzar hacia adelante. Su coleta, pues tenía el pelo recogido, se movió al girar la cabeza, y nos pareció como si de repente fuera mayor, como si tuviera unos veinte años. Eso nos sorprendió.

En ese instante, una avalancha de imágenes sacudió mi mente, en las que Kate crecía y se convertía en la jovencita fuerte y segura de sí misma que es ahora. Fue casi como si se estuviera alejando esa mañana para adentrarse en su vida adulta. Entonces recordé cuando la llevamos a su primer día de preescolar en la Iglesia Episcopal St. Timothy en Danville, donde muchos niños se aferraban a sus padres y lloraban, y Kate entró simplemente, sintiéndose feliz con su independencia. Nos dijo adiós y no miró hacia atrás.

En ese momento, también pensé en un ensayo que Kelly escribió en segundo grado. En la primavera de 2002, US Airways había estacionado su flota de MD-80 y estaba capacitando de nuevo a los pilotos en el Airbus. Yo no estaba trabajando en esa época y pude pasar unos meses en casa, muy presente en la vida de las niñas. El ensayo de Kelly, en el otoño de 2002, consistía en escribir acerca del momento más feliz de su vida. «El momento más feliz de mi vida», escribió, «fue cuando padre estaba en casa». Leer eso fue uno de esos momentos agridulces que me llenaron el corazón y me lo partieron al mismo tiempo.

Y ahora estamos aquí, mientras nuestras hijas se van solas de casa. Todo ha cambiado en un abrir y cerrar de ojos: mis padres ya no están con nosotros, no puedo recuperar las cosas que me perdí con mis hijas; mi vida es diferente. Lorrie tiene razón. Necesito recordar todos los días lo precioso que es realmente pasar tiempo con nuestras hijas.

Después de acuatizar, los pasajeros y la tripulación del vuelo 1549 regresaron al seno amoroso de sus familias. Todos hemos tenido una segunda oportunidad. Todos hemos tenido nuevos recuerdos de que somos amados y nuevas oportunidades para demostrarles nuestro afecto a aquellos que nos importan. En ese avión iban 155 personas que pudieron regresar a sus hogares. Nunca debo perder de vista el hecho de que fui una de ellas.

19

LA PREGUNTA

Un día, a principios de mayo, casi cuatro meses después de que el vuelo 1549 acuatizara en el Hudson, me llegaron tres paquetes grandes a mi puerta en Danville. En el interior, bien conservadas y cuidadosamente empacadas, estaban las cosas que yo había dejado en la cabina de mando. Todo estaba allí, excepto el sándwich de atún de ocho dólares que había comprado y que nunca me comí antes de despegar.

Revisé mis pertenencias con un poco de solemnidad. Sabía que después de la mayoría de los accidentes aéreos, los paquetes que se envían a los familiares son pertenencias de las víctimas que han fallecido. O bien, cuando un avión se estrella, el fuego lo destruye casi todo, o las pertenencias de las víctimas quedan destrozadas en fragmentos tan pequeños que casi no hay nada que devolver. Tal vez los familiares reciban apenas el anillo de bodas de su ser querido. Generalmente reciben poco o nada.

En el caso del vuelo 1549, todos los «sobrevivientes» recibimos cajas que nos enviaron directamente. Pudimos firmar los recibos de FedEx. Algunas de las cosas que nos devolvieron estaban destruidas o inservibles. Pero muchas otras estaban en buenas condiciones y pudimos utilizarlas de nuevo. Los pasajeros recibieron sus pantalones de mezclilla favoritos, sus abrigos, sus llaves del auto, sus billeteras. Los imaginé en todo el país, abriendo sus cajas y recordando de nuevo el 15 de enero de 2009. Podíamos irritarnos por los artículos anegados que se arruinaron, o podíamos examinar nuestros efectos personales y sentirnos agradecidos.

El avión se hundió en el río Hudson después de que todos evacuáramos, y una compañía de El Segundo, California, Douglass Personal Effects Administrators, se encargó de recuperar todo lo posible del agua. Me impresionó el trabajo que hicieron para que pudiéramos recuperar nuestras pertenencias. Examinaron cada maleta en la bodega de equipaje y cada artículo que había en los compartimentos superiores.

Fue increíble e impresionante que tantas cosas sumergidas en el agua sucia y helada pudieran recobrar vida. La compañía utilizó hojas para secadora para separar la ropa y otros artículos. El olor a suavizante fue muy intenso cuando abrimos nuestras cajas.

Mi bolsa de vuelo estaba en una de las cajas, y todo estaba seco, inventariado y envuelto en papel de seda. El iPod, la computadora portátil y el despertador estaban destrozados. Pero los cargadores del teléfono y del iPod funcionaban todavía, al igual que el cable para transferir fotos del teléfono a la computadora. Mi pequeña linterna Maglite también funcionaba. Mis zapatillas para correr parecían nuevas. Los zapatos que llevaba puestos en el vuelo estaban totalmente anegados y estropeados. Esperaba poder recuperarlos realmente, porque era mi calzado especial para cruzar los aeropuertos, pues no tenía que quitármelos al pasar por los puestos de control porque no tenían partículas metálicas. Los llevé a mi zapatero favorito a un centro comercial en Danville, quien hizo un trabajo maravilloso, quedaron en perfectas condiciones y completamente limpios. Todavía los uso.

El 15 de enero, yo llevaba cuatro libros de la biblioteca en el avión, entre ellos un ejemplar de *Just Culture*, un libro sobre asuntos de seguridad. Posteriormente llamé a la biblioteca para disculparme por dejar los libros en el avión y acordaron no cobrármelos.

De todos modos, me alegré al encontrar esos cuatro libros en una de mis cajas. La compañía había tratado de secarlos para que se pudieran utilizar de nuevo, pero el resultado no fue muy bueno. Las páginas eran legibles, aunque los ejemplares no estaban en condiciones de ser puestos de nuevo en circulación en la biblioteca. De todos modos los devolví. Actualmente se exhiben allí.

Durante el vuelo 1549, que duraba cuatro días, acumulé ropa sucia en mi bolsa de vuelo. Recibí casi toda esa ropa en buenas condiciones, lista para usarla y con ese fuerte olor a suavizante.

También me alegró recuperar mi manual aéreo Jeppesen, que contiene las listas de todos los aeropuertos en los que operamos. Aún envuelto perfectamente dentro del manual, gastado pero legible, estaba el papelito con un proverbio de una galleta de la fortuna que me habían dado en un restaurante chino en San Mateo, California, en algún momento a finales de la década de 1980.

El proverbio decía: «Un retraso es mejor que un desastre».

Me pareció que era un buen consejo y lo mantuve en el manual desde entonces.

Ese proverbio me recordó una pregunta inesperada que me hizo Kate cuando tenía nueve años. «Papá, ¿qué significa *integridad*?», me preguntó mientras la llevaba a la escuela.

Después de pensarlo un poco, se me ocurrió algo que, en retrospectiva, fue una respuesta muy buena. Le dije: «*Integridad significa hacer lo correcto aun cuando no sea conveniente*».

La integridad es la esencia de mi profesión. Los pilotos de las aerolíneas tienen que hacer lo correcto todo el tiempo, incluso si eso significa retrasar o cancelar un vuelo para ocuparse de un mantenimiento o de cualquier otro problema, y aunque suponga una molestia para 183 personas que quieren llegar a casa, incluyendo al piloto. Al retrasar un vuelo, estoy asegurando que todos llegarán a sus hogares.

Fui entrenado para no tolerar lo que esté por debajo de los estándares más altos de mi profesión. Creo que el transporte aéreo es muy seguro, y esto es debido a que decenas de miles de mis compañeros en las aerolíneas y en el sector de la aviación tienen un sentido común del deber y hacen que la seguridad sea una realidad diaria. Yo lo llamo la devoción diaria con el deber, que sirve a una causa mayor fuera de nosotros mismos.

Y así, pienso con frecuencia en ese proverbio que permaneció un buen tiempo en la cabina llena de agua del Airbus A320 medio hundido en el Hudson: «Un retraso es mejor que un desastre».

Me alegra haber recuperado ese proverbio. Sin duda, me acompañará en futuros vuelos.

Pocos días después de recibir mis pertenencias, viajé a Washington, D.C., para reunirme con Jeff Skiles en la sede de la Junta Nacional de Seguridad en el Transporte (NTSB). Nos habían invitado a escuchar la grabadora de voz de la cabina (CVR, por sus siglas en inglés), y a compartir nuestros pensamientos y recuerdos.

Anteriormente, la única cinta disponible era la de la FAA, que contenía las comunicaciones de radio entre nosotros y el control de tráfico aéreo. Esta visita a la NTSB sería nuestra primera oportunidad de escuchar el audio de la grabadora de voz de la cabina. Escuchamos exactamente lo que nos habíamos dicho el uno al otro en el transcurso del vuelo. Durante esos cuatro meses hasta nuestro encuentro en mayo, los dos habíamos apelado a lo que recordamos haber dicho. Ahora, finalmente lo sabríamos a ciencia cierta.

Seis personas estábamos allí: Jeff Skiles; Jeff Diercksmeier, miembro del Comité de investigación de accidentes de pilotos de aerolíneas de EE.UU.; tres funcionarios de la NTSB (dos investigadores y un especialista de la sección de grabaciones de la agencia), y yo. Los investigadores se sintieron felices de que Jeff y yo estuviéramos con ellos. Después de muchos accidentes aéreos, las tripulaciones de vuelo no están presentes para revisar las grabaciones. A menudo, los pilotos cuyas voces están en las grabaciones han fallecido, por lo que no se puede saber qué estaban pensando, o por qué tomaron esas decisiones o dijeron tal palabra específica.

Escuchar la cinta fue una experiencia intensa para nosotros. Nos remitió de nuevo a la cabina, como si estuviéramos reviviendo el incidente.

Estábamos en una oficina pequeña con luces fluorescentes, sentados ante una mesa con los auriculares puestos. Jeff y yo nos miramos poco. Básicamente, estábamos concentrados, a menudo con los ojos cerrados, tratando de captar todos los sonidos y ruidos de la cabina.

La grabación comenzó cuando el vuelo 1549 estaba a punto de retirarse de la puerta de embarque y continuó hasta que acuatizamos en el Hudson. En la cinta había cosas que dije y que no recuerdo haber dicho. Solo treinta y tres segundos antes del choque con las aves, le dije a Jeff: «¡Qué vista tenemos hoy del Hudson!». Él echó un vistazo y estuvo de acuerdo: «Y tanto», comentó.

Los golpes de las aves eran completamente audibles en la cinta. Se oían los sonidos de los golpetazos y luego los ruidos inusuales en la medida que las aves se incrustaban en los motores. Se podía escuchar el daño ocasionado y el desagradable sonido que un motor nunca hacía normalmente. Escuchamos claramente el *uooooooh* de las turbinas frenando y volviendo a rotar, seguido por el ruido de las vibraciones mientras se hacían pedazos. Al escuchar la cinta, recordé cómo nos sentimos en ese momento. Era como si nos estuviéramos quedando sin piso. Incluso en un lugar tan seguro como la oficina de la NTSB, nos perturbó escuchar de nuevo el daño gradual de los motores, y saber que habíamos estado en la cabina de la aeronave mientras ocurría eso.

Lo que más me sorprendió al escuchar la cinta fue la rapidez con que sucedió todo. El vuelo duró apenas cinco minutos y ocho segundos. Los primeros cien segundos transcurrieron sin complicaciones. Y luego, desde el momento en que dije: «¡Aves!», hasta que nos acercamos al agua y señalé: «¡Vamos a prepararnos!», transcurrieron solo tres minutos y veintiocho segundos. Eso es menos tiempo de lo que tardo en cepillarme los dientes y afeitarme.

Todo el incidente pareció más largo en mi memoria. Sí, yo supe y sentí desde un comienzo que las cosas sucedieron rápidamente. Pero en mis recuerdos, fue como si hubiera tenido un poco más de tiempo para pensar, decidir y actuar, aunque solo fuera por un instante.

Al escuchar la cinta, sin embargo, me di cuenta de que todo transcurrió realmente en 208 segundos extraordinariamente comprimidos en el tiempo. Francamente, fue más que increíble. De lo más extremo. Fue abrumador. Me remitió de nuevo a ese momento. No me desmoroné, pero sé que mis músculos faciales se contrajeron al escuchar eso. También fue sorprendente y emotivo para Jeff.

De alguna manera, ese día el tiempo transcurrió más lento en mi mente. No es como si todo ocurriera en cámara lenta. Es solo que, en mi memoria, no parecía tan increíblemente rápido como lo demostró la cinta.

Hay varios micrófonos en la cabina que pueden captar voces, ruidos, timbres de advertencia y transmisiones de radio, incluyendo las de otros aviones. La NTSB logró reproducir todo lo que había captado cada micrófono de manera individual para que pudiéramos aislar ciertos sonidos y oír cosas que estaban ahogadas inicialmente por sonidos más fuertes. Los investigadores nos pidieron que explicáramos los sonidos o fragmentos de conversación que no se oían con claridad en la cinta.

Me alegró mucho la manera como se nos oía a Jeff y a mí, así como nuestro comportamiento individual y como equipo. Se nos oía ocupados, no confusos ni abrumados. He leído muchas transcripciones de accidentes durante los últimos treinta años y en la nuestra se veía reflejada nuestra aptitud.

Jeff y yo nos habíamos conocido solo tres días antes de abordar el vuelo 1549. Sin embargo, durante esa grave emergencia —sin tiempo para verbalizar cada acción y discutir nuestra situación— nos comunicamos extraordinariamente bien. Gracias a nuestra formación y a nuestras observaciones inmediatas en el momento de la crisis, cada uno entendió la situación, supo lo que tenía que hacer, y realizamos nuestra labor de una forma urgente pero cooperadora.

Control de salida (3:28:31): «*Bien, Cactus quince cuarenta y nueve, habrá menos tráfico en la pista tres uno*».

Sullenberger en el radio (3:28:35): «*No podemos*».

Sistema Anticolisión de Tráfico en la cabina —advertencia de voz sintética— (3:28:36): «¡*Tráfico! ¡Tráfico!*».

Control de salida (3:28:36): «*Bien, ¿qué necesita para aterrizar?*».

Voz sintética del sistema predictivo de gradiente de viento (3:28:45): «*Dé la vuelta. Turbulencia adelante*».

Skiles (3:28:45): «*FAC-1 [Computadora de aumento de vuelo 1] apagada, y luego encendida*».

Skiles (3:29:00): «*No se prende después de treinta segundos, motores maestros uno y dos confirmados apagados*».

Sullenberger (3:29:11): «*Les habla el capitán. ¡Prepárense para el impacto!*».

Transcurrieron cuarenta y cuatro segundos más mientras Jeff y yo permanecíamos ocupados validando, repasábamos la lista de control y escuchábamos a Patrick, así como los timbres repetitivos de la computadora de advertencia de vuelo.

Voz artificial del sistema mejorado de advertencia de proximidad al suelo (03:29:55): «*Suba. Suba. Suba. Suba. Suba. Suba*».

Skiles (3:30:01): «¡*Desplegué los alerones!*».

Skiles (3:30:03): «*250 pies en el aire*».

Mientras escuchaba la grabación, vi con claridad que Jeff había hecho exactamente las cosas correctas en los momentos adecuados. Él sabía intuitivamente que necesitaba modificar sus prioridades debido al poco tiempo que teníamos antes de acuatizar y a nuestra cercanía a la superficie. Comenzó a decirme la altitud sobre la superficie y la velocidad del aire sin que yo se lo pidiera.

Voz sintética del sistema mejorado de advertencia de proximidad al suelo
(3:30:24): «*Terreno. Terreno. Suba. Suba. Suba. Suba. Suba. Suba...*».
Sullenberger (3:30:38): «*¡Vamos a prepararnos!*».

Fue horrible y hermoso al mismo tiempo.

Jeff y yo nos encontramos ante una experiencia difícil, en una cacofonía de avisos automatizados, voces sintéticas, timbres repetitivos, llamadas de radio, alertas de tráfico y advertencias de proximidad al suelo. En medio de todo eso, teníamos que mantener el control del avión, analizar la situación, tomar medidas paso a paso y decisiones críticas sin distraernos o sentir pánico. Parecía como si nuestro mundo estuviera llegando a su fin y, sin embargo, la coordinación de nuestra tripulación fue maravillosa. Estuve muy orgulloso de lo que fuimos capaces de lograr.

Jeff y yo nos excusamos para ir al baño después de escuchar por primera vez la grabación con los investigadores de la NTSB. Tendríamos que escuchar la cinta varias veces más, pero creo que queríamos descansar un poco.

Mientras caminábamos por el pasillo del viejo edificio de oficinas gubernamentales, me volví hacia Jeff y le pregunté: «¿Qué te parece?».

Sentí la necesidad de decir algo antes de que pudiera responderme. «Te diré lo que pienso», dije. «Estoy muy orgulloso de ti. Pocos segundos después de pedirte la lista de verificación, la sacaste, encontraste la página correcta y comenzaste a leerla. Y estuviste allí conmigo, paso a paso, pregunta y respuesta, en medio de todas esas distracciones. Lo logramos juntos».

Los medios de comunicación me dieron la mayor parte del crédito por el vuelo 1549. «No me importa lo que digan los demás», le dije a Jeff. «Trabajamos en equipo».

Me miró y vi lágrimas en sus ojos. «Gracias», dijo. Yo tenía la voz entrecortada. Nos abrazamos, luego permanecimos un momento en ese pasillo sin decir nada. Éramos dos hombres que habían pasado juntos por algo extraordinario y no podíamos encontrar las palabras para expresarlo totalmente.

Finalmente, regresamos al laboratorio CVR, donde nos reunimos con los investigadores y escuchamos la grabación de la cabina una y otra vez.

CUANDO KELLY era muy pequeña, me preguntó una vez: «¿Cuál es el mejor trabajo del mundo?».

Mi respuesta fue la siguiente: «Es el trabajo que harías aunque no tuvieras que hacerlo». Es muy importante que la gente encuentre empleos adecuados a sus habilidades y pasiones. Las personas que aman sus empleos trabajan en ellos con mayor diligencia. Se vuelven más hábiles en las complejidades de sus funciones. Prestan un buen servicio al mundo.

Hasta el 14 de enero de 2009, mi vida había consistido en oportunidades conscientes con el fin de ser un mejor piloto, líder y compañero de equipo. Yo era un hombre anónimo y muy normal: un esposo, un padre, un piloto de US Airways. El 15 de enero, las circunstancias lo cambiaron todo, un recordatorio de que ninguno de nosotros sabe lo que pasará mañana.

He piloteado miles de vuelos en los últimos cuarenta y dos años, pero toda mi carrera está siendo juzgada por la manera en la que actué en uno de ellos. Eso ha sido un recordatorio para mí: tenemos que intentar hacer lo correcto en cada ocasión y desempeñarnos lo mejor posible, porque nunca sabemos por cuál momento de nuestras vidas seremos juzgados.

Les he dicho a Kate y a Kelly que cada uno de nosotros tiene la responsabilidad de prepararse bien. Quiero que inviertan en sí mismas, que no dejen de aprender nunca, bien sea profesional o personalmente. Al final de sus vidas, como todos nosotros, espero que puedan hacerse una pregunta sencilla: ¿Me destaqué? Mi deseo para ellas es que la respuesta a esa pregunta sea sí.

En cuanto a mí, veo todo en retrospectiva y continúo sintiéndome afortunado. Encontré mi pasión desde muy temprano. A los cinco años, ya sabía que pasaría mi vida volando. A los dieciséis, ya estaba solo en el aire, practicando constantemente, sobrevolando alegremente la pista de hierba del señor Cook.

En los años que siguieron, mi romance con la aviación me ayudó a sostenerme. A los veinticuatro años, yo era un piloto de combate, aprendiendo que tenía que prestar la mayor atención a todo, porque la vida y la muerte podrían estar separadas por pocos segundos y metros de distancia. A los cincuenta y siete, yo era un hombre canoso con las manos en los mandos de un Airbus A320 que volaba sobre Manhattan, utilizando toda una vida de conocimientos para encontrar una forma segura de aterrizar.

A pesar de todo, mi amor por la aviación nunca ha flaqueado. Aún soy ese chico de once años con la cara apretada contra la ventana del Convair 440, listo para salir por primera vez de Dallas a bordo de un avión. Sigo siendo ese adolescente circunspecto que voló a baja altura sobre nuestra casa de Hanna Drive, saludando a mi madre y a mi hermana. Sigo siendo el cadete joven y serio de la Fuerza Aérea, impresionado con todos los pilotos de combate que me precedieron y que me mostraron el camino.

Amo de todo corazón a Lorrie, a Kate y a Kelly, pero mi amor por la aviación nunca cesará. Nunca.

De momento, no sé exactamente cuáles puedan ser mis próximos pasos en la vida. ¿Adónde me llevará la aviación? ¿Qué pruebas tengo por delante? ¿Qué oportunidades? Sé que voy a seguir siendo piloto en una aerolínea. Es parte de mi razón de vivir. Es una parte importante de lo que soy.

Estoy seguro de que habrá pasajeros en futuros vuelos de US Airways que miren las puertas de las cabinas cerradas y se pregunten: ¿quién estará piloteando este avión? Lo más probable es que el capitán sea uno de mis colegas, un aviador bien disciplinado y formado, con el más alto sentido del deber y un gran amor por la aviación.

Por otra parte, el hombre detrás de esa puerta podría ser yo. Una vez que estemos en el aire, diré algunas palabras acerca de la altitud a la que volamos, el tiempo de vuelo y las condiciones climáticas. Les recordaré a los pasajeros que mantengan sus cinturones abrochados, pues la turbulencia a menudo se presenta de forma inesperada. Entonces apagaré mi sistema de megafonía y haré mi trabajo.

AGRADECIMIENTOS

No PODRÍA HABER escrito este libro sin el apoyo de mi familia. Kelly, Kate y Lorrie siempre han estado conmigo con su consideración, amor y bondad. Sé que cada instante que dediqué a su escritura fue también un momento en que no pude estar con ellas, lo que hizo que este proyecto fuera aún más difícil. Agradezco su comprensión al concederme el tiempo que necesitaba para escribir este libro.

La mejor preparación para el incidente en el Hudson fue tener la compañera adecuada en mi vida. Ojalá todos pudieran encontrar a alguien tan inteligente, cariñosa, solidaria, independiente, fuerte y que se exprese tan bien como Lorraine Sullenberger. Lorrie, no podría haber salido indemne de las secuelas del 15 de enero sin tenerte a mi lado y en mi corazón.

Mi madre y mi padre me enseñaron acerca del trabajo duro, la integridad y la educación constante. Estoy muy agradecido con ellos por inculcarme un conjunto de valores que han sido hitos constantes a lo largo de mi vida. También agradezco a mi hermana Mary su amor y su apoyo.

El 15 de enero de 2009, el primer oficial Jeff Skiles y yo nos encontramos ante una situación difícil en la que luchamos por nuestras vidas, así como por las de todos nuestros pasajeros y tripulantes. Trabajamos en estrecha colaboración desde el principio hasta el final, y nuestro reflexivo trabajo en equipo fue esencial para lograr un resultado exitoso. Jeff, tienes mi eterna gratitud por tu habilidad y tu valentía.

Jeff y yo estuvimos acompañados en el vuelo 1549 por las azafatas Donna Dent, Doreen Welsh y Sheila Dail, cuya colaboración instintiva e inmediata en un momento crítico mantuvo a los pasajeros calmados y nos ayudó a superar los desafíos que enfrentamos. Desde ese día sigo estando impresionado con la fortaleza y la firmeza de ellas.

Agradezco a los habitantes de Denison, Texas, quienes me ayudaron a formarme durante mi juventud; y a los residentes de Danville, California, a quienes estoy orgulloso de llamar mis vecinos y amigos. También quiero agradecer a los residentes de Nueva York y Nueva Jersey, especialmente al NY Waterway, al Departamento de Policía de Nueva York, a la Guardia Costera de Estados Unidos, al Departamento de Bomberos de Nueva York, a la Oficina Federal de Investigación, a la Autoridad Portuaria de Nueva York y Nueva Jersey, y a la Oficina de Gestión de Emergencias de Nueva York. Tengo una deuda de gratitud con todos los que desempeñaron un papel importante para salvar nuestras vidas el 15 de enero.

Agradezco a las amigas de Lorrie: Tamara Wheeler, Margaret Combs, Bunny Martin, Kathy Giger y Heather Hildebrand. En las horas que siguieron al acuatizaje en el Hudson, y mientras yo cumplía con mis deberes en Nueva York y no podía estar con mi esposa y mis hijas, estas damas ayudaron a mi familia durante la repentina y abrumadora atención de los medios.

Aunque he leído varios libros, nunca pensé que me encontraría escribiendo uno, y Jeff Zaslow fue un compañero notable a lo largo de este esfuerzo. Estoy agradecido por su ayuda, sus habilidades investigativas, sus instintos como reportero veterano y sus consejos infaliblemente sabios.

El equipo de HarperCollins hizo un gran trabajo en guiar a este escritor principiante. Me gustaría dar las gracias a David Highfill, Seale Ballinger, Sharyn Rosenblum y a todo el equipo de HarperCollins que me ayudó a sacar este proyecto adelante y a llevarlo a las estanterías.

Jan Miller —mi agente literaria— y su colega Shannon Marven también me dieron sugerencias y consejos muy acertados. Ellas y sus colegas en Dupree/Miller me ayudaron a ponerme en contacto con HarperCollins y me orientaron hábilmente a través del proceso de llevar un libro desde la idea inicial hasta su finalización.

Desde el día después del incidente, Alex Clemens, Libby Smiley y sus colegas en Barbary Coast Consulting han estado al lado de mi familia, orientándonos a través de este territorio desconocido con sus sabios consejos y esfuerzos incansables.

Gracias también a Gary Morris, al capitán James Hayhurst, a Alex King, al capitán Al Haynes, Helen Ott, Bracha Nechama Bomze, Herman Bomze, Patrick Harten, Eric Stevenson, Conrad Mueller, Paul Kellen, Karen Kaiser Clark, Bart Simon, Theresa Hunsicker , al capitán William Roberson y David Sontag.

Mis colegas sindicales fueron una increíble fuente de apoyo el 15 de enero de 2009 y también posteriormente. Gracias especialmente a los capitanes Larry Rooney y Dan Sicchio, que han pasado horas incontables ayudándome en todo, desde mi testimonio en la NTSB hasta este libro. Gracias también al primer oficial Gary Bauhan, a los capitanes Ken Blitchington, Steve Bradford, Dan Britt, John Carey, Carl Clarke, Mike Cleary, al primer oficial Jeff Diercksmeier, a los capitanes Peter Dolf, David Douglas, Arnie Gentile, al primer oficial Bob Georges, a los capitanes Michael Greenlee, Pete Griffith, Jonathan Hobbs, Mark King, Tim Kirby, Tom Kubik, al doctor Pete Lambrou, a los capitanes Jan Randle, James Ray, John Sabel, Lee Seham, a la primera oficial Carol Stone y a los capitanes Gary Van Hartogh, Valerie Wells y Lucy Young. Cada uno de ustedes estuvo conmigo en un momento en que necesitaba mucho de su ayuda. Estoy en deuda con ustedes, y con todos mis hermanos y hermanas en la Asociación de Pilotos de Aerolíneas de EE.UU.

Me gustaría agradecer a todas las personas que trabajan en US Airways. Ustedes han enfrentado constantemente los desafíos de nuestra profesión con gracia y excelencia, por lo que estoy orgulloso de llamarlos mis colegas. Todos los empleados de las aerolíneas tienen un trabajo importante por hacer y lo realizan bien a pesar de los cambios en este sector. Lectores, espero que la próxima vez que vuelen, saquen un momento para agradecer a sus azafatas por prepararse continuamente para brindarles seguridad, y a sus pilotos por la dedicación y el cuidado con que llevan a cabo todos y cada uno de los vuelos.

Gracias a Mike Hay, compañero de clase en la Academia de la Fuerza Aérea de Estados Unidos y capitán retirado de Northwest Airlines, y a Jim Leslie, mi compañero piloto de combate y actual capitán en Southwest Airlines por su colaboración en la revisión de los acontecimientos de este libro, y por complementar mis recuerdos con los suyos. Aunque su ayuda ha sido invaluable durante todo el proceso de escritura, asumo la responsabilidad por el contenido de este libro. Cualquier error u omisión son solo míos.

Y por último, me gustaría agradecer a L. T. Cook, que vio el potencial en mí y me ayudó a ser consciente de él.

APÉNDICE A

Trayectoria de vuelo: Vuelo 1549, 15 de enero de 2009

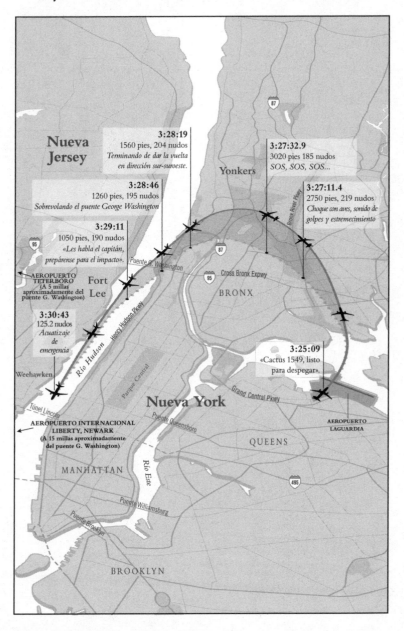

Nueva Jersey

3:28:19
1560 pies, 204 nudos
Terminando de dar la vuelta en dirección sur-suroeste.

3:27:32.9
3020 pies 185 nudos
SOS, SOS, SOS...

Yonkers

3:28:46
1260 pies, 195 nudos
Sobrevolando el puente George Washington

3:27:11.4
2750 pies, 219 nudos
Choque con aves, sonido de golpes y estremecimiento

3:29:11
1050 pies, 190 nudos
«Les habla el capitán, prepárense para el impacto».

Puente G. Washington

Cross Bronx Expwy

AEROPUERTO TETERBORO
(A 5 millas aproximadamente del puente G. Washington)

Fort Lee

BRONX

3:30:43
125.2 nudos
Acuatizaje de emergencia

Río Hudson

Henry Hudson Pkwy

3:25:09
«Cactus 1549, listo para despegar».

Weehawken

Parque Central

Nueva York

Grand Central Pkwy

Túnel Lincoln

AEROPUERTO INTERNACIONAL LIBERTY, NEWARK
(A 15 millas aproximadamente del puente G. Washington)

Puente Queensboro

AEROPUERTO LAGUARDIA

QUEENS

MANHATTAN

Río Este

Puente Williamsburg

Puente Brooklyn

BROOKLYN

APÉNDICE B

Transcripción del fragmento de la grabadora de voz de la cabina de mando, Junta Nacional de Seguridad en el Transporte

Transcripción de una grabadora de voz (CVR) de la cabina de mando Allied Signal/Honeywell modelo SSCVR, s/n 2878, instalada en un Airbus Industrie A320-214, registro N106US. El avión fue operado por US Airways como el vuelo 1549 cuando acuatizó en el río Hudson, Nueva York, el 15 de enero de 2009.

LEYENDA

RDO   Transmisión de radio de la aeronave accidentada, US Airways 1549

CAM   Fuente de sonido o micrófono en la cabina de mando

PA   Voz o sonido escuchados en el canal del sistema público de megafonía

HOT   Fuente de sonido o voz del micrófono directo[1]

---

1. Esta grabación contenía audio proveniente de micrófonos utilizados por la tripulación de vuelo. Las voces o sonidos en estos canales fueron escuchados también, en ocasiones, por el grupo CVR en el canal CAM y viceversa. En estos casos, los comentarios son anotados generalmente como provenientes de la fuente (ya sea HOT o CAM) desde la cual fue más fácil oír y discernir el comentario.

TOGA   Despegue/Dé la vuelta

INTR   Comunicación por interfono desde o hacia el personal en tierra. Comentarios RDO, CAM, PA, HOT e INTR:

      -1 Voz identificada como el capitán (Hot-1: capitán Sullenberger)

      -2 Voz identificada como el primer oficial (Hot-2: primer oficial Skiles)

      -3 Voz identificada como miembro de la tripulación de cabina

      -4 Voz identificada como miembro del personal en tierra

      -? Voz no identificada

FWC   Llamada automatizada o sonido de la Computadora de Advertencia de Vuelo

TCAS   Llamada automatizada o sonido del Sistema de Alerta de Tráfico Aéreo y Prevención de Colisiones

PWS   Llamada automatizada o sonido del Sistema Predictivo de Gradiente de Viento

GPWS   Llamada automatizada o sonido del Sistema de Alerta de Proximidad al Suelo

EGPWS   Llamada automatizada o sonido del Sistema Avanzado de Alerta de Proximidad al Suelo

TWR   Radiotransmisión de la Torre de Control de Tráfico Aéreo en LaGuardia

DEP   Radiotransmisión del control de salidas de LaGuardia (Harten, Especialista en Control de Tráfico Aéreo)

CH [1234]   CVR Canal identificador 1 = Capitán 2 = Primer Oficial 3 = PA 4 = Micrófono en la Zona de la Cabina de Mando

★	Palabra ininteligible
@	Palabra no pertinente
&	Nombre personal de terceros (ver nota 5 a continuación)
#	Palabrota
-, —	Disrupción en la continuidad o interrupción en el comentario
( )	Inserción cuestionable
[ ]	Inserción editorial
...	Pausa

Nota 1:   Los tiempos están expresados en la hora estándar del Este (EST), basada en el reloj utilizado para determinar el sello de tiempo de los datos del radar grabados por el ASR-9 de Newark.

Nota 2:   Generalmente, solo las transmisiones de radio hacia y desde la aeronave accidentada fueron transcritas.

Nota 3:   Las palabras que se muestran con exceso de vocales, letras o sílabas arrastradas son una representación fonética de las palabras tal como fueron dichas.

Nota 4:   Una palabra no pertinente, donde se indique, se refiere a una palabra no relacionada directamente con la operación, control o condiciones de la aeronave.

Nota 5:   Los nombres personales de terceras partes no involucradas en la conversación no se transcriben casi nunca.

Comunicación en la cabina		Comunicación aire-tierra	
Tiempo y contenido	Contenido	Tiempo y contenido	Contenido
		15:24:54 TWR	Cactus quince cuarenta y nueve pista cuatro lista para el despegue.
		15:24:56.7 RDO-1	Cactus quince cuarenta y nueve listo para el despegue.
15:25:06 CAM	[sonido similar al aumento de ruido/velocidad del motor]		
15:25:09 CAM-2	TOGA.		
15:25:10 HOT-1	TOGA ajustado.		
15:25:20	ochenta.		
15:25:21	revisado.		
15:25:33 HOT-1	V uno, rotar.		
15:25:38 HOT-1	tasa positiva.		
15:25:39 HOT-2	prepárate por favor.		
15:25:39 HOT-1	preparado.		
		15:25:45 TWR	Cactus quince cuarenta y nueve contacto con salida de Nueva York, buen día.
		15:25:48 RDO-1	buenos días.
15:25:49 HOT-2	favor seleccionar dirección		
		15:25:51.2 RDO-1	Cactus quince cuarenta y nueve, setecientos, subiendo a cinco mil.

Comunicación en la cabina		Comunicación aire-tierra	
		15:26:00 DEP	Cactus quince cuarenta y nueve contacte salida por radar de Nueva York, suba y mantenga cinco mil.
15:26:02 CAM	[sonido similar a disminución en el ruido/ velocidad del motor]		
		15:26:03.9 RDO-1	mantenga uno cinco mil Cactus quince cuarenta y nueve.
15:26:07 HOT-1	quince.		
15:26:08 HOT-2	quince. asciende.		
15:26:10 HOT-1	ascenso listo.		
15:26:16 HOT-2	y alerón uno por favor.		
15:26:17 HOT-1	alerón uno.		
15:26:37 HOT-1	ah, qué vista la del Hudson hoy.		
15:26:42 HOT-2	Y tanto.		
15:26:52 HOT- 2	sube los alerones por favor, después de la lista de control de despegue.		
15:26:54 HOT-1	alerones subidos.		
15:27:07 HOT-1	después de la lista de control de despegue completo.		
15:27:10.4 HOT-1	aves.		
15:27:11 HOT-2	guau.		

Comunicación en la cabina		Comunicación aire-tierra
15:27:11.4 CAM	[sonido de golpe/ruido (s) seguido de sonido de estremecimiento]	
15:27:12 HOT-2	oh #.	
15:27:13 HOT-1	oh sí.	
15:27:13 CAM	[comienzo de sonido similar a disminución en el ruido/frecuencia del motor]	
15:27:14 HOT-2	ah oh.	
15:27:15 HOT-1	tenemos uno rotando: los dos están rotando.	
15:27:18 CAM	[comienza un sonido retumbante y continúa hasta las 15:28:08 aproximadamente]	
15:27:18.5 HOT-1	encendido, arranque.	
15:27:21.3 HOT-1	estoy encendiendo la UPA.	
15:27:22.4 FWC	[sonido de un timbre]	
15:27:23.2 HOT-1	mi avión.	
15:27:24 HOT-2	tu avión.	
15:27:24.4 FWC	[sonido de un solo timbre]	
15:27:25 CAM	[comienza un sonido similar al ruido eléctrico en los encendedores del motor]	

Comunicación en la cabina		Comunicación aire-tierra
15:27:26.5 FWC	prioridad izquierda [llamada automática de la FWC. esto ocurre cuando el botón de prioridad del sidestick se activa en el sidestick del capitán]	
15:27:26.5 FWC	[sonido de un solo timbre]	
15:27:28 CAM	[termina el sonido similar al ruido eléctrico de los encendedores del motor]	
15:27:28 HOT-1	coge el MRR... [Manual de referencia rápida] pérdida de empuje en ambos motores.	
15:27:30 FWC	[comienza el sonido de un solo timbre y se repite a intervalos de 5.7 segundos aproximadamente hasta las 15:27:59]	
	15:27:32.9 RDO-1	SOS SOS SOS. eh este es eh Cactus quince treinta y nueve chocamos con aves, hemos perdido empuje en ambos motores estamos dando la vuelta de nuevo hacia LaGuardia.
	15:27:42 DEP	bien eh, ¿necesita regresar a LaGuardia? gire a la izquierda en dirección a eh dos dos cero.
15:27:43 CAM	[comienza un sonido similar al ruido eléctrico de los encendedores del motor]	

Comunicación en la cabina		Comunicación aire-tierra	
15:27:44 FWC	[sonido de un solo timbre, entre timbres individuales a intervalos de 5.7 segundos]		
		15:27:46 RDO-1	dos dos cero.
15:27:50 HOT-2	si te queda combustible, selector de modo del motor, encendido. *encendido.		
15:27:54 HOT-1	encendido.		
15:27:55 HOT-2	palancas de empuje confirmar inactivas.		
15:27:58 HOT-1	inactivas.		
15:28:02 HOT-2	enciende de nuevo la velocidad óptima de aire. trescientos nudos. no la tenemos.		
15:28:03 FWC	[sonido de un solo timbre]		
15:28:05 HOT-1	no.		
		15:28:05 DEP	Cactus quince veintinueve, ¿quiere tratar de aterrizar en pista uno tres si se la podemos conseguir?
15:28:05 CAM 2	sí tres diecinueve.		
		15:28:10.6 RDO-1	no podemos. podríamos terminar en el Hudson.
15:28:14 HOT-2	emergencia de energía eléctrica... emergencia, generador fuera de línea.		

Comunicación en la cabina		Comunicación aire-tierra	
15:28:18 CAM	[termina sonido similar al ruido eléctrico de los encendedores del motor]		
15:28:19 HOT-1	(está) en línea.		
15:28:21 HOT-2	notificar ATC. graznido setenta y siete cien.		
15:28:25 HOT-1	sí. el de la izquierda está rotando un poco.		
15:28:30 HOT-2	mensaje de socorro, transmitir. lo conseguimos.		
		15:28:31 DEP	está bien Cactus quince cuarenta y nueve habrá tráfico en la pista tres uno.
		15:28:35 RDO-1	no podemos.
15:28:36 TCAS	tráfico tráfico.		
		15:28:36 DEP	está bien, ¿qué necesita para aterrizar?
15:28:37 HOT-2	(él quiere que nosotros) lleguemos y aterrizaremos en uno tres... por lo que sea.		
15:28:45 PWS	dé la vuelta. gradiente de viento adelante.		
15:28:45 HOT-2	FAC [Computadora para la intensificación de vuelo] una apagada, luego encendida.		
		15:28:46 DEP	Cactus quince (veinte) nueve pista cuatro disponible si quiere hacer tráfico a la izquierda para pista cuatro.

Comunicación en la cabina		Comunicación aire-tierra	
		15:28:49.9 RDO-1	no estoy seguro de que podamos en ninguna pista. eh ¿qué está a nuestra derecha, tal vez algo en Nueva Jersey, quizá en Teterboro?
		15:28:55 DEP	sí, el aeropuerto Teterboro está a su derecha.
15:28:59 TCAS	monitoree velocidad vertical.		
15:29:00 HOT-2	sin encender de nuevo después de treinta segundos, motor maestro uno y dos confirmar		
		15:29:02 DEP	¿quiere tratar de ir a Teterboro?
		15:29:03 RDO-1	sí.
15:29:05 TCAS	libre de conflicto.		
15:29:07 HOT-2	apagado.		
15:29:07 HOT-1	apagado.		
15:29:10 HOT-2	espere treinta segundos.		
15:29:11 PA-1	les habla el capitán prepárense para el impacto.		
15:29:14.9 GPWS	mil.		
15:29:16 HOT-2	motor maestro dos, encendido de nuevo.		
15:29:18 HOT-1	encendido de nuevo.		

Comunicación en la cabina		Comunicación aire-tierra	
15:29:19 HOT-2	encendido.		
		15:29:21 DEP	Cactus quince veintinueve gire a la derecha dos ocho cero, puede aterrizar pista uno en Teterboro.
15:29:21 CAM -2	¿esa es toda la fuerza que tiene?* ¿(quiere) el número uno? o tenemos potencia en el número uno.		
		15:29:25 RDO-1	no podemos hacerlo.
15:29:26 HOT-1	adelante, ensaye el número uno.		
		15:29:27 DEP	está bien, ¿qué pista le gustaría en Teterboro?
15:29:27 FWC	[sonido de timbre continuo y repetitivo por 9.6 segundos]		
		15:29:28 RDO-1	vamos a posarnos en el Hudson.
		15:29:33 DEP	lo siento ¿dígalo de nuevo Cactus?
15:29:36 HOT-2	lo encendí de nuevo.		
15:29:37 FWC	[sonido de timbres continuos y repetitivos por 37,4 segundos]		
15:29:37 HOT-1	está bien enciéndalo... enciéndalo.		
15:29:37 GPWS	demasiado bajo. terreno.		
15:29:41 GPWS	demasiado bajo. terreno.		

Comunicación en la cabina		Comunicación aire-tierra	
15:29:43 GPWS	demasiado bajo. terreno.		
15:29:44 HOT-2	no enciende de nuevo.		
15:29:45.4 HOT-1	ok vamos a sacar los alerones. saque los alerones.		
15:29:45 EGPWS	precaución terreno.		
15:29:48 EGPWS	precaución terreno.		
15:29:48 HOT-2	¿alerones afuera?		
15:29:49 EGPWS	terreno terreno. suba. suba.		
		15:29:51 DEP	Cactus eh...
		15:29:53 DEP	Cactus quince cuarenta y nueve contacto con el radar perdido también tiene el aeropuerto de Newark a las dos en punto siete millas aproximadamente.
15:29:55 EGPWS	suba. suba. suba. suba. suba. suba.		
15:30:01 HOT-2	alerones afuera.		
15:30:03 HOT-2	250 pies en el aire.		
15:30:04 GPWS	demasiado bajo. terreno.		
15:30:06 GPWS	demasiado bajo. prepárese.		
15:30:06 CAM 2	170 nudos.		
15:30:09 CAM 2	¿no tiene potencia en ninguno? pruebe el otro		

Comunicación en la cabina		Comunicación aire-tierra	
		15:30:09 4718	dos uno cero eh cuarenta siete dieciocho. creo que dijo que está entrando en el Hudson.
15:30:11 HOT-1	pruebe el otro		
15:30:13 EGPWS	precaución terreno.		
		15:30:14 DEP	Cactus quince veintinueve eh, todavía está ahí?
15:30:15 FWC	FWC [comienza un sonido continuo y repetitivo y sigue hasta el final de la grabación]		
15:30:15 EGPWS	precaución terreno.		
15:30:16 HOT-2	150 nudos.		
15:30:17 HOT-2	tengo los alerones dos, ¿quieres más?		
15:30:19 HOT-1	no, permanezcamos en dos.		
15:30:21 HOT-1	¿tienes alguna idea?		
		15:30:22 DEP	Cactus quince veintinueve si puede eh... tiene eh pista eh dos nueve disponible en Newark a las dos en punto y siete millas.
15:30:23 EGPWS	precaución terreno.		
15:30:23 CAM 2	en realidad no.		
15:30:24 EGPWS	terreno terreno. suba. suba. [se repite «suba» hasta el final de la grabación]		

Comunicación en la cabina		Comunicación aire-tierra
15:30:38 HOT-1	vamos a prepararnos.	
15:30:38 HOT-2	★★ cambio?	
15:30:40 HOT-1	sí.	
15:30:41.1 GPWS	(cincuenta o treinta)	
15:30:42 FWC	retrasar.	
15:30:43.7	[Fin de la grabación]	
15:30:43.7	[Fin de la transcripción]	